les friandises
ET LEURS SECRETS

les friandises
ET LEURS SECRETS

Annie Perrier-Robert

Larousse

17, RUE DU MONTPARNASSE - 75298 PARIS CEDEX 06

I.S.B.N. 2-03-506-213-6

SOMMAIRE

L'auteur tient à témoigner toute sa gratitude à Madame Marie-Paule Bernardin, du CEDUS (Centre d'études et de documentation du sucre), à Monsieur Jean Colanéri, directeur général de l'Union des chocolatiers et confiseurs de France, à Monsieur Christophe Chambeau-Fouquet, confiseur-chocolatier à Paris, à Monsieur Raoul Perrier-Robert et à Monsieur Robert de Quiberon qui ont contribué à rendre possible la réalisation de cet ouvrage.

Il remercie également Mademoiselle Dominique Marc pour son concours sur les drageoirs et bonbonnières, le Révérend Père Bruno, de l'abbaye de Soligny-de-la-Trappe, pour son apport sur les pâtes de fruits, ainsi que Monsieur Henri Auer, de Nice, pour sa collaboration au chapitre sur les fruits confits, et Monsieur Pierre Ferré pour ses photographies.

Enfin, il adresse ses plus vifs remerciements aux nombreuses personnes, appartenant à la profession, qui lui ont fourni une aide précieuse dans ses recherches documentaires et iconographiques :

Messieurs et Mesdames Arnould (Gérardmer), M. Audebert (« Les Niniches », Quiberon), M. Azouz (Saint-Loup-sur-Semouze), F. Bafer (Maison Lalonde, Nancy), J.-B. Barthelaix (« Aux armes d'Angers », Angers), E. Behague (Bureau interprofessionnel du pruneau, Villeneuve-sur-Lot), P. Bénier (Lyon-Vaise), J.-M. Bernard (« Fruidoraix », Aix-en-Provence), J.-J. Bernat (Valence), J. Bertaud (« À la Petite Marraine », Beauvais), S. Billet (Montpellier), C. Boiron (Ets Clément Faugier, Privas), R. Bonnat (Voiron), P. Bouard (Vendôme), M. Bouché (Beaune), H. Brassart (« Confiserie lilloise », Lille), J. Brissac (« À la Reine Jeanne », Aix-en-Provence), J. Brotte (« Nougat Arnaud Soubeyran », Montélimar), P. Burille (Tarare), A. Cervi (Sté Raquillet-Chabas, Carpentras), J.-C. Charpentier (Chocolaterie Monet, Bourg-en-Bresse), R. Chaussebourg (« À la Reine Gourmande », Paris), L. Chavanette (« Chocolaterie Royale », Orléans), D. Chavy (Confiserie Afchain, Cambrai), M. Cluizel (Le Roncenay-Authenay, Damville), H. Courtade (Cachou Lajaunie, Toulouse), R. Coustillas (Sté Jacquin, Dammarie-lès-Lys), J. Deneux (Cahors), J.-H. Desany (Grenoble), B. Digeon (Ets Mazet, Montargis), A. Dodet (Ets Valrhôna, Tain-l'Hermitage), F. Doucet (Oraison), A. Gandon (Chocolat Poulain, Blois), P. Gefflaut (Pontivy), D. Giraud (Valence), A. Grangé (Maison Foucher, Paris), D. Grux (Mirecourt), J. Hertzog (« La Boîte à gâteaux », Sarreguemines), Hiriart (« Au Négus », Nevers), J. Jarriges (Chocolaterie Sérardy, Moulins), C. Keufer (Sté Ricqlès-Zan, Saint-Chaptes), R. Lamielle (Épinal), J. Legrand (Brioude), J. Levallois (Le Havre), R. Marty (Montauban), M. Matifas (« Le Succès Berckois », Berck-Plage), H. Mentré (Charmes), P. Morand (La Clusaz), R. Muller (Rucher de la Hacienda, Montferrier), J. Néret (Loches), J.-C. Omont (Sté Bénédictine, Fécamp), G. Paul (Salon-de-Provence), J.-L. Pellerin (Côte-de-France, Paris), S. Perzoss-Knich (restauratrice à Paris), G. Piperaux (Anc. Ets Braquier, Verdun), C. Pouget (Sté des Produits Marnier-Lapostolle, Paris), R. Roberge (Moreuil), M.A. Roelandts (Chocolaterie de Puyricard, Aix-en-Provence), A. Rosset (Confiserie Milady, Grenoble), R. Sabaton (Aubenas), G. Savin (Suprem'Nougat, Montélimar), M. Schwartz (Rambervillers), R. Soulier (Chocolaterie Raymond, Nîmes), P. Tanrade (Paris), M.-C. Tavernier (Maison des Forestines, Bourges), C. Thirion (Chocolat Carl, Saint-Dié), E. Trompette (Paris), N. Troubat (Flavigny), J. Urbain (Mirecourt), R. Valette (Valence), E. Viollaz (Le Péage-de-Roussillon).

PRÉFACE

La confiserie, universelle concorde

Revenez à la maison porteur d'un énorme coffret ou d'un petit sac transparent qui contienne des friandises ; et vous verrez alors les yeux briller et les lèvres sourire.

Maman, Papa, Bonbon, voilà les trois premiers mots magiques que balbutie le jeune enfant... depuis la nuit des temps.

Car il n'est pas de fêtes intimes ou de fêtes grandioses qui n'obligent à des tables garnies de sucreries précieuses, douces au palais, mais aussi flatteuses au regard.

Les siècles s'écoulent enrichissant le choix des friandises, les miels, sucres naturels, se mariant aux fruits sauvages, peu à peu greffés, jusqu'à l'apparition du sucre de canne.

Autrefois, les princesses mettaient leur point d'honneur à offrir à leurs hôtes une multitude de variétés sucrées sur d'immenses tables décorées de sculptures et de bouquets de sucre, et cela, dès que l'on importa d'Amérique et d'Asie la canne à sucre.

Ainsi faisait-on, à l'occasion des mariages, des sacres des empereurs, du couronnement des rois et de l'élection des papes.

De siècle en siècle, chaque province ou chaque ville s'est employée à bonifier les « fruits » de son terroir, pour fabriquer les friandises qui ont donné leur renommée au lieu de leur création.

La fabrication des bonbons prend une importance considérable avec l'apparition du sucre de canne, puis du sucre de betterave ; mais l'arrivée des cacaos dans les cales des caravelles des conquistadores revenant du Nouveau Monde est un événement dans l'évolution de la confiserie.

Voilà alors le chocolat, nouveau conquérant du monde civilisé, voilà aussi les confiseurs qui font des merveilles.

Cet ouvrage, que j'ai l'honneur de préfacer offrant sa substantielle partie historique, présentant tous les aspects de la fabrication de la confiserie française en un tableau remarquable qui énumère toutes les spécialités de France (Bêtises de Cambrai, Calissons d'Aix, nougats de Montélimar et autres), ravira, j'en suis sûr, les néophytes, les amateurs tout autant que les professionnels qui y retrouveront au fil des pages les recettes d'antan et celles d'aujourd'hui ; car rarement un livre sur la confiserie n'a été présenté de manière aussi attrayante et instructive.

N'oubliez donc pas ce livre lors de votre départ en vacances : vous y trouverez au fil du voyage, la référence qui vous permettra de goûter et d'emporter en souvenir les spécialités des villes étapes. Si le voyage est vagabondage à travers la France, alors munissez-vous de grands paniers, pour pouvoir tout rapporter, tant sont nombreuses les spécialités gourmandes de notre merveilleux pays.

Christophe CHAMBEAU-FOUQUET

Des confitures d'hier, ancêtres de nos bonbons, aux confitures d'aujourd'hui, le goût des sucreries ne s'est jamais démenti. (Gravure du XIX*e siècle.)* Phot. CEDUS.

Les friandises à travers les âges

« Que les consciences timorées se rassurent : le péché de gourmandise, quoique rangé parmi les capitaux, de tous, les charge le moins. »
(Grimod de La Reynière)

Bonbons de sucre cuit, réglisses, pastilles de gomme, pâtes de fruits, fondants, nougats, chocolats aux mille secrets... à l'infini se dessine l'univers d'une certaine gourmandise, celle des innombrables « douceurs » que l'homme s'est ingénié à créer au fil des siècles et sur lesquelles règnent en maîtres incontestés le sucre et le chocolat. Autour de ces douceurs, toute une « cuisine » s'est peu à peu élaborée, qui joue avec les ingrédients et les formes, avec les couleurs et les parfums, et qui n'a pour préoccupation, dans sa curiosité sans cesse renouvelée, que de flatter le goût et d'encenser le palais. Univers de délices, s'il en est, où la main et le regard de l'expérience sont les seuls garants de la subtilité et de la délicatesse auxquelles il doit ses lettres de noblesse.

Certes, le temps a apporté au talent du confiseur et du chocolatier des facilités, des méthodes, des machines et, par là, des possibilités nouvelles. Il n'en reste pas moins que, pour être digne de sa prestigieuse réputation, cette branche de l'art culinaire requiert une habileté que la technologie ne pourra jamais subtiliser à l'homme.

Aux sources de la confiserie

Si l'on considère que la cuisine est née aux temps lointains de la cueillette, dès que l'homme eut l'idée d'associer deux produits pour un même « mets », on admet alors que la confiserie est tout aussi ancienne. Ainsi aurait-elle vu le jour grâce au miel et à l'utilisation de ses propriétés antiseptiques dans la conservation des fruits. Pratique dont on trouve des traces dans la plus haute antiquité, en Chine, au Moyen-Orient, en Égypte. On enrobait fruits, fleurs, plantes, graines avec du miel. En Égypte, raisins, figues, dattes et figues de sycomore étaient alliés au miel, que des « chasseurs de miel » allaient chercher très loin dans le désert. Plus tard, en Grèce, le repas s'achevait parfois par un *tragêma,* dessert composé de fruits frais ou secs au miel. Raisins de Samos et miel de l'Attique étaient renommés. Il était, d'ailleurs, de coutume d'offrir ces friandises aux femmes. À l'instar des Grecs, les Romains employèrent le miel pour « confire » raisins, fruits et épices, avant de faire découvrir à la Gaule, par l'intermédiaire de leurs légions, le goût des mets sucrés. De cette civilisation nous sont parvenues, par les écrits d'Apicius et de Paul d'Égines, entre autres, les premières recettes de confitures.

Une friandise qui nous vient du Moyen Âge : le cotignac. *Cette « confiture » de coing était fort prisée à l'époque.*
Phot. CEDUS-Yéru.

Du temps où les épices étaient douceurs

Au Moyen Âge, le miel conserva d'abord sa suprématie. Il servait à accommoder les douceurs que l'on consommait en fin de repas. Repas plantureux, en vérité, puisqu'ils se composaient essentiellement de viandes, de gibiers, de cochonnaille, de pâtés, de ragoûts, de tourtes..., tous plats assez lourds, accommodés de sauces au vin et que l'on relevait d'épices exotiques autant pour en rehausser le goût que pour réveiller l'appétit et stimuler les fonctions de l'estomac. Car telles étaient les vertus que l'on attribuait à ces produits rares importés d'Orient, comme la cannelle, le gingembre, le clou de girofle. Et, à ces mêmes fins thérapeutiques, de condiments les épices se firent bientôt aussi « confiseries ». Apprêtées avec du miel, en « bonbons », ou mêlées aux vins, en liqueurs, elles vinrent clore les riches agapes. Comment imaginer meilleure conclusion que ces douceurs qui avaient pouvoir de favoriser la digestion ? Ainsi mangeait-on beaucoup d'anis confit, « mais il fallait qu'il fût musqué ; autrement il n'eût pas eu d'effet sur l'estomach qui n'avait point de chaleur s'il n'était parfumé » (Arthur Thomas, sire d'Endy).

C'est dans ce contexte à la fois gourmand et médical qu'allait apparaître le sucre, venu, lui aussi, d'Orient, « une sorte de neige ou de sel blanc que les Arabes retiraient de roseaux miellés et qu'ils appelaient zucre » (Guyot de Provins, XIIe siècle). Les Arabes furent les premiers à s'en servir pour la confection de bonbons. Ne trouve-t-on pas mention, dans un manuscrit de cuisine arabe de 1226, de mélanges sucrés d'amandes, de dattes et de pistaches, parfumés à l'eau de rose ? En outre, ils auraient mis au point deux recettes dont la descendance nous est bien connue : l'une de berlingots et l'autre d'une sorte de pâte d'amandes qui n'est pas sans évoquer notre massepain. Quoi qu'il en soit, l'Occident ne découvrit cette « épice » qu'à la faveur des croisades et en entreprit probablement la fabrication au XIIIe siècle. En effet, des croisés siciliens auraient rapporté de ces terres lointaines de la canne à sucre et, à la vue de ce « roseau sucré », l'empereur Frédéric II, roi de Sicile, grand amateur de choses friandes, aurait eu l'idée d'en instaurer le traitement en Sicile. Une lettre en latin, adressée au gouverneur de Palerme, en témoigne : « Nous t'invitons à donner tes soins pour trouver deux hommes qui sachent bien faire le sucre et à les envoyer à Palerme pour le fabriquer. Tu aviseras aussi à ce qu'ils apprennent la chose à d'autres, afin de ne pas laisser perdre à Palerme l'art de cette fabrication. » Et ainsi aurait commencé l'ère du sucre de canne !

Aussitôt associé aux autres épices et, par là même, doté de propriétés digestives, le sucre fit son entrée dans les plaisirs gourmands le jour où un cuisinier imagina de rouler des épices dans du sucre et de les servir pour conclure le repas. Le succès fut immédiat. Accompagnées de vins cuits, les épices sucrées connurent une telle faveur que certains convives en emportaient dans leur chambre pour prévenir les méfaits des menus trop chargés. De là leur nom d'*épices de chambre*. La mode de ces ancêtres des bonbons n'allait pas se démentir tout au long du Moyen Âge et même au-delà. Les demeures seigneuriales se devaient d'en présenter à leur table. Et, puisqu'il s'agissait d'une « denrée » de luxe, les grands dignitaires et les princes en recevaient en cadeau de bienvenue lors de leur passage dans une ville. Une tradition qui, d'ailleurs, se perpétua après la période médiévale, en s'adaptant aux sucreries des régions concernées.

La préparation des épices de chambre s'affina assez rapidement. On ne se contenta plus d'enrober de sucre préalablement fondu les clous de girofle, les grains d'anis, de genièvre ou de céleri, etc., on les plongea dans un sirop sucré avant de les jeter dans un poêlon placé sur le feu, sans cesser de remuer. Lorsque le sirop était totalement absorbé, on en rajoutait, et ainsi de suite jusqu'à ce que les « noyaux » fussent bien enveloppés de sucre (30 à 40 fois). Ces friandises s'appelaient aussi *dragées*. Ainsi, les *dragées de Saint-Roch* n'étaient autres que des grains de genièvre recouverts de sucre. On enrobait également amandes, noix, noisettes et pignons et c'était là l'esquisse de ce qu'à l'heure actuelle nous entendons par « dragées ».

Le corps de l'Épicerie, un large négoce

Importé en France par les ports de la Méditerranée, le sucre demeura longtemps un produit rare et fort coûteux, réservé aux seigneurs qui, seuls, pouvaient se l'offrir. Aussi le miel garda-t-il son rôle dans la confiserie. Comme l'indique *le Ménagier de Paris*, ouvrage anonyme de la fin du XIVe siècle, les friandises, qui comptent parmi les « autres menues choses qui ne sont de nécessité », sont toutes préparées avec du miel.

Et les premiers bonbons de sucre avaient fonction de « médicaments », tel ce sucre à la violette recommandé par Arnaud de Villeneuve, au XIIIe siècle, pour calmer les brûlures d'estomac. D'ailleurs, d'entrée de jeu, les apothicaires s'étaient attribué la vente du sucre, au dam des épiciers, qui se limitaient à la vente des produits préparés par leurs soins. Le corps de l'Épicerie, qui réunissait ces deux corporations, aux côtés des ciriers, des droguistes, des chandeliers, etc., constituait alors l'un des six corps de métier représentant le commerce parisien, au deuxième rang après celui des drapiers. Toutes les importations de produits du Levant passaient par les apothicaires avant de devenir marchandises des épiciers. Cette « association », qui prit parfois des allures de rivalité, fut consacrée, en 1484, par Charles VIII, qui institua une seule corporation, la corporation des épiciers-apothicaires, laquelle devait jouer un rôle prépondérant jusqu'à la fin du XVIIIe siècle. Il fallut attendre l'ordonnance royale de 1777 pour que les tout-puissants apothicaires perdissent l'exclusivité du commerce du sucre.

Les premiers pas de la confiserie

Peu à peu, les importations croissantes de canne à sucre rendirent le sucre plus accessible. Et, si celui-ci conserva encore longtemps son emploi pharmaceutique, il fit l'objet de maintes recettes nouvelles, entrant dans la composition des sirops et dans celle des pâtes de fruits (de coings, particulièrement), se prêtant au confisage des prunes sèches, des raisins, etc. Au XVe siècle, figuraient parmi les sucreries le *nogat* – mélange, dans un sirop de sucre, de noisettes, d'amandes, de pistaches et de pignons, auquel étaient incorporés blancs d'œufs et farine –, les *nonpareilles* – en quelque sorte les premières pastilles, très appréciées des cours seigneuriales pour leur parfum aux essences de fleurs et pour leurs brillantes couleurs, qui enchantaient par comparaison avec la teinte brune des friandises antérieures – et le *manus christi*, autre forme de sucre parfumé. Sans oublier les épices de chambre, dont la saveur un peu forte commençait toutefois à lasser.

Sans doute les bonbons étaient-ils, à l'époque, assez grossiers d'aspect et dénués d'élégance. Apparence qu'allait tenter d'améliorer la Renaissance, en même temps qu'elle visait à une plus grande délicatesse de goût. La tâche lui fut d'autant plus facile qu'il était désormais plus aisé de se procurer du sucre, du fait de l'essor, considérable pour l'époque, de l'industrie sucrière en Europe, et que les techniques touchant à la cuisson du sucre s'étaient perfectionnées. Néanmoins, le sucre restait rare. C'est dans le secret des officines des apothicaires que s'élabora sa transformation et que furent rédigées les premières recettes qui nous sont parvenues imprimées.

Outre son utilisation médicale traditionnelle, le principal emploi du sucre fut le

Les épices de chambre et la justice

Une coutume s'instaura, au Moyen Âge, dès l'apparition des épices de chambre, qui consistait à offrir de ces épices aux juges lorsque l'on avait gagné son procès. La gratuité de la justice s'en trouvait, certes, offensée, mais l'usage fut tant prisé que le roi fut contraint d'intervenir. Saint Louis limita ce présent à dix sous d'épices par semaine. Philippe le Bel fixa la quantité d'épices acceptable à la consommation journalière. C'était là un sujet de choix pour les « humoristes ». À preuve, ce quatrain composé à propos d'un incendie qui, à Paris, dévasta le palais de Justice :

« Certes ce fut triste jeu
Quand à Paris, Dame Justice
Pour avoir mangé trop d'épices
Se mit tout le palais en feu. »

Toutefois, bientôt, les épices, de dragées qu'elles étaient, devinrent monnaie sonnante et trébuchante. Et ce qui n'était que tradition se transforma en droit, puis en impôt, officialisé par un arrêt de 1402. Désormais, les plaideurs devaient verser au juge, tout en leur confiant leur dossier, une somme d'argent qui garda le nom d'*épices*. Il fallut attendre la loi du 24 août 1790 pour voir disparaître cette rétribution.

La canne à sucre fut, des siècles durant, l'enjeu de vives rivalités, chacun voulant conserver jalousement le monopole de la culture de la canne à sucre ou le secret de la fabrication du sucre. Phot. CEDUS.

« confisage ». D'Italie était, en effet, venue la vogue des *confitures,* ce terme désignant toutes les préparations de fruits cuits dans du sucre. Certes, les confitures de la Renaissance étaient peu généreuses en sucre ; pour économiser cet ingrédient onéreux, on comptait environ six ou sept livres de fruits pour deux livres de sucre, et on cuisait longtemps... Mais la société du temps en raffolait. *Confitures liquides,* correspondant aux actuelles confitures et, surtout, *confitures sèches,* que l'on consommait avec les doigts (fruits, mendiants, graines et légumes confits). Il n'était de festins d'apparat ni de collations sans d'imposantes pyramides d'oranges, de citrons, d'abricots et de melons confits. Tel fut le cas du repas offert par les notables de la ville de Paris au roi Charles IX et à la Cour, au printemps 1571, et dont un témoignage nous a été laissé : « Oultre le nombre infini de toutes sortes de confitures seiches et liquides, diversitez de dragées, cottignac, massepains, biscuit et autres singullaritez qui y estoient, n'y a sorte de fruict qui se puisse trouver au monde, en quelque saison que ce soict, qui ne fust là. » Au cours de cette sorte de manifestation, où dominaient les saveurs sucrées, le sucre participait également à la décoration de la table sous forme d'ornements travaillés à la main ou moulés, ou encore de bas-reliefs sculptés dans la masse et évoquant un thème allégorique ou mythologique. Le « sucre d'art » était né.

Ainsi le XVIe siècle vit-il les débuts d'une « confiserie » qui allait s'affirmer au XVIIe et dont il fournit les principes de base, notamment à travers l'*Excellent et Moult Utile Opuscule à touts nécessaire* (1555) de Michel de Nostre-Dame, médecin de Catherine de Médicis, plus connu sous son nom d'astrologue, Nostradamus, et à travers l'ouvrage d'Alexis du Piémont, *De Secreti del reverendo Donno Alessio Piemontese* (Venise, 1555 ; trad. fr. Anvers, 1557), deux recueils riches d'observations sur le maniement du sucre et sur les procédés de confisage, les premiers livres du genre.

Les friandises royales

Très friand de douceurs, le roi Henri IV exigeait qu'il y en eût partout au palais et dans les appartements de Gabrielle d'Estrées, dont les vases étaient garnis de fruits confits et de bonbons divers. Il aimait à en offrir aux dames de la Cour et, dit-on, en bourrait ses poches. D'ailleurs, n'avait-il pas été accueilli à Paris, lors de son entrée solennelle, par un présent fait d'hypocras, de dragées (ou épices) et de flambeaux, comme le rapporte Pierre de l'Estoile ?

Le goût du roi reflétait le goût de son temps. Le sucre et l'art des confitures continuaient à passionner ceux qui en avaient les moyens. Et la moindre occasion était prétexte à « orgie » de fruits, de fleurs et même de légumes confits tout autant que de friandises de sucre cuit. Lors d'une halte en Avignon, sur la route qui la menait à Paris, Marie de Médicis put contempler un tel déploiement de confiseries, à la faveur d'une collation offerte par le légat du pape : « La table était ornée de cinquante statues de sucre, d'une palme de haut, représentant des dieux, des déesses et des empereurs. Il y avait aussi trois cents paniers pleins de toutes sortes de fruits en sucrerie, parfaitement imités, qui furent offerts aux dames et demoiselles invitées à cette fête », nous dit un texte de l'époque. De quoi rêver...

À l'instar de ses prédécesseurs, Louis XIV maintint à la Cour l'usage des collations de fruits et de confitures sèches. Le salon de Vénus, dans les grands appartements de Versailles, prêtait, trois fois par semaine, son cadre à ce rituel gourmand. Et, sous son règne, tout seigneur, tout dignitaire de haut rang ne se serait pas avisé de pénétrer dans un salon sans avoir une bonbonnière d'or ou d'écaille emplie de fines douceurs (amandes sucrées, pastilles, fruits et fleurs confits), qu'il présentait aux dames. Celles-ci en conservaient d'ailleurs souvent sur elles. Ainsi prétend-on que Mme de Maintenon ne se séparait jamais d'un petit sac de velours brodé d'or qui contenait des dragées qu'elle offrait aux personnes qu'elle rencontrait.

Si, du côté du « consommateur », la situation n'évolua guère au Grand Siècle – les friandises demeurant le privilège des Grands du royaume –, le *confiturier,* ou *confiseur,* bénéficia d'un contexte plus favorable. Les techniques de base étaient définies, des recettes existaient, de nouveaux ingrédients étaient apparus, tels le chocolat et le café... Olivier de Serres avait publié, en 1600, son *Théâtre d'agriculture et mesnage des champs,* dans lequel il donnait des conseils pour la préparation des fruits confits. Le Sieur de La Varenne, écuyer de cuisine du marquis d'Uxelles, publia, en 1667, *le Parfaict Confiturier qui enseigne à bien faire toutes sortes de confitures tant seiches que liquides, de compostes, de fruicts, de sallades, de dragées, breuvages délicieux et autres délicatesses de bouche,* traité dans lequel se trouvait cerné, avec force recettes plus ou moins élaborées, le véritable métier de confiseur, lequel devait avoir à portée de la main des mélanges d'épices, des colorants, des sirops parfumés et des liqueurs, et rechercher, à partir de ces matières premières associées au sucre, des combinaisons harmonieuses. En outre, y était précisée la confection du sirop de sucre, en plusieurs étapes de cuisson.

Dans ce climat, d'autant plus propice à la création que, par un arrêté du parlement de 1689, la guerre cessa entre apothicaires et épiciers – les deux ayant désormais le droit de vendre sucres et cassonades –, la confiserie de sucre allait pouvoir s'imposer comme un art à part entière. Le XVIIIe siècle allait être le témoin de ce changement profond.

Des confitures de toutes sortes

Dans l'*Encyclopédie* de Diderot et de D'Alembert ou dans le *Dictionnaire universel de commerce* de 1760, la définition de la *confiserie* est la même : « L'art de faire des confitures de toutes les espèces, et plusieurs autres ouvrages en sucre, comme biscuits, massepains, macarons [...]. Il semble que cet art n'ait été inventé pour flatter le goût en autant de façons qu'il produit d'ouvrages différents. Il n'y a pas de fruits, de fleurs, de plantes, quelque bons qu'ils soient naturellement, à qui il ne puisse donner un goût plus flatteur et plus agréable. Il adoucit l'amertume des fruits les plus aigres et en fait des mets

Un gourmand célèbre : Henri IV, qui, dit-on, ne cessait de manger des bonbons et en offrait aux belles dames de la cour. Phot. CEDUS.

délicieux. Il fournit aux tables des grands seigneurs leur plus bel ornement. » *Confiseur* et *confiturier* ne font qu'un. Appartenant au corps de l'Épicerie, c'était alors le « marchand qui fait, et qui vend, des confitures ; ou qui en fait venir des païs étrangers, et des provinces du Royaume, où l'on excelle à les faire, pour les débiter en gros, ou en détail ».

Quant aux *confitures,* elles couvraient, à l'époque, un plus vaste domaine que par le passé, approvisionné par Paris, Tours, Rouen, Orléans, Bordeaux, ainsi que par l'Italie (Gênes), Madère et même les Indes, par l'intermédiaire des importateurs portugais et hollandais. Elles se répartissaient en huit catégories. Les *confitures liquides, marmelades* et *gelées* correspondaient à ce que nous entendons par ces termes. Les *pâtes* étaient une sorte de marmelade épaissie par l'ébullition, versée dans des moules et séchée au four, nos pâtes de fruits en fait. Abricots, groseilles, coings, pommes, fleurs d'oranger, de citronnier, pistaches, etc., servaient à cette préparation. On trouvait même des pâtes de gingembre importées des Indes. Dans les *confitures sèches,* dont Paris et Tours étaient les meilleurs fournisseurs, les fruits, après avoir bouilli dans le sirop, étaient égouttés et séchés au four. Écorces d'orange, prunes, poires, cerises, abricots se trouvaient ainsi transformés. Dans l'île de Madère et à Gênes, on fabriquait des écorces de citron fort appréciées en France.

La mode était aussi aux *candis,* ou *fruits candis,* autre forme de « confitures ». Il s'agissait de fruits entiers qui, après avoir bouilli dans le sirop, restaient enrobés de sucre candi, « comme des cristaux de différentes couleurs et figures, selon les fruits qu'ils contenaient ». Les plus réputés venaient d'Italie.

Sorte de confiture sèche, faite de petits fruits, de graines, de racines aromatiques, etc. enrobés d'un sucre dur et blanc, les *dragées* s'inscrivaient également parmi les confitures. À cette recette se prêtaient l'épine-vinette, les graines de melon, les pistaches, les pignons, les avelines et surtout les amandes, mais aussi la cannelle coupée très finement (« canelas de Milan »), les morceaux d'écorce d'orange (« orangeat »), les grains d'anis...

Enfin, les *conserves,* molles et dures, se présentaient comme une sorte de confiture sèche préparée avec du sucre et des pâtes de fruits ou de fleurs. Elles étaient généralement confectionnées par les apothicaires, qui cherchaient à rendre plus agréable l'absorption des simples.

La confiseuse, *vue par le Siècle des Lumières.* Phot. CEDUS.

Introduit en Angleterre en 1657, le chocolat y connut rapidement une grande faveur auprès de l'aristocratie. Coll. A.P-.R.

*Planche de l'*Encyclopédie, *de Diderot et D'Alembert, consacrée à la « fabrique de la dragée lisse et perlée ». La fabrication des dragées se faisait alors manuellement à feu nu.*
Phot. Braquier.

Les plus courantes, au milieu du XVIIIe siècle, étaient les conserves d'ache, de romarin, de capillaire (Montpellier fabriquait la meilleure, dit-on), de mauve, mais aussi de fleur d'oranger, de citronnier, de jasmin, etc. Sans oublier « la conserve de roses, qu'on appelle ordinairement conserve de Provins, parce que c'est de Provins, petite ville de la province de Brie, que se tire presque toute la conserve de roses, soit rouge ou blanche, sèche ou liquide ».

Secrets et savoir-faire

Avec le XVIIIe siècle débuta véritablement le temps des créations. Les plantations de canne à sucre étant prospères dans les colonies des Antilles, la France cessa peu à peu de s'approvisionner à Venise et devint même le fournisseur de l'Europe. Bien que plus répandu, le sucre demeurait cher, en raison du long transport par mer, et, de ce fait, la confiserie resta un produit de luxe. Cela n'entrava pas pour autant l'élan créateur des confiseurs, auxquels *la Science du maître d'hôtel, confiseur* (1750), de Menon, livra, avec une précision étonnante, les instructions concernant la cuisson du sucre (en treize stades).

C'est au siècle des Lumières, en effet, qu'apparurent les *praslines,* que le confiseur Pecquet améliora la recette des amandes sucrées, en créant ainsi les *dragées* actuelles, et que l'on imagina d'employer le chocolat « jusque-là considéré comme un breuvage » dans la fabrication de bonbons. Les premiers furent les *diablotins,* pastilles de chocolat amer, dont la pâte rappelait celle des truffes, mais qui n'avaient ni finesse ni onctuosité.

Des confiseurs de talent commencèrent à s'imposer et à rivaliser. Enseignes, prospectus, affiches, mention du nom sur les boîtes... il était important de se faire connaître et telles étaient les méthodes publicitaires d'alors. D'aucuns publiaient même un catalogue où la poésie avait souvent place. Pour exemple, le mois de mai, célébré par le *Catalogue et Almanach du goût et de l'odorat,* donné par La Faye, marchand « Aux armes de Soubise », rue Plâtrière, à Paris, en 1773 :

« C'est en ce mois que la Nature
Brille du plus charmant éclat.
Les dents font pour la bouche une riche parure ;
Racines, Élixirs, excellent Opiat,
Vous les conserveront aussi fermes que belles :
Sans crainte vous pourrez croquer
de nos bonbons,
Amandes, Diablotins, Prâlines, Macarons.
Vous nous en direz des nouvelles. »

Aux mois, chantés un à un, s'ajoute la liste des produits, la plupart assortis de leurs vertus thérapeutiques : pâte de guimauve et caramels pour le rhume, pastilles de bouche, cachous pour l'estomac, etc. Confiserie et médecine étaient toujours aussi liées !

En outre, le XVIIIe fut le siècle où l'usage des étrennes, introduit en France par Henri IV, connut le plus de faveur, donnant aux confiseurs l'occasion d'affirmer leur originalité. Bonbons et cartes de visite étaient de rigueur pour le 1er janvier. À Paris, les douceurs des magasins

La trêve des confiseurs

Ainsi appelle-t-on familièrement aujourd'hui la « période des fêtes de fin d'année, pendant laquelle, traditionnellement, la vie politique est en sommeil » *(Grand Larousse de la langue française).* Ces fêtes de fin d'année sont aussi les fêtes de la confiserie, puisqu'elles sont le temps des étrennes et que bonbons et chocolats ont acquis une place non négligeable au milieu de la gamme infinie des cadeaux. Plus de la moitié de la production française de friandises ne s'écoule-t-elle pas en quelque trois semaines, de la mi-décembre à la première semaine de janvier, pour être consommée en huit jours ?

Cette coutume des étrennes remonterait à la Rome antique, qui en établit l'usage : au premier jour de l'année, on offrait des présents à ses supérieurs, notamment aux magistrats. Ainsi Tatius, roi des Sabins, reçut-il, comme bon augure, des branches prélevées dans un bois consacré à *Strenua,* déesse de la Force, d'où le mot *strena,* « présent qu'on fait un jour de fête pour servir de bon présage », et d'où les « étrennes » que nous connaissons. Bien que cette tradition d'échanges de souhaits et de marques d'amitié connût certaines vicissitudes – Tibère l'interdit, Caligula la remit en vigueur, Claude l'abolit –, elle survécut au temps et on la trouve encore vivace au IVe siècle de notre ère. C'est alors que les Pères de l'Église la déclarèrent cérémonie païenne. En l'an 354, le jour de Noël fut fixé au 25 décembre. Mais la célébration de l'an nouveau persistant, avec les étrennes qui l'accompagnaient, l'Église prit la décision de sanctifier le premier jour de l'année, et, en 570, l'anniversaire de la Circoncision fut placé à cette date.

Hérité de l'usage romain et des Saturnales, fêtes célébrées au cours de la troisième semaine de décembre – selon notre calendrier – et qui comportaient des échanges de cadeaux, puis assimilé par le christianisme aux offrandes que bergers et rois mages déposèrent au pied de l'Enfant Jésus à Bethléem, l'usage des présents est désormais le symbole d'une seule grande fête : Noël. Le Jour de l'An, demeure l'occasion de réjouissances et d'étrennes. Noël et le Nouvel An sont associés dans une période de « trêve » où la confiserie est reine. Mais aux figues, dattes et miel des Romains se sont substituées des gourmandises élaborées et moins modestes que celles de ces temps lointains !

La confiserie parisienne « Au Fidèle Berger » fut l'un des lieux de prédilection des amateurs de friandises au cours de la première moitié du XIXe siècle. Phot. Union des Chocolatiers et Confiseurs de France.

sis rue des Lombards, rue Vivienne et sous les galeries du Palais-Royal étaient les plus réputées. Toutefois, la Révolution vint porter un rude coup à cette coutume de célébration du Jour de l'An, qui, sous le Directoire, allait renaître avec force. Il suffit d'en croire Victor Fournel (*Rues de Paris,* 1879) : « Les boutiques des confiseurs, richement illuminées par les lustres de cristal qu'on avait enlevés aux palais et aux églises, par d'innombrables bougies et des lampions de couleurs, et décorées de guirlandes de fleurs, étaient assiégées par la foule, qui se disputait, outre les bonbons, les pistaches et les marrons glacés [...], les capucines en sucre, toute l'histoire naturelle en bergamote, [...]. La vraie date de la résurrection du Jour de l'An peut être marquée au 1er janvier 1797 ; et, comme cette année-là, il tombait un dimanche, la réaction fut complète. On se dédommagea en une fois de huit années d'abstention ; tous les bijoutiers, tous les confiseurs du Palais-Royal et de la rue des Lombards, illuminés à outrance, pleins de séductions irrésistibles avec leurs étalages qui les eussent fait guillotiner en 94, furent pris d'assaut et dévalisés. »

L'art du confiseur moderne

Après la tourmente révolutionnaire, la France du XIXe siècle semble avoir accordé une place privilégiée aux friandises. Les variétés de bonbons se multiplièrent et, surtout, la confiserie se démocratisa à la suite de la découverte du sucre de betterave. Dragées, fondants, candis, pastilles, « drops », gommes, pâtes pectorales – de jujube et de guimauve –, caramels, sucres d'orge, sucre de pommes, « pâtes d'agrément » (à base de coings, de prunes, d'abricots, etc.), pralines, nougat..., la gamme des douceurs s'étendit à l'infini, chacun se mettant l'esprit à la torture pour trouver une nouvelle recette. Ainsi, vers 1815, naquirent les premiers « bonbons à liqueur », dont la fabrication ne débuta vraiment qu'en 1821. Apparurent également les premiers chocolats fourrés – c'est en 1847 que fut pris le brevet du chocolat-confiserie, a peu de chose près tel qu'il est connu aujourd'hui (mélange de beurre de cacao, de pâte de cacao et de sucre).

Déchargé, du moins dans les grandes villes, de la préparation des sirops et des fruits à l'eau-de-vie – rattachée à l'art du liquoriste –, ainsi que de la confection des confitures liquides ou semi-liquides, devenue une spécialité, le confiseur pouvait s'attacher à inventer de nouveaux produits. Ce qui ne l'empêchait pas d'empiéter parfois sur les domaines du distillateur, du pâtissier ou du chocolatier qui l'avait rejoint au paradis des douceurs dès le début du siècle.

Son art savait s'adapter aux circonstances. Un jeu à la mode, un roman en vogue, une pièce de théâtre à succès... et des friandises nouvelles voyaient le jour, baptisées de noms évocateurs. La vie politique de l'époque constituait aussi une source d'inspiration non négligeable. N'y eut-il pas des « dragées à la Wagram », des « pastilles à la Napoléonide », des « papillotes d'Austerlitz », des canons et des sabres en sucre, des « bonbons patriotiques », des « pastilles à la Louis XVIII », des « bonbons ministériels », des « pastilles du bon chrétien », des « bonbons à la duchesse d'Angoulême », etc. ? Au gré de l'histoire et des célébrités du moment. Certaines d'entre elles, d'ailleurs, ornèrent de leur portrait des boîtes de dragées. Ce fut le cas, notamment, de Victor Hugo et de Lamartine.

De plus, pour attirer la curiosité des gourmands, mille et une astuces existaient. On enveloppait pastilles et bonbons dans des gravures figurant l'ambitieux, le tartufe, la précieuse..., dans des papiers portant devises dévotes ou couplets, contes moraux ou proverbes. On façonnait en sucre les innombrables merveilles de la nature, avec le souci de la plus parfaite imitation. Comme on peut le lire, dans un numéro du *Constitutionnel* de l'époque, à propos d'un confiseur de la rue Saint-Honoré à Paris : « [Il] semble avoir épuisé toutes les combinaisons de l'art des métamorphoses en sucreries ; il ne s'est point renfermé dans les limites étroites de notre territoire ; il a mis à contribution tous les fruits et toutes les fleurs de l'Europe, de l'Inde et de l'Amérique. On peut, en savourant ses pastilles, devenir aussi botaniste que Linné et Tournefort. » Et, de cet autre, rue des Fossés-Saint-Germain-des-Prés : « On trouve aussi une collection de fruits très bien imités, des modèles de la colonne de la place Vendôme, et une Galatée qui, plus heureuse que son modèle, invite elle-même la critique à mordre, sans que pour cette fois l'auteur se plaigne de ce nouveau genre de succès. » D'aucuns eurent même l'idée, à la fin du XIXe siècle, de faire distribuer des prospectus parodiant les actes d'huissier et faisant sommation aux gens d'acheter telle ou telle friandise !

La rue des Lombards, berceau de la confiserie française, resta longtemps l'endroit à la mode. « La rue des Lombards sue le sucre », disait Balzac, qui, dans son *Petit Dictionnaire critique et anecdotique des enseignes de Paris par un batteur de pavé* (1826), nous a laissé de pittoresques souvenirs des lieux gourmands de Paris. « Au Fidèle Berger », célèbre confiserie où « l'hypocondre vient acheter des pistolets en chocolat, le parrain court acheter les dragées du baptême, et l'auteur du vingtième ordre apporte ses charades, ses énigmes et ses rébus ». « À la Pomme d'Or », « Aux Vieux Amis », « Au Grand Monarque »,... Paris vit s'établir de nombreuses confiseries de luxe, et, à son image, les grandes villes de province en firent autant.

Mais, à l'arrière-plan de cette évolution commerciale, qu'il stimulait, il y avait le considérable développement des méthodes de fabrication, dû à l'industrialisation autant qu'à l'apparition d'ingrédients nouveaux, tels le glucose et le lait industriel. La confection des friandises y gagna en temps et en possibilité de conservation.

L'apparition d'une concurrence

À la fin du XIXe siècle, la confiserie française conservait le premier rang pour la qualité de ses produits, le goût et l'art avec lesquels ils étaient présentés. Néanmoins, la rivalité étrangère se fit sentir. En Europe, la Suisse s'imposait de plus en plus avec une industrie intelligemment dirigée vers le progrès. Ses chocolats commençaient à être réputés et ses exportations dans ce domaine se développèrent considérablement (2 millions de francs en 1890). L'Angleterre était passée maître dans le bonbon réglisse, mais aussi dans une fabrication qui s'attachait plus à la quantité et au coût peu élevé des friandises qu'à leur qualité. Le danger venait également de plus loin. Les États-Unis visaient à une production massive, à laquelle les confiseurs français, la voyant déferler sur leur marché, reprochèrent une utilisation abusive de produits et de colorants

Libérées de l'emprise des apothicaires, les sucreries se diversifièrent et, devenues plus accessibles, acquirent de plus en plus d'adeptes. (« Qu'il est aimable ! » Gravure par Pigal, XIXe s.)
Phot. CEDUS.

nocifs pour la santé. En dépit de cette différence d'orientation, l'importance de la confiserie américaine ne pouvait être déniée ; en 1890, le nombre de fabriques de premier ordre s'élevait à 274 et la quantité produite à 35 millions de livres américaines.

La France, quant à elle, vivait à l'heure du statu quo, comme on peut le lire, en 1891, sous la plume d'un journaliste américain spécialisé : « Le fabricant français paraît ne pas sortir de la routine ; ce qu'il fait, il le fait bien, mais il ne tentera pas de trouver autre chose de mieux. Comme preuve du fait, la seule nouveauté en bonbon que j'ai eu à constater cette année a été le *Balmoral bonbon,* qui a été créé par un confiseur de Grasse, en l'honneur de la visite de la reine d'Angleterre dans cette ville ; mais, à Paris, rien. [...] La confiserie française, sous certains rapports, est encore la première du monde ; mais, grâce à l'apathie des membres de sa corporation, elle sera peu à peu détrônée par les confiseurs des autres pays. » De cette concurrence étrangère, pour le moins fulgurante, certains professionnels français s'inquiétèrent alors et tentèrent de susciter un renouveau. Car il était vrai qu'en matière de douceurs la France comptait trop sur le prestige et les recettes du passé et s'intéressait plus à la présentation qu'à la recherche de modèles, d'espèces, de parfums. Or, s'il est un domaine qui demande d'évoluer, c'est bien celui du bonbon et du chocolat. Le palais n'aime pas l'habitude et, comme en cuisine, est curieux de saveurs nouvelles.

Pourtant, si l'esprit d'innovation était le fait des rivaux étrangers, la France connut d'importants progrès dans l'outillage, progrès dont bénéficia sa production. Ainsi, la machine à confectionner les bonbons fourrés se vulgarisa-t-elle, favorisant l'essor de friandises de qualité moyenne et, par là, la baisse de leur prix. La confiserie de sucre de l'époque se répartissait entre les produits à base principale de fruit (confitures, fruits confits, glacés ou candis) et les produits à base unique ou principale de sucre, avec addition de noyaux divers, de gommes, de miel, de glucose (fondants, dragées, pralines, pâtes, pastilles à la gomme, nougats, etc.). En 1898, 1 500 000 kg pour les fruits confits et 1 199 000 kg pour la seconde branche, ce qui correspondait à une structure industrielle déjà ample (7 000 personnes travaillaient dans 290 établissements en 1896).

Un patron pour les confiseurs

Longtemps intégrés au corps marchand des Épiciers, les confiseurs ne devinrent que tardivement une corporation à part entière. Sans doute est-ce pour cela que leur patron est souvent méconnu. Et pourtant il s'agit d'un des saints les plus populaires, d'autant plus universel qu'il appartient à la fois à l'Église grecque et à l'Église latine, à savoir Nicolas de Myra et de Bari, que l'on célèbre le 6 décembre. Saint aux patronages multiples, mais avant tout saint protecteur des enfants, auprès desquels il supplante le père Noël dans certains pays comme les Pays-Bas, l'Allemagne, la Suisse, et même dans le nord de la France.

Né vers 270 à Patras, en Lycie, évêque de Myra en Asie Mineure, emprisonné pendant les persécutions des chrétiens sous le règne de Dioclétien, puis délivré à l'avènement de l'empereur Constantin, saint Nicolas mourut en 342 environ, à Myra, où son tombeau devint lieu de pèlerinage. Ses reliques, transférées à Bari en 1087, lors de la prise de Myra par les Sarrasins, devaient créer un nouveau lieu d'attraction pour son culte. Outre les vertus thérapeutiques attribuées à l'odeur de myrrhe qui émanerait de son sarcophage, sa légende est bâtie essentiellement autour de deux pôles : l'épisode des trois pucelles et celui des trois enfants ressuscités.

La seconde fable, qui en fait le sauveur de trois écoliers tués par un boucher auquel ils avaient demandé l'hospitalité, puis « coupés en petits morceaux et mis au saloir comme pourceaux », lui a valu de devenir le bienfaiteur des enfants et de leur distribuer, chaque année, jouets et sucreries. Pourtant il s'agirait là d'une interprétation erronée d'une image médiévale évoquant l'histoire de trois officiers injustement condamnés à mort et que le saint évêque arracha au glaive du bourreau en apparaissant en rêve à l'empereur Constantin. Les trois prisonniers, dont les têtes émergeaient d'une tour, furent pris pour de jeunes enfants plongés dans un saloir... Une déformation due à l'imagination allait ainsi créer un mythe... et une belle tradition !

Essor et restrictions

Avec le tournant du XXe siècle, confiserie et chocolaterie firent un bond en avant, tant par une mécanisation croissante que par une plus grande démocratisation du bonbon. Pourtant, les guerres et les difficultés économiques que celles-ci engendrèrent ne furent pas sans leur mener la vie dure. Au cours de la Grande Guerre, la pénurie de sucre suscita des mesures de contrainte à l'égard du commerce de la confiserie : les magasins devaient fermer deux jours par semaine, le mardi et le mercredi. Cet interdit fut renouvelé en 1920, le sucre risquant de manquer pour l'alimentation des bébés, des vieillards et des malades. Sanctions assez funestes pour la corporation qui entreprit alors de se grouper massivement en un syndicat professionnel, le Syndicat des commerçants-détaillants en confiserie, pour la défense de ses « intérêts compromis ». Ce syndicat est aujourd'hui encore le représentant de la profession.

À partir de 1925 apparut une production de masse qui, en bousculant – hélas ! – quelque peu la qualité, élargit l'éventail des amateurs de friandises. Car, jusque-là, celles-ci constituaient un luxe. Et, curieusement, les restrictions imposées par la Seconde Guerre mondiale favorisèrent cette évolution. Après l'Exposition universelle de 1937, à l'occasion de laquelle se tint le premier Congrès international de la confiserie, après les événements de Munich de 1938, qui perturbèrent ce domaine de l'alimentation, survint le conflit mondial et, avec lui, s'ensuivit par décret du 1er avril 1940, la rigoureuse interdiction de vendre de la confiserie les lundi, mardi et mercredi. Ce n'était là que le début d'une série de mesures : limitation de la quantité de sucre entrant dans la fabrication des articles de confiserie à 20 p. 100 ; instauration d'une carte de chocolat, donnant droit à 125 ou 150 g par mois et par personne selon que l'on était travailleur de force ou non ; création de tickets de bonbons... Pour affronter cette situation des

Dans le tourbillon de la Belle Époque, confiserie et chocolaterie appartinrent à ces plaisirs gourmands dont les fêtes de fin d'année avaient imposé l'usage.
Phot. CEDUS.

plus difficiles, les confiseurs firent appel à des douceurs de remplacement. Sucre de raisin, coques de cacao, pâtes de figues, etc., l'imagination avait libre cours. Et, ainsi, nombreux furent ceux qui, ne consommant pas de bonbons auparavant, les découvrirent et y virent même un aliment d'appoint.

La longue nuit que connurent confiserie et chocolaterie françaises se prolongea jusqu'au sortir de la guerre et même au-delà, jusqu'en 1948.

Une confiserie à deux visages

Sortie structurée des vicissitudes des deux guerres – le Syndicat national des grossistes en confiserie, chocolaterie, biscuiterie et alimentation fine fut aussi créé en 1941 –, la confiserie française connut dès lors un développement considérable. La première ébauche d'un Centre d'études de la confiserie vit le jour en 1950. En 1958, se tint à Paris le premier Salon de la

Du temps où la confiserie était, en majeure partie, artisanale...
Phot. Tavernier.

confiserie qui allait prendre de l'expansion avant de devenir l'INTERSUC (Salon international de la confiserie-chocolaterie-biscuiterie).

Mais, si les années 60 virent une accélération de la production, due à une évolution des goûts vers les choses sucrées et, par là, à une consommation grandissante, les « friandises » perdirent, vers 1975, de cet attrait nouveau auquel elles devaient leur fulgurant essor. En effet, à la suite d'attaques portées contre le sucre, de campagnes pour la prévention de la carie dentaire, de l'obésité, du diabète, d'une remise en cause des colorants, elles furent directement touchées et leur faveur s'en ressentit très sensiblement. Le coup fut rude pour les bonbons de sucre cuit, notamment. Et cela bien qu'il se soit avéré que les arguments étayant la thèse antisucre fussent discutables.

Aujourd'hui, résultat d'une évolution technique constante depuis le début du siècle, la confiserie, qu'elle soit de sucre ou de chocolat, offre deux facettes. Ici, elle est industrielle, a recours à des machines souvent très perfectionnées, vise à une production de masse – qui n'est, d'ailleurs, pas toujours incompatible avec une certaine qualité –, et emploie des milliers de personnes : quelque 9 000 dans la confiserie de sucre, réparties entre une centaine d'entreprises ; environ 10 000 dans la chocolaterie, appartenant à 35 entreprises de chocolaterie pure et 49 de chocolaterie-confiserie. Là, elle demeure artisanale, perpétue des traditions séculaires, pratique encore la cuisson à feu nu dans de petits ateliers avec un minimum de matériel, et se limite à une production fréquemment modeste, mais de choix. Car, s'il est vrai que la main de l'homme est irremplaçable en ce domaine, il est vrai aussi qu'il y a certaines techniques, telle celle de la fabrication des fruits confits, qu'aucune machine ne peut servir à l'heure actuelle et qui ne survivent qu'à travers des méthodes de travail anciennes.

Avec le tournant du siècle, le chocolat prit une place considérable dans la consommation populaire.
Coll. A.P.-R.

Confiserie et chocolaterie constituent deux mondes très vastes et très distincts si l'on s'en tient à la terminologie traditionnelle. La *confiserie* est, par excellence, *de sucre* et réunit, sous cette appellation, les sucres cuits (pleins et fourrés), les dragées et les dragéifiés, les œufs à la liqueur, les caramels et les toffees, les pâtes à mâcher, les gommes et les réglisses, les nougats, les pâtes de fruits, les pastilles et les comprimés, les confiseries gélifiées, les fruits confits et les marrons glacés, les produits divers, ainsi que le chewing-gum. Quant à la *chocolaterie,* elle comporte, entre autres produits, les tablettes (pleines et fourrées) et surtout la confiserie de chocolat. Dans l'optique de cet ouvrage, consacré aux bonbons et chocolats, les deux confiseries se mêlent. Il est difficile d'évoquer les spécialités de France en passant sous silence l'un ou l'autre secteur. Il est impossible de dresser une liste des ingrédients de fabrication en les destinant à une seule des deux productions ; nombre de matériaux sont, de fait, communs. En revanche, ont été réunies dans un même chapitre les données spécifiques de la chocolaterie (son histoire, ses techniques, sa législation). Cela par souci d'une plus grande clarté pour le lecteur, mais aussi par respect des termes officiels, d'ailleurs souvent détournés de leur sens. Ne dit-on pas des « bonbons de chocolat » ? Et n'entend-on pas fréquemment par « chocolaterie » la « fabrication du chocolat en tablettes » ?

La confiserie de sucre dans le monde
(en 1983)

Pays	Production (en milliers de tonnes)	Consommation (par habitant et par an)
États-Unis	756,6	3,20
Allemagne (R.F.A.)	328,1	5,70
Royaume-Uni	293,2	4,80
France	174,6	3,00
Italie	126,0	2,10
Pays-Bas	107,0	5,70
Belgique	46,9	4,20
Danemark	32,1*	5,10
Suède	30,4	3,80
Irlande	25,8	6,50
Suisse	19,2	2,90
Finlande	17,7	3,70
Autriche	11,5	2,50
Grèce	7,3**	0,40

* sans chewing-gum ** chiffres estimés

(Source, Comité des statistiques OICC/AIFC/CAOBISCO.)

La confiserie de sucre
(production en tonnes)

Catégorie de produits	1975	1980	1983	1984
Sucreries sans cacao	142 655	129 435	123 730	122 605
Chewing-gum	23 285	29 285	31 200	33 190
Fruits confits et marrons glacés	16 925	18 835	19 685	22 230
Au total	182 865	177 555	174 615	178 025

(Statistiques de l'Union des chocolatiers et des confiseurs de France.)

Les sucreries sans cacao
(production en tonnes)

Catégorie de produits	1975	1980	1983	1984
Sucres cuits (pleins et fourrés)	52 670	38 415	34 435	35 085
Dragées	5 470	5 030	4 525	3 805
Dragéifiés	4 075	5 205	4 780	4 405
Œufs à la liqueur	1 955	2 315	1 860	1 510
Caramels et toffees	16 285	14 135	14 560	14 625
Pâtes à mâcher	23 600	19 040	19 235	19 620
Gommes et réglisses	6 225	8 215	6 945	6 775
Nougat	3 175	3 430	3 015	3 045
Pâtes de fruits	8 305	5 015	3 835	4 190
Pastilles et comprimés	5 420	5 650	4 530	4 875
Confiseries gélifiées	9 385	17 260	19 680	19 575
Confiseries diverses*	6 090	5 725	6 330	5 115
Au total	142 655	129 435	123 730	122 605

* Depuis 1977, les produits divers sont répartis entre chocolaterie et confiserie de sucre ; aussi une estimation de ventilation a-t-elle été faite pour 1975.

(Statistiques de l'Union des chocolatiers et des confiseurs de France.)

Le XIXe siècle vit l'apparition d'une « confiserie de chocolat » en même temps que la structuration de toute une industrie avec la création de grandes firmes.
Coll. A.P.-R.

La chocolaterie
(production en tonnes)

Groupe de produits	1975	1980	1983	1984
Cacao en poudre	28 985	36 630	39 405	41 305
Produits non fourrés (dont tablettes pleines)	84 715	98 170	104 080	104 825
Produits fourrés (tablettes fourrées, confiserie de chocolat, moulages)	50 175	86 220	94 990	101 595
Divers*	10 365	17 795	25 055	27 660
Au total	174 240	238 815	263 530	275 385

* Depuis 1977, les produits divers sont répartis entre chocolaterie et confiserie de sucre ; aussi une estimation de ventilation a-t-elle été faite pour 1975.

(Statistiques de l'Union des chocolatiers et des confiseurs de France.)

Drageoirs, bonbonnières et boîtes à bonbons

Drageoir en or émaillé et porcelaine de Saxe, époque Louis XVI. Musée Cognac-Jay. Phot. Lauros-Giraudon.

Bonbonnière en or émaillé, demi-perles et émail, 1174. Musée Cognac-Jay. Phot. Lauros-Giraudon.

Drageoir en agate et or ciselé, époque Louis XV. Musée Cognac-Jay. Phot. Lauros-Giraudon.

L'un des plus anciens témoignages de la présence du *drageoir* dans la vaisselle du Moyen Âge est aussi l'un des plus prestigieux. Dans *le Goût,* troisième pièce de la tapisserie de *la Dame à la licorne* (entre 1484 et 1500, musée de Cluny, Paris), la jeune femme choisit une « friandise » dans un drageoir. C'était alors l'usage de proposer, dans ces sortes de coupes montées sur pied et plus ou moins évasées, des dragées comme celle que tient la perruche entre ses pattes, dragées qui étaient, ainsi que le rapporte un chroniqueur, « des bonbons estranges, de toutes les couleurs, les unes estans en façon de bestes, les autres en façon d'hommes, femmes et oyseaulx ». Ces friandises, ou dragées, étaient servies dans des drageoirs, présentés à la fin des repas ou disposés sur des meubles appelés « dressoirs ». Le mot, orthographié *dragouer, dragouer, dragier,* figure dans les inventaires de nombreux hauts personnages. Ainsi, dans celui de Charles le Téméraire, est mentionné un drageoir de « cassidoine » (calcédoine), alors qu'on en dénombre une vingtaine en or dans celui de Louis d'Anjou.

Lorsqu'il est évasé, le drageoir peut se rapprocher du hanap (sorte de haut vase à boire) ; plat, il est parfois couvert et accompagné de cuillères ou de petites pelles ; quand il est formé de corbeilles basses, des sortes de poignées permettent de le tenir. Formes et matières sont laissées à la fantaisie de l'orfèvre. Or, pierres dures (cristal, en particulier) et émaux font de ces coupes des objets rares dont la profusion décorative annonce certaines œuvres de la Renaissance en Europe centrale.

Dès le XVIIe siècle, le drageoir disparaît du service de table. Certains modèles persistent toutefois, en verre gravé (tels ceux conservés au musée des Arts décoratifs, à Paris), ou, plus simplifiés, en faïence (Moustiers). Le drageoir désigne alors, d'une manière générale, un objet portatif qu'évoque déjà, à la fin du XIVe siècle, Eustache Deschamps, notant qu'il est de bonne convenance de porter sur soi quelques friandises. Les drageoirs, « petites boestes en forme de montres », sont suspendus au côté avec une chaîne. Saint-Simon rapporte que Louis XIV aimait pouvoir sucer des bonbons « à l'anisse », qu'il conservait dans un drageoir de poche.

Simples étuis recouverts de cuir ou boîtes en argent ciselé ornées de motifs « grotesques à la Bérain », dont les contemporains aimaient recouvrir les surfaces, les drageoirs de poche connurent un tel succès et une telle popularité que le mot *bonbonnière* n'apparut que très tardivement, vers 1770, longtemps après que les amateurs de friandises eurent appris à distinguer les dragées des « espices de chambre : sucre rosat, noisettes confites ». Comme le drageoir, la bonbonnière, récipient couvert muni

Surtout de table servant de drageoir (Europe du Nord, fin du XVIe siècle.) Coll. A. P.-R.

d'oreilles, est un élément du service de vaisselle, en faïence, en porcelaine ou en métal précieux, et son style est assorti à celui du service.

Mais, succédant au drageoir de ceinture ou de poche, la bonbonnière appartient à la très grande production de boîtes du XVIIIe siècle. Boîtes à mouches, boîtes à poudre et surtout tabatières constituent des cadeaux diplomatiques très appréciés et circulent dans toute l'Europe, faisant la réputation de leurs créateurs. Ceux-ci sont les « tabletiers », qui ont reçu le privilège de fabriquer des tablettes en ivoire et, par extension, peuvent faire et vendre tous les accessoires du costume à la mode. Parmi les plus achalandés, Granchez, installé rue Dauphine (« Au petit Dunkerque ») et orfèvre de la reine, fait passer un avis dans une gazette, selon lequel il met en vente « des boîtes, bonbonnières notamment, en stuc, très légères, d'autres en écail, avec des rehauts en or ». Par leur destination, ces objets sont de très sûrs moyens de diffusion du répertoire décoratif d'un style (« Régence », « à la grecque », etc.). Ainsi, à l'enseigne du « Singe violet », Biennais, orfèvre de Napoléon, vend-il des bonbonnières dont les contemporains disent avec ironie que « le prix de la façon multiplie par dix le prix de la matière ».

Les bonbonnières que les collectionneurs recherchent particulièrement sont celles qui ont une histoire. Pour Catherine II de Russie, l'orfèvre Waechter exécuta un modèle rond, en or (de 8 cm de diamètre), dont le couvercle est orné d'un profil de l'impératrice (collection particulière). Les musées français conservent une des bonbonnières ayant appartenu à Louis XVIII et que Napoléon fit porter sur l'inventaire de ses objets dressé à Sainte-Hélène. Ils ont aussi acquis la plus émouvante : celle dont se servit Napoléon lors de sa dernière maladie, en exil ; en cristal de roche, d'une forme très simple, elle contient encore quelques morceaux de réglisse.

Enfin, parmi les bonbonnières qui reçurent une appellation particulière, évoquons la *bonbonnière-galon,* petite boîte plate à charnière, qui doit sans doute son nom au galon peint qui l'ornait. Quant à la *bergamote,* elle est ainsi appelée parce que certaines boîtes étaient doublées d'écorce d'orange qui parfumait les bonbons se trouvant à l'intérieur. Ce fond en écorce d'orange était parfois remplacé par une doublure en paille de Chine. Ces bergamotes, qui ne sont pas des objets précieux, sont, aujourd'hui, le sujet de collections originales et peu onéreuses. Mais il convient de noter qu'à Spa, en Belgique, les bergamotes conservaient, au XVIIIe siècle, des bonbons à la bergamote destinés à adoucir les effets des eaux thermales sulfureuses.

En haut, *Napoléon fut de ces personnages illustres qui apprécièrent les mérites de la réglisse ; il en gardait toujours dans une bonbonnière.* Phot. CEDUS.

Ci-dessus, *un pierrot lunaire bien connu des gourmands : celui qui imagina une multitude de bonbons de sucre cuit et inventa la sucette.* Phot. CEDUS.

En d'autres termes...

• ***Bonbon*** : ce mot, provenant du redoublement de l'adjectif *bon,* date du tout début du XVIIe siècle (J. d'Héroard, 1604) ; s'il était autrefois un terme enfantin pour désigner toute friandise, il s'applique essentiellement aujourd'hui à un article de sucre cuit, que l'on suce ou que l'on croque.

• ***Chatterie*** : de *chat* ou *chatte* (« ces animaux paraissant plus sensuels que les autres, à cause qu'on les voit souvent se lécher les babines », Littré), ce mot désigne une friandise délicate, en même temps que le goût prononcé pour les friandises.

• ***Douceurs*** : ce terme, qui vient du bas latin *dulcor,* « saveur douce », apparaît pour la première fois dans le *Dictionnaire* (1680) de François Richelet avec le sens, au pluriel, de « petites friandises ». La même année, il est utilisé par Mme de Sévigné (« friandises qui sont particulièrement délectables »).

• ***Friandise*** : autrefois employé au pluriel pour désigner « des choses délicates et bonnes à manger » (Richelet), notamment les gâteaux et les sucreries – sens datant du milieu du XVIe siècle –, ce mot s'applique désormais, indifféremment au singulier ou au pluriel, à toute petite pièce de confiserie ou de pâtisserie que l'on mange avec les doigts.

• ***Gâterie*** : dérivé du verbe *gâter,* ce mot est employé chez Zola, en 1887, avec le sens de « friandise ». Une gâterie étant un petit cadeau, les friandises sont sans doute les plus fréquentes des gâteries.

• ***Gourmandise*** : substantif dérivé de *gourmand* – qui, lui-même, est peut-être de même origine que *gourmet* –, ce mot s'applique, depuis le milieu du XIXe siècle, aux mets capables de plaire à un gourmand, donc en premier lieu aux mets sucrés.

• ***Sucrerie*** : « produit de confiserie à base de sucre », dit Richelet (1680) ; en ce sens, on l'utilise, de préférence, au pluriel.

Coll. A.P.-R

La France des spécialités

Au pays du bien-manger, où, plus que partout ailleurs, « la cuisine est le plus ancien des arts » – pour reprendre un aphorisme célèbre de Brillat-Savarin –, confiserie et chocolaterie ont su s'imposer comme les domaines privilégiés de cette « science de gueule » dont parlait Montaigne en son temps. « Science » ? « Art » ? Peu importe la controverse. Bénéficiant d'une ample diversité de produits naturels, devant satisfaire des goûts et des manières de vivre tout aussi variés, les douceurs reflètent, dans leurs saveurs et leurs arômes, la multiplicité de la France gourmande.

Fort anciennes puisqu'on en trouve traces dans la littérature médiévale et chez Rabelais (Montpellier, capitale de la médecine, fabriquait alors des *gingembraz,* des *pomidoins,* des *diamargeretons,* des *diadragams,* des *pignolats,* etc.), les *spécialités* sont, aujourd'hui, innombrables. Les unes, séculaires, ne répondent plus à une exclusivité géographique, bien que leur lieu d'origine demeure leur fournisseur favori. Tel est le cas des dragées, des fruits confits, des pâtes de fruits... Les autres, non moins traditionnelles, ont gardé une diffusion régionale et, bien que connues dans tout le pays, se limitent à leur berceau. Ainsi vont la Bêtise de Cambrai, la Bergamote de Nancy, la Forestine de Bourges... Quant aux autres, de renommée locale, elles ont pour elles de traduire le besoin insatiable de création inhérent aux métiers du sucre et du chocolat. L'instauration, en 1976, d'un Tour de France des spécialités, dans le cadre du Salon international INTERSUC, a considérablement favorisé l'essor de toute une production nouvelle de friandises. Domaine mouvant, par excellence, car tel bonbon lancé une année peut fort bien disparaître l'année suivante, s'il n'a pas obtenu l'accueil espéré. Aussi tout recensement s'avère-t-il difficile à effectuer.

Néanmoins, par souci de répondre à la curiosité de l'amateur de friandises autant que par celui d'informer le promeneur de ce que lui réserve la France des spécialités, nous nous sommes efforcés de mentionner toutes les créations récentes dont nous avons pu avoir connaissance. Que le lecteur nous pardonne si, au fil d'une flânerie, il découvre une sucrerie que n'évoque pas cet ouvrage ! Que le confiseur nous excuse si sa spécialité ne figure pas ici ! Il est impossible d'être exhaustif.

Alsace

Cette grande région gastronomique semble avoir plus le goût des pâtisseries que celui des bonbons et des chocolats. Ce qui ne signifie pas que la confiserie y soit mal aimée. Simplement, les spécialités y sont peu nombreuses. Certes, avec ses fruits réputés, l'Alsace confectionne des *pâtes de fruits,* à Colmar notamment. À Strasbourg, les mirabelles sont confites, parfumées au kirsch et fourrées de pâte de fruits. À Colmar, ce sont les myrtilles qui sont utilisées pour fourrer des bonbons de sucre cuit. Mais, hormis cela, ne reste que le *marzipan,* pâte d'amandes qu'ici l'on apprécie fort et dont Strasbourg s'est fait une spécialité.

Il convient toutefois de citer deux créations récentes : à Wintzenheim, les *Tonnelets au marc de Gewurztraminer* (1975), chocolats fabriqués au cœur du célèbre vignoble ; à Haguenau, les *Tuiles d'Alsace Biberschwanz* (ce dernier mot signifie « queue de castor » en alsacien), chocolats en forme de tuile plate lancés en 1977.

Angélique confite

Cette friandise, qui constitue la grande spécialité de Niort, au cœur du Poitou, est fort ancienne. Madame de Sévigné n'appréciait-elle pas, en son temps, les tiges d'angélique confites dans du sucre : « Son bon goût ne rappelle rien dont on se souvienne et il ne ressemble à aucun autre goût que le sien » ? Recette que connaissait déjà le Moyen Âge. D'après le célèbre gastronome Brillat-Savarin, ce sont les religieuses de Niort qui la créèrent, et Alexandre Dumas de préciser dans son *Grand Dictionnaire de cuisine* que la tradition en avait été instaurée par les sœurs de la Visitation de Sainte-Marie.

« Herbe des anges » ou « reine du Saint-Esprit », l'angélique *(Angelica archangelica),* communément appelée « angélique des jardins », est une plante ombellifère au goût aromatique très prononcé. Elle aime les sols fertiles, ensoleillés, et requiert beaucoup de soins.

La tradition des spécialités régionales remonte loin dans le temps, comme en témoigne la Confiseuse *de N. de l'Armessin.* Coll. A. P.-R.

Spécialités ou non ?

Il existe un certain nombre de « spécialités » communes à bien des régions de France et qui ne se différencient que par le qualificatif que l'on adjoint à leur nom ou par un ingrédient qui change selon le pays concerné. Tels sont :

• les ***bouchons*** : bonbons ou chocolats en forme de bouchons que l'on trouve dans les territoires viticoles et que l'on fourre d'alcool du cru ;

• les ***bûchettes*** : bonbons feuilletés à la noisette produits dans les régions boisées ;

• les ***cailloux*** : bonbons à base de pâte d'amandes façonnés en forme de galets, de graviers, spécifiques des pays où il y a des rivières, des torrents, des lacs ;

• les ***chardons*** : bonbons de chocolat blanc de couleurs différentes et fourrés à la liqueur locale (armagnac dans les Pyrénées, calvados en Normandie, cassis en Bourgogne, kirsch dans les Vosges, Izarra au Pays basque, etc.) ;

• les ***rochers*** : chocolats en forme de rochers, propres aux pays montagneux ou, du moins, rocailleux ;

• les ***roseaux*** : petits bâtonnets de chocolat fourrés d'alcool ou de nougatine évoquant les nappes tranquilles ou les rivières de la région qui les fabrique.

La France en bonbons, une diversité chatoyante aux mille saveurs.
Phot. CEDAL-Yéru.

Selon certains, elle serait originaire des hautes vallées de l'Himalaya et aurait été rapportée par les croisés. Quoi qu'il en soit, on la cultivait dès le XIIe siècle dans les pays scandinaves et au XIVe dans les jardins des monastères d'Europe centrale. Lui étaient attribuées des vertus aussi nombreuses que variées ; ainsi préservait-elle de la contagion, de la peste, du « mauvais air », de l'enchantement, guérissait-elle de la rage, de la fièvre, rendait-elle chaste, et même, comme l'affirme Olivier de Serres dans son *Théâtre d'agriculture* (1600), avait-elle des propriétés contre le venin des serpents.

Compte tenu de ces qualités, l'angélique entra dans la composition de remèdes avant de devenir friandise. Mais c'est en tant que douceur qu'elle allait acquérir ses lettres de noblesse et connaître le succès. Son commerce fut, en effet, florissant. Au XVIIIe siècle, Niort en expédiait déjà hors des frontières de France : en 1789, près de 10 tonnes d'angélique confite furent ainsi destinées à notre territoire et à l'étranger. Toutefois, elle fut affectée par la crise du sucre provoquée, sous l'Empire, par le Blocus continental. Sa production tomba (à peine plus d'une tonne en 1821), son prix monta, son « audience » se limita presque exclusivement aux milieux aristocratiques. Un beau bâton d'angélique était alors un cadeau très coûteux, et le prince-président Louis Napoléon Bonaparte, de passage à Niort, en octobre 1852, reçut en présent, un aigle impérial en angélique.

Ce goût pour les « grandes pièces », à sujets sculptés dans la masse, permit à certains confiseurs niortais de faire œuvre d'artistes. Par exemple, la pièce envoyée à Paris lors de la visite du tsar en 1896 ; y étaient représentées, sous la forme allégorique, très appréciée à l'époque, *la France et la Russie se donnant la main.* Si cette réalisation fut l'œuvre du maître confiseur Benoist, le traitement de l'angélique confite en sujets de toutes sortes (oiseaux, poissons, légumes, fleurs) revient, semble-t-il, au maître confiseur Épron, qui, au siècle dernier, propagea cette présentation, qui se poursuit aujourd'hui avec une égale faveur.

Pour être connue, la recette niortaise n'en garde pas moins son secret de fabrication. « Les tiges sont triées puis ébouillantées avant d'être confites. Elles sont pour cela recouvertes de sirop de plus en plus concentré, dans lequel on les laisse plusieurs semaines. L'angélique ainsi préparée conserve toute sa saveur et ses propriétés curatives » (M. Failloud). Et les tiges sont vendues égouttées, à la sortie des bacs de stockage. Mais on les trouve également sous deux autres formes : glacées (recouvertes d'une croûte de sucre) ou cristallisées (enrobées de cristaux de sucre).

Il est à noter que l'angélique confite est aussi produite, à l'heure actuelle, dans le Puy-de-Dôme, plus précisément à Clermont-Ferrand.

Recette de ménage, *v. p. 129.*

Anis de l'abbaye de Flavigny

Les origines de ce bonbon ont fait l'objet de maintes controverses et demeurent, aujourd'hui encore, incertaines.

Sise sur le territoire de l'actuelle Côte-d'Or, l'ancienne cité de Flavigny, dont l'emplacement avait reçu, en 52 avant notre ère, le camp de Jules César pendant le siège d'Alésia, s'étendit au Moyen Âge grâce à l'abbaye bénédictine Saint-Pierre, fondée en 737 par Pépin le Bref et son épouse Berthe au grand pied. Cette abbaye devint très importante et compta jusqu'à huit cents moines. Par ailleurs, des ursulines s'installèrent aussi à Flavigny où elles créèrent, en 1632, une maison pour l'éducation et l'enseignement des jeunes filles.

L'anis (« anis vert » ou « petit anis », au nom savant de *pimpinella anisum*) était cultivé dans le pays et sa qualité faisait la célébrité de la cité. Des manuscrits font état du présent de huit livres d'anis offert par les moines au pape Jean VIII, à l'occasion de son séjour à l'abbaye en 877. Était-ce du simple anis ou déjà une sorte de dragée ? La seconde hypothèse impliquerait que le sucre ainsi qu'une recette de fabrication de bonbons, avec du miel ou du sucre, fussent alors connus.

D'autres traditions nous apprennent qu'à l'initiative de leur première mère supérieure, la révérende mère Jacotot, qui estimait rentable la production de ces bonbons, les ursulines les fabriquèrent elles-mêmes jusqu'à la Révolution. Était-ce, là aussi, une création ou plutôt l'exploitation d'une ancienne recette dont les moines auraient été les inventeurs ou les utilisateurs ? On l'ignore. Toujours est-il que les religieuses, qui avaient pour aimable habitude de confectionner des friandises destinées aux bienfaiteurs et amis du couvent, développèrent la fabrication de ces dragées dont la qualité et la valeur marchande justifiaient qu'elles fussent offertes à de hautes personnalités. Il est indiqué, en effet, que le prince de Condé en reçut quatre douzaines de boîtes le 18 juin 1700 et vingt-quatre boîtes le 18 juin 1703, que M. de Créancey, lieutenant du roi pour l'Auxois, et sa femme s'en virent offrir, à Semur, douze boîtes le 23 mars 1701.

On raconte, du côté de Flavigny-sur-Ozerain, que le petit Poucet usa, pour marquer sa route, non de cailloux comme le veut la légende, mais de petites dragées rondes au cœur d'anis. Phot. CEDUS-Yéru.

Après la Révolution, l'abbaye fut transformée en usine consacrée à la confection de ces friandises. Celles-ci cessèrent toutefois d'être la production exclusive de Flavigny, qui, peu à peu, allait en récupérer la spécialité indiscutée. Des cinq fabriques qu'abrita Flavigny il n'en restait plus que deux à la fin du siècle dernier, lesquelles furent, en 1915, réunies dans les bâtiments restaurés de l'abbaye Saint-Pierre.

Les dragées d'anis, petites et rondes, sont constituées d'une graine d'anis enrobée de sucre. L'enrobage, qui ne peut se faire que par superposition de couches de sucre, s'obtenait autrefois par le brassage à la main, dans une bassine chauffée, de graines d'anis et d'un sirop de sucre versé lentement. C'était là un travail long et pénible, qui exigeait un séchage après chaque enrobage. La fabrication des dragées s'étalait sur près de six mois... ce qui expliquait le coût élevé de ces bonbons. Au milieu du XIXe siècle, l'utilisation de machines à dragées les a mises à la portée de toutes les bourses, grâce à une plus grande facilité de production. Aujourd'hui, la préparation de l'« anis de Flavigny » dure deux mois, du jour où la graine commence à être couverte de sucre jusqu'à celui où le bonbon est prêt à être consommé. Différents arômes interviennent dans sa confection : fleur d'oranger, violette, réglisse, menthe, café, citron, framboise, rose, etc. Pour une production annuelle de plus de deux cents tonnes, dont le tiers environ est exporté à l'étranger.

Outre le plaisir que l'on prend à déguster ces délicieuses friandises, les vertus curatives, nombreuses et des plus diverses, que la médecine du passé (notamment, l'école de Salerne) attribuait à l'anis, ont certainement contribué, à l'origine, au développement de la production des anis de l'abbaye de Flavigny.

L'anis étoilé

La badiane *(Illicium verum),* qui fournit l'anis étoilé, appartient à la famille des Illiciacées et nous vient de Chine. Au Japon, elle était l'arbre sacré des temples. Et, en Chine, elle intervenait dans les cérémonies religieuses comme offrande. Elle gagna l'Europe par la route des grandes caravanes asiatiques. On l'utilisa pour parfumer les plats de viande ou de poisson.

L'anis : des vertus thérapeutiques

Plante odoriférante de la famille des Ombellifères, l'anis vert, originaire du sud de la Méditerranée, est aujourd'hui cultivé dans toute l'Europe. Ses graines sont utilisées depuis la plus haute antiquité pour leurs vertus aromatiques et médicinales. Leur emploi fut appris des Grecs et des Romains : boissons anisées ou parfumées à l'anis, liqueur d'anis – dite « liqueur d'or » –, parfums, onguents, médicaments, graines confites au miel, etc. La célèbre école de médecine de Salerne, qui brilla du IXe au XIVe siècle, avait dans ses remèdes des cures d'anis dont certains effets furent précisés avec quelque verdeur :

« La sauge et la cannelle
L'anis et la réglisse
N'ont pas des effets différents.
Au fond des intestins ils vont chercher les vents
Et par-derrière ils les font rendre. »

Cette tradition thérapeutique devait se perpétuer au-delà du Moyen Âge et au-delà de l'utilisation de l'anis dans la confiserie. De fait, les anis de l'abbaye de Flavigny et les dragées à l'anis de Verdun durent leur succès à leur nouveauté et à leur saveur, mais certainement aussi aux effets médicaux que l'on attendait d'eux.

L'important commerce de l'anis, par le port de Marseille, et son traitement furent, des siècles durant, l'apanage des Anysetiers du Roy, corporation autonome (dès le Xe siècle) dont le patron était saint Serge et qui s'était regroupée, à Paris, rue Vieille-du-Temple. En partant des graines d'anis pilées, macérées, distillées, les anysetiers composaient médicaments, parfums, liqueurs et produits rafraîchissants de toutes sortes, qui étaient alors très recherchés. Mais, peu à peu, avec l'extension de l'« industrie » des épices et de l'anis, les apothicaires, les distillateurs, les épiciers, les droguistes et les herboristes empiétèrent sur leur domaine et finirent par réduire à néant leurs activités.

Aquitaine

Ouverte sur l'océan et avec, pour toile de fond, une partie de la chaîne pyrénéenne, cette région réunit en une seule entité des pays très différents et au caractère très affirmé. Le Périgord, en premier lieu. Cette terre des bons repas vit à l'heure du « diamant noir de la cuisine » – ainsi Brillat-Savarin surnomma-t-il la truffe. Et n'était-il pas logique de l'imiter en chocolat pour les gourmands de friandises ? Aussi Périgueux, sa capitale, s'en est-elle fait une spécialité avec les *truffes au chocolat* et les *truffettes* (1973), confectionnées à base de suprême de noix du Périgord. Car la noix est ici fort goûtée. En témoignent les *Nogaillous du Périgord,* créés en 1980 et qui, empruntant leur nom au mot sarladais signifiant « cerneaux », enrobent de chocolat un intérieur fait à partir de cerneaux grillés. Mais on trouve aussi des *bonbons au Montbazillac,* ce vin blanc doux et sucré que produit la région – Bergerac en fabrique –, et des bonbons de nougatine, glacés et fourrés de praliné (les *Princesses de Candalle,* créées en 1975 à Montpon, où demeure le souvenir de cette princesse).

Plus bas et en bordure d'Atlantique, la Guyenne réunit l'Agenais et le Bordelais. Le premier a fait du pruneau, dont c'est ici le pays, l'ingrédient principal de sa confiserie. Les pruneaux y sont fourrés de pâte de prune, de noix ou de pâte d'amandes aromatisée et colorée *(v. Pruneau d'Agen, p. 54).* À Nérac, le *Pruneski* (1978), qui a l'apparence de la prune d'Agen, est un chocolat au nougat avec un cœur de prune, parfumé à l'armagnac. Le second, riche d'un sol généreux qui porte de célèbres vignobles, a regroupé autour de Bordeaux, sa « capitale de gueule », l'essentiel de ses spécialités. Certes, le vin n'a pas été oublié dans les « matières premières » employées : les *Bouchons de Bordeaux* allient beurre, pâte d'amandes et raisins macérés dans du vin ; les *Guinettes bordelaises* sont des cerises trempées dans de l'eau-de-vie et enrobées de chocolat, seule la queue des fruits dépasse. Et, au cœur du Médoc, au milieu des vignobles de Margaux, les *Sarments du Médoc* évoquent, en chocolat, les sarments de vigne. Mais on trouve aussi : des caramels, telles les *Niniches de Bordeaux,* caramels mous au chocolat ; des bonbons en nougatine, comme le *Gallien* créé en 1939 (du nom du palais Gallien dont les ruines se trouvent à proximité du lieu de production) qui, sous une coque de nougatine, dissimule un intérieur praliné ; et des berlingots, tels que les fameuses

Fanchonnettes bordelaises. Ces dernières, bonbons de sucre cuit, fourrés et acidulés, ont été inspirées par le personnage de Fanchon la vielleuse, que chantèrent poètes et musiciens.

Aux confins de l'Espagne, Pays basque et Béarn marquent une préférence très nette pour les confiseries à base de pâte d'amandes *(v. pâte d'amandes, p. 83).* La pâte obtenue avec ce fruit doux-amer prend, au Pays basque, nom de *touron* (ou *tourron*), de l'espagnol *turron*. Car c'est d'Espagne que nous vient cette friandise, faite d'amandes pilées avec des blancs d'œufs et du sucre, aromatisée à diverses essences et enrichie ou non de pistaches, d'avelines ou de fruits confits. La recette espagnole est plus complexe puisque du miel s'y mélange au sucre, qu'entrent en jeu noix, noisettes et pignons, et que des parfums tels que coriandre ou cannelle interviennent. Les variétés en sont nombreuses. À Bayonne, le touron est présenté en damiers aromatisés et colorés. Ailleurs, on le façonne aussi en boules rouges ayant l'apparence des arbouses. Biarritz le compte parmi ses douceurs favorites.

Mais, aux côtés du touron, dont le domaine s'étend jusqu'à Pau, d'autres bonbons ont su s'imposer : à Bayonne, des *bonbons à l'Izarra,* liqueur du pays jaune ou verte ; à Saint-Jean-de-Luz, les *Kanougas,* caramels très tendres au café ou au chocolat ; à Ciboure, les *noix fourrées,* qui allient avec bonheur noix et chocolat ; à Jurançon, célèbre pour son cru cher à Henri IV, les *Raisins de Jurançon,* macérés dans de l'eau-de-vie et enrobés de chocolat ; à Salies-de-Béarn, renommée pour les vertus de ses eaux thermales, les *Délices de Salies* (1976), bonbons dont la robe de chocolat est blanchie pour évoquer le sel ; et, enfin, à Pau, les *Framboisines,* chocolats parfumés à l'alcool de framboise sauvage.

Sans oublier le *chocolat de Bayonne,* renommé entre tous. Ville chocolatière, Bayonne l'est depuis le XVIIe siècle. Les fèves de cacao étaient alors travaillées dans le faubourg Saint-Esprit, qui se trouvait à l'époque hors de la cité. Ainsi son chocolat acquit peu à peu ses lettres de noblesse, célébré par maints voyageurs et poètes, fabriqué par d'illustres chocolatiers, dont la relève a été assurée au fil du temps.

Auvergne

De par son climat et la nature de son sol, cette région a été, de tout temps, productrice de fruits d'une telle qualité que, très tôt, on a cherché à les conserver. D'où la création et l'essor d'une « industrie » de la confiserie, dont Clermont-Ferrand a été – et est – la capitale. Confiserie qui connut son âge d'or sous le second Empire, grâce notamment au duc de Morny qui choisit l'Auvergne pour des expériences en matière sucrière. La sucrerie de Bourdon, alors créée, fournissait les fabricants de pâtes de fruits et de fruits confits.

Les *pâtes de fruits* étaient déjà réputées sous Louis XI et les *fruits confits* tant appréciés que présent en était fait aux plus hauts personnages du royaume, lors de leur passage en Auvergne ou en témoignage de civilité dans la riche société. Cette tradition s'est perpétuée puisque nombreuses sont les personnalités qui, au cours des siècles, se sont vu offrir en hommage ces friandises auvergnates qui, avec le temps, n'ont rien perdu de leur renommée.

De cette production séculaire, mentionnons plus spécialement : les *pâtes de fruits* (Clermont-Ferrand, La Bourboule, Châtelguyon, Riom, Vichy, etc.), présentées le plus souvent sous la forme d'un fruit (abricot, poire, etc.) et parfois fourrées ou parfumées à l'alcool de ce fruit ; les *Fraises d'Auvergne,* confites et glacées ; ainsi que l'*Abricot de Lembron,* fruit confit fort goûté de Saint-Germain-Lembron.

Outre le traditionnel et fameux *sucre d'orge,* bonbon de sucre cuit aromatisé, qui constitue la grande spécialité de Bourbon-l'Archambault, de Néris-les-Bains et de Vichy, outre les *Chiques de Montluçon,* gros bonbons de sucre cuit, opaques, fourrés aux amandes et parfumés à l'anis, au citron, à la menthe..., l'un des bonbons les plus connus est ici la *Pastille de Vichy,* inventée au début du siècle dernier par un

Bayonne, capitale du chocolat

On tend à oublier, aujourd'hui, que Bayonne fut autrefois le premier point de pénétration du chocolat en France. En effet, si les Espagnols établis au Mexique, jaloux de leur secret de fabrication, n'envoyèrent longtemps à la péninsule que des pâtes toutes préparées, vint le jour où ils se résignèrent à lui expédier des graines de cacao et où donc s'installèrent les premières fabriques. Ainsi les « Nouveaux Chrétiens » – ces Juifs fixés en Espagne et convertis au catholicisme pour pouvoir y rester – découvrirent-ils la manière de fabriquer le chocolat. Chassés de ce pays, réfugiés au Portugal, puis de nouveau contraints de s'exiler, ils furent nombreux à adopter la France pour cadre de vie, notamment les villes du sud-ouest et, en premier lieu, Bayonne où, dès le début du XVIIe siècle, ils introduisirent le travail du cacao, dans le faubourg Saint-Esprit.

À l'instar de Bayonne, d'autres cités se mirent à confectionner du chocolat. Activité dont l'essor devait être favorisé par l'extension de la culture du cacaoyer dans les colonies françaises des Antilles. Mais le chocolat bayonnais, réputé pour sa qualité – due au choix des graines et à leur judicieux mélange –, allait garder sa suprématie. Pendant des décennies, les « Juifs portugais » en furent les experts, qui, ne pouvant pratiquer le commerce de détail, se rendaient chez les épiciers de Bayonne pour y fabriquer le chocolat, selon la méthode artisanale de l'époque, c'est-à-dire à genoux devant un mortier de marbre.

Toutefois, la formation d'ouvriers parmi la population indigène suscita la création, à Bayonne, en 1761, d'une Jurande des maîtres chocolatiers, dont le parlement de Bordeaux homologua les statuts le 7 décembre 1762. Dès lors, l'art de la chocolaterie était réservé aux membres de cette communauté, qui, seuls, avaient le droit de tenir commerce. De ce fait exclus de Bayonne et limités à Saint-Esprit, les Juifs portugais firent opposition à l'arrêt et obtinrent gain de cause en 1767 : la communauté fut annulée. Quelques années plus tard, la Révolution leur ouvrait les portes du commerce.

Les « ouvroirs de chocolat » se multiplièrent à Bayonne et dans sa région. L'apparition des machines porta atteinte au travail sur pierre et, par voie de conséquence, à nombre d'artisans qui ne surent pas s'adapter à cette ère nouvelle. Néanmoins, l'ancienne capitale de la chocolaterie, fidèle à ses vieilles formules, conserva sa renommée. Et ce par-delà l'industrialisation et la naissance de véritables usines.

Coll. CEDUS

De vérité en vérité...

« Il mourut le vendredi
Le dernier jour de son âge,
S'il fut mort le samedi,
Il eût vécu davantage. »

« Regretté de ses soldats,
Il mourut digne d'envie :
Et le jour de son trépas
Fut le dernier de sa vie. »

« C'était un homme de cœur,
Insatiable de gloire :
Lorsqu'il était le vainqueur,
Il remportait la victoire. » [...]

Tout cela parce que, par erreur ou par malice, une complainte imaginée par les soldats de Jacques de Chabannes au moment de sa mort tragique et qui allait ainsi :

« Monsieur de La Palice
est mort,
Mort devant Pavie.
Hélas ! s'il n'était pas mort,
Il ferait encore envie »

vit son dernier vers transformé en :

« Il serait encore en vie. »

chimiste éminent, Jean-Pierre-Joseph Darcet, lequel transmit sa formule, en 1824, à un pharmacien de Vichy, M. Bartillat. Celui-ci remplaça le carbonate de soude utilisé dans la recette par des sels extraits des eaux de Vichy. Et le succès fut si grand qu'en 1830 la production journalière atteignait les 5 000 pastilles. C'est en 1834 que les administrateurs de l'établissement thermal entreprirent de fabriquer, eux-mêmes, dans l'ancien couvent des Célestins, ces célèbres petites pastilles blanches composées d'extraits naturels des eaux de Vichy et d'essence naturelle de menthe, très digestives, et dont la confection est, aujourd'hui encore, rigoureusement la même.

Mais l'Auvergne possède aussi les non moins fameuses *Pralines d'Aigueperse,* nées du mariage subtil de l'amande et du sucre.

« Mon premier est une amande
Mon deuxième est du sucre
Mon troisième du caramel...
Et mon tout est
la délicieuse praline d'Aigueperse. »

Ainsi va la recette...

C'est un personnage haut en couleur de notre histoire qu'évoquent, depuis plus d'un demi-siècle (la marque fut déposée en 1922), les *Vérités de La Palisse.* En effet, cette ville de l'Allier a ajouté au souvenir de Jacques II de Chabannes (1470-1525), seigneur de La Palice et maréchal de France, qui s'illustra au service du roi François Ier et mourut à la bataille de Pavie, la réputation d'un bonbon de sucre cuit, croustillant, fourré d'un caramel moelleux semi-liquide, dont la cuisson est le secret de sa finesse. L'originalité de la présentation de cette douceur, créée par le confiseur Jean Sauvadet, réside dans les emballages dont chacun rappelle l'un des vingt-quatre quatrains choisis parmi les cinquante-deux composant la chanson *les Vérités de La Palice,* écrite au début du XVIIIe siècle, par un académicien, Bernard de La Monnoye, et qui sauva de l'oubli le sieur de La Palice.

Enfin, de création plus récente, *les Cœurs de Royat* (1969) sont des cœurs en chocolat blanc, dont l'intérieur est fait de pâte d'amandes et de fruits confits macérés dans du rhum, et *le Saumon* de Brioude (1981), inspiré par le fait qu'à la Belle Époque le barrage de la Bajasse, sur l'Allier, était le rendez-vous réputé de la pêche au saumon, est un bonbon de chocolat, dont l'intérieur est à base de chocolat orange pour rappeler la chair de ce poisson. Quant aux *Guignolettes d'Auvergne,* que l'on trouve à Clermont-Ferrand, il s'agit d'une pâte de cerises fourrée d'une cerise au kirsch. Sans oublier, pour clore ce tour des douceurs d'Auvergne, les célèbres *Palets d'Or* de Moulins, qui enferment, sous une coque de chocolat amer, une fine mousse de chocolat parfumé au café, et font, depuis leur lancement, en 1898, le bonheur des gourmands.

Bergamote de Nancy

Ce bonbon est parfumé, comme son appellation l'indique, avec l'essence extraite de l'écorce de la bergamote, fruit qui tire son nom de l'italien *bergamotta,* altération du turc *begarmādé,* qui signifie « poire du seigneur ». Le bergamotier, qui produit la bergamote, est le résultat, par greffage, de l'union d'un citronnier et du poirier *Bergamodi,* dont les bonnes poires « bergamottes » étaient déjà appréciées par Rabelais, qui en fait mention. On attribue ce croisement à l'initiative d'un cultivateur sicilien. Quant à l'utilisation de l'huile essentielle tirée de la bergamote, elle aurait été introduite à Nancy par le roi Stanislas Leszczyński, dont la cour brillante faisait large usage de parfums.

Sans doute un gourmet de l'époque eut-il l'idée d'allier bergamote et sucre et trouva-t-il au mélange quelque saveur. Il ne restait plus aux confiseurs de Nancy qu'à exploiter la trouvaille. Ainsi, en 1850, un certain Jean-Frédéric Lillig, originaire du Wurtemberg, réalisa, avec l'aide de son neveu, la Bergamote de Nancy, bonbon qui connut un grand succès à la Foire internationale de cette ville en 1909 et qui, depuis, a acquis une renommée mondiale. La fabrication de la spécialité nancéienne fut, en effet, poursuivie, sur les traces de J.-F. Lillig, par M. Dussaulx, puis, à partir de 1901, par Albert Lalonde, dont les descendants allaient reprendre l'affaire jusqu'en 1970, où ils transmirent la direction à M. F. Bader.

Un bonbon simple et doux, au parfum subtil : la Bergamote *de Nancy.* Phot. Lalonde.

La Bergamote étant un bonbon de sucre cuit, on confectionne, à feu nu, à 116 °C, dans un poêlon à sucre, un sirop épais que l'on fait blondir et dont on évite la cristallisation par un léger ajout de vinaigre ou de glucose. Ce sirop est coulé sur un marbre huilé, additionné d'essence de bergamote avant refroidissement, moulé en petits pavés par application d'empreintes et, une fois refroidi, découpé selon le damier. Le bonbon fini est cassant, plein de saveur et d'un beau jaune translucide.

Berlingot de Carpentras

Sans doute ce bonbon dur de sucre cuit, aromatisé d'essences diverses, demeure-t-il l'une des spécialités les plus populaires. Aujourd'hui, comme autrefois, il n'est de foire sans étal de berlingots, même si la coutume s'est perdue de travailler le sucre brûlant devant les passants. Mais, si l'on en trouve à Bayeux (berlingots à la menthe), à Châtellerault *(Berlingolettes)*, à Nantes, etc., la capitale de cette friandise demeure Carpentras, au cœur du Comtat Venaissin. D'ailleurs n'est-elle pas marquée au sceau de ce terroir de soleil et de couleurs, « tétraèdre (...) qui enferme dans ses douces limites toutes les voluptés du goût et de l'odorat, toutes les irisations de notre lumière provençale », comme l'a écrit André de Richaud ?

Pourtant, la clarté ne semble pas avoir été faite sur l'origine de son nom. D'aucuns prétendent que celui-ci vient du provençal *berlingau*, « osselet ». Certains préfèrent y voir un dérivé de l'italien *berlingozzo*, « bonbon fait sur une table » (de *berlengo*, « table », en langue argotique). D'autres décomposent le terme en la racine « bers » (qui a donné « bercer ») et « lingot », hypothèse peu convaincante, bien que l'on « berce » le boudin de sucre alternativement à droite et à gauche. Enfin, une légende attribue l'invention de cette confiserie, et peut-être même de son appellation, à un certain Sylvestre, maître queux du pape Clément V (Bertrand de Got de son nom) qui siégeait au début du XIVe siècle à Carpentras. Disposant d'un reliquat de caramel qui lui avait servi à décorer un entremets, ce cuisinier le fit fondre, parfuma la pâte avec de la menthe et du citron, la malaxa, l'étala et forma des bâtonnets qu'il présenta au pape sur un plateau d'argent avec ces mots : « Honneur à Bertrand de Got. À découper avec un ciseau d'or... »

Le berlingot existe de longue date. Il apparaît même qu'au Moyen Âge les confiseurs arabes en connaissaient une recette, que rapporte Barbara Ketcham Wheaton : « On fait un sirop, avec de l'eau et du sucre, dans lequel on jette des pistaches, puis on travaille le mélange avec un bâton jusqu'à ce qu'il blanchisse, après quoi on le découpe, comme les berlingots d'aujourd'hui, en bandes et en triangles. »

En France, indépendamment de l'inventeur Sylvestre de la légende, une Mme Couet, à Nantes, sous le règne de Louis XVI, a réalisé ce bonbon de sucre cuit inverti, que ses descendants exploitèrent heureusement. Mais ce n'est qu'au milieu du XIXe siècle que le berlingot naquit... ou réapparut à Carpentras. Un pâtissier-confiseur, François Long, installé rue de la Porte-d'Orange, mit au point la recette en 1844. Sept ans plus tard, Gustave Eysseric, mécanicien de la marine marchande, devenu confiseur par mariage, entreprit de fabriquer ces berlingots et eut l'idée d'utiliser les sirops, parfumés et colorés, que laissait derrière lui le confisage des fruits. Il les fit recuire, les aromatisa avec de la menthe poivrée (particulièrement abondante dans la région) et travailla la masse pour obtenir les berlingots de couleurs et de parfums variés que nous apprécions aujourd'hui. Le succès fut tel que ce bonbon finit par se substituer aux fruits confits dans la renommée de Carpentras.

Et si, à l'heure actuelle, la fabrication s'est modernisée – les ciseaux étant souvent remplacés par la « berlingotière », pourvue de quatre roues

Venue d'Angleterre...

La menthe poivrée *(Mentha x piperata)*, dite « menthe Mitcham », est originaire d'une petite ville anglaise du même nom, sise dans le canton de Surrey, près de Londres, où elle est cultivée depuis la fin du XVIIIe siècle. Cette variété, qui se plaît en terrain argilo-calcaire, frais et riche en humus, se trouve, en France, en Haute-Provence et dans le Maine-et-Loire. Elle donne une essence « Franco-Mitcham », dont quelques grammes suffisent à aromatiser un kilogramme de sucre.

La capitale du Comtat Venaissin, Carpentras, est la patrie d'une des spécialités de confiserie de sucre les plus réputées, le berlingot.
Phot. CEDUS-Yéru.

à couteaux –, le principe demeure tel qu'il a été mis au point au siècle dernier. Le boudin de sucre cuit, aromatisé et coloré, est enfermé dans une abaisse faite de bandes de sucre clair et de bandes de sucre battu, travaillées ensemble, ce qui donne, par étirage, les filets blancs dont se pare le berlingot, ensuite adroitement torsadé en tétraèdre par passage à la mise en forme.

Parfumé à la menthe Mitcham ou à d'autres arômes naturels (citron, framboise, orange, café, fruits exotiques, fraise, anis, cassis), le berlingot de Carpentras diffère des autres berlingots par le nombre de ses filets. Ainsi que le précise la définition officielle de cette spécialité, élaborée en 1953 : « Bonbon de sucre cuit clair, décoré de quarante filets au moins de sucre cuit battu, aromatisé et coloré, de forme indéfinissable, découpé aux ciseaux ou à la berlingotière, chaque coupe étant opposée suivant un angle de 180°. »

Au temps d'Émile Afchain, confiseur d'un certain « génie »... Coll. Afchain.

Bêtise de Cambrai

Ce célèbre bonbon de sucre cuit, aromatisé à la menthe Mitcham, est né vers 1850, à Cambrai, chez le confiseur Afchain, dont les descendants perpétuent aujourd'hui avec succès la tradition. Serait-il dû à l'erreur du fils de la maison, alors apprenti, qui se serait trompé dans le dosage de sucre et de parfum, ou à l'heureuse inspiration qu'il aurait eue d'alléger la pâte grâce à une insufflation d'air par brassage, ou encore aux deux facteurs associés ? Ainsi le prétend la légende, qui veut que Mme Afchain, considérant comme ratée la fabrication de son fils, ait traité de *bêtise* la faute commise, faute qui pourtant fit la fortune de la famille, les prétendus loupés ayant été fort appréciés pour leurs vertus rafraîchissantes et digestives.

Pour être moins poétique, la vérité sur les origines de la bêtise n'en est pas moins enracinée dans les vieilles coutumes du Nord. Le 24 de chaque mois se tenait à Cambrai un important marché où se côtoyaient foire aux bestiaux, étals de textiles et de produits alimentaires, baraques foraines, etc. Les hommes s'y rendaient régulièrement, en plus grand nombre que les femmes, et, les achats de bêtes étant faits, d'aucuns s'attardaient pour y commettre quelques « bêtises »... Parmi celles-ci, qui n'étaient, en fait, qu'actes pardonnables et dépenses inutiles, les bonbons de sucre cuit, que l'on fabriquait sous le regard des acheteurs et que l'on coupait au ciseau à la demande. Aussi le confiseur Afchain eut-il l'idée de confectionner, pour cette clientèle du 24, des bonbons plus raffinés, en les parfumant à la menthe Mitcham, en battant le sucre pour qu'il soit plus aéré et plus agréable, et en introduisant, sous l'aspect d'une rayure, du sucre caramélisé, qui viendrait adoucir, par son goût sucré et amer, les pointes piquantes de la menthe. Le sucre étiré, façonné en plaques, était présenté dans des boîtes de fer. Ce n'est qu'en 1947 que les bêtises firent l'objet de papillotes, telles qu'on les trouve à l'heure actuelle.

Autrefois manuelle, la fabrication de ces petits coussins de sucre, plats d'un côté, bombés de l'autre et marqués d'une raie jaune, est désormais industrielle et atteint une production de 300 tonnes par an, soit 120 millions de bonbons. Sur cette production continue à veiller l'aïeule qui apparaît sur le couvercle des boîtes, à peu près la même dans son cadre depuis des générations : goûtant un bonbon et invitant du geste à faire comme elle, elle est aujourd'hui connue du monde entier.

Bourgogne

Renommée pour la qualité de ses vins autant que pour la richesse de ses produits, cette région recèle l'une des plus anciennes spécialités de confiserie, *l'Anis de l'abbaye de Flavigny,* petites dragées contenant un grain d'anis, présentées dans de jolies boîtes à motifs souvent pastoraux *(v. p. 19).* Autrefois apprécié pour ses propriétés médicinales, tout comme l'anis, le cassis de Côte-d'Or est aujourd'hui réputé pour être l'un des meilleurs du monde. Et s'il se prête à la confection de liqueurs et autres boissons, il entre aussi dans la composition de douceurs locales : les *pâtes de cassis* et les *Cassinines* de Dijon, bonbons en pâte de cassis fourrée de liqueur de cassis. Le cassis participe également aux *Joyaux de Bourgogne* que fabrique Dijon : coques de chocolat blanc teinté de vert ou cassis, enrobant une pâte d'amandes au cassis (ou parfois à la prunelle). Mais la capitale de la Bourgogne produit d'autres friandises : la *Duchesse de Bourgogne,* fourrée à l'orange, et les *Escargots,* représentant le gastropode en pâte d'amandes, en chocolat, en praliné ou en fondant, venus rappeler que c'est là un des mets chers au pays.

Au cœur du vignoble de Gevrey-Chambertin se poursuit une fabrication artisanale de pâtes de fruits, les *Chambertines,* qui doivent leur parfum prononcé et leur moelleux au jus de fruits ajouté à la pulpe de fruits, au sirop de glucose et à la pectine. À Beaune, les *Burgondines,* créées en 1973, évoquent le passé de la région, envahie au ve siècle par une peuplade germanique, les Burgondes, qui y fondèrent leur royaume, duquel devait naître le duché de Bourgogne. Cette spécialité, faite de praliné au chocolat, rendu onctueux par l'addition de beurre laitier, présente une délicate robe de glace royale très friable. Plus récentes, puisqu'elles remontent à 1979, les *Grumelles de Beaune* associent à du chocolat très fin les fruits récoltés sur les « côtes » bourguignonnes, tels cassis, framboises et prunelles. Enfin, en ce même lieu, peuvent se déguster les *Cassinines,* telles que celles de Dijon, les *Douceurs du Vigneron,* chocolats à l'intérieur crémeux, parfumés au vieux marc de Bourgogne odorant et subtil, et les *Caramels bourguignons,* au cassis et à la framboise.

Le long de la vallée de la Saône, les *Graviers* sont à l'honneur, petits bonbons en pâte d'amandes dont Chalon-sur-Saône et Mâcon sont les grands centres. À Chalon, les *Cabaches* sont des chocolats au praliné, glacés de sucre à la pistache, alors qu'à Mâcon les *Bouchons* sont fourrés au vieux marc du pays.

En remontant vers le nord, un itinéraire gourmand pourrait se dessiner à travers Autun, et ses *Rochers du Morvan,* chocolats qui, par leur forme, évoquent les rochers des pittoresques paysages du Morvan, à travers Arnay-le-Duc, et ses *massepains,* à travers le Nivernais, rendu célèbre par ses *Négus* et ses *Abyssins* de Nevers *(v. p. 44),* mais où l'on trouve aussi des *Marquisettes,* bûchettes chocolatées de Clamecy, des *Charitois,* bonbons au caramel de La Charité-sur-Loire, des *Nougatines* – celles de Nevers, faites de sucre brûlé, caramélisé avec des amandes et enrobé de glace royale, furent créées vers 1850 par Louis-Jules Bourumeau et demeurent aujourd'hui réputées –, et enfin des *Caraques* qui, à Nevers, sont faites soit de pâte pralinée au miel et meringuée soit de nougatine au chocolat enrobée de pastillage meringué.

Et, pour compléter le circuit, tout au nord de la région, il faut s'attarder à Semur-en-Auxois, pour ses *Granits,* rochers d'amandes grillées, trempées dans du chocolat blanc teinté et aromatisé à l'orange, à Auxerre, pour ses *Escargots,* chocolats au praliné fondant et tendre sous une robe de chocolat, à Saint-Florentin, en bordure de la forêt d'Othe, pour ses *Muscadrilles* (1976), mousse de praliné aux noisettes dans une enveloppe de chocolat fondant, parfumé à l'orange et rehaussé d'un trait de cognac, ainsi qu'à Sens, pour ses *Cognottes,* ou *Corniottes,* douceurs en sucre feuilleté, pralinées et aromatisées au café.

Bretagne

Riche des produits de la mer, cette région semble plus portée vers les poissons, crustacés et coquillages que vers les mets sucrés, ce qui explique le peu de spécialités que l'on y trouve. Néanmoins, Quiberon, qui, au cours des deux dernières décennies, a conçu un certain nombre de friandises, place le Morbihan au premier rang de la confiserie bretonne. La plus ancienne douceur quiberonnaise remonte à 1947 ; ce sont *les Niniches,* qui, à l'origine, se présentaient comme des sucettes, vendues chaudes. La demande fit qu'ensuite elles furent commercialisées froides. Mention fut faite de ces bonbons, dès les années 50, par l'écrivain Hervé Bazin, dans *le Matrimoine,* et leur succès alla grandissant. Leur fabrication, purement artisanale, n'a recours à aucun conservateur ni colorant. Les parfums (quarante-cinq, au total) accordent toutefois une légère préférence au caramel pur beurre et au feuilleté praliné. Et, pour satisfaire tous les goûts, la même recette est présentée sous d'autres formes : en *Fleurs de Bretagne,* petits caramels durs, et en *Palourdes à la Quiberonnaise,* le feuilleté praliné étant travaillé dans le caramel pur beurre.

Parce que le beurre salé est l'un des produits réputés de la gastronomie bretonne, Quiberon s'est essayé à fabriquer des *Caramels mous au beurre salé.* Paradoxe ? Le résultat est excellent. Et, d'ailleurs, c'est, en fait, une très ancienne recette, héritée des grand-mères bretonnes qui confectionnaient les caramels avec le beurre du cru, qui a été remise au goût du jour. Autres gourmandises quiberonnaises : le *Kalon Breiz,* créé en 1971 et qui est un chocolat en forme de cœur, destiné à rappeler le cœur rouge surmonté d'une croix que portaient, en signe de

Une célèbre grand'mère veille, imperturbable, sur une vieille tradition gourmande : celle de la Bêtise de Cambrai. Phot. Afchain.

Cette affiche créée par Capiello pour le Cachou Lajaunie *contribua à populariser ce « bonbon » qui, aujourd'hui encore, demeure recommandé autant aux « fumeurs, chauffeurs et cyclistes » qu'aux simples gourmands.* Phot. Cachou Lajaunie.

reconnaissance, les chouans, lors du débarquement des émigrés dans la baie de Quiberon en 1795 ; le *Brazadou,* né en 1975 et qui est un « bonbon pomme au four », c'est-à-dire un bonbon de sucre fourré à la pâte de pommes dans lequel on retrouve le goût de la pomme cuite au four avec un peu de beurre ; enfin, les *Ch'tou* (1981) qui, sous une fine coque de chocolat amer, dissimulent un caramel fondant au beurre breton, parfumé au lambig, l'eau-de-vie de cidre de la région. À propos de cette dernière spécialité, il convient de préciser qu'elle tire son nom de l'appellation « ch'tou » utilisée péjorativement par les Quiberonnais pour désigner les Bigoudens venus à Quiberon pêcher la sardine, le mot « ch'tou » étant probablement une déformation bretonne du terme « jeton » – un jeton est remis par l'usinier au pêcheur pour chaque caisse de sardines. Inutile de préciser que le créateur de cette confiserie est bigouden et vit à Quiberon !

Les autres friandises bretonnes étant essaimées à travers le pays, nous les mentionnerons en suivant le littoral :

- à Audierne, les *Gourmandises de la baie d'Audierne,* chocolats fourrés d'une ganache au lambig et moulés en forme de coquillages et de crustacés ;
- à Quimper et à Brest, les *Cœurs de Plougastel* (1968), chocolats renfermant des fraises confites baignant dans une liqueur de fraise ;
- à Saint-Malo, les *Brise-lames* (1979), bonbons de sucre cuit au chocolaté, passés au cylindre ; cette confiserie, dans la composition de laquelle entrent sucre, chocolat, amandes grillées, lait et beurre, évoque, par sa forme, les pieux de bois dressés sur la plage ;
- à Saint-Malo aussi, les *Patates,* petites pommes de terre en pâte d'amandes, parfumées au kirsch.

Enfin, à l'intérieur des terres, Rennes, la capitale, fabrique des *pralines,* à la robe très dure, et Pontivy les *Pavés noirs de Pontivy,* les *Pavés du château,* ainsi que les *Amandalines de Pontivy,* apparues en 1981 et qui sont des petits bonbons carrés associant confiture de mandarine et pâte d'amandes – leur originalité tient, outre leur goût délicat, à leur présentation en bonbonnières rondes, tout en chocolat.

Cachou

Qui, non averti, penserait que ces petits carrés noirs que l'on extrait, en dégageant une ouverture, d'une boîte jaune, ronde et plate, et qui parfument agréablement l'haleine n'ont cessé d'être le produit d'une fabrication artisanale depuis leur invention par Léon Lajaunie, en 1890 ? Ce pharmacien de Toulouse, chercheur tenace, après quelques résultats sans gloire dans des dérivés du quinquina, trouva la pastille de réglisse, le *cachou,* qui allait faire sa fortune et sa renommée, alors qu'au même moment, outre-Atlantique, un Américain, pharmacien également, inventait une boisson appelée au succès, le « Coca-Cola ». L'imprimeur-éditeur toulousain Sirven conçut la petite boîte, puis, en 1904, sa société devint propriétaire du *Cachou Lajaunie,* que son créateur céda avant sa mort, survenue trois ans plus tard, en 1907. Le bonbon connut alors un développement fulgurant (plus de 350 000 boîtes dès 1905) et une usine fut construite à Toulouse en 1926. Ce qui toutefois ne changea en rien la confection artisanale du cachou, respectueuse de la recette d'origine. Près d'un million huit cent mille boîtes en 1973, plus de quatre millions quelques années après, chaque boîte contenant entre 260 et 272 grains... la réussite se poursuit, sans éclat, mais sûre.

Un mélange de réglisses, provenant d'Iran, de Turquie, de Chine et d'U.R.S.S., toutes de saveurs différentes, constitue le principal composant de cette pastille. Trempée, fondue au bain-marie, brassée vigoureusement, additionnée de produits divers, qui gardent leur mystère, la pâte de réglisse, refroidie, reçoit d'autres ingrédients, non moins secrets, puis, reposée, elle est aromatisée à l'essence de menthe anglaise avant un dernier malaxage. Laminée mécaniquement, séchée dans des étuves, elle est ensuite découpée en grains qui seront, entre deux séchages, vernis par un mélange de benjoin et de graines de mastic en larme de l'île de Khíos en Grèce. Pendant toute l'opération, on utilise une poudre noire, très fine, du charbon de peuplier. Enfin, la mise en boîtes s'effectue manuellement.

Calisson d'Aix-en-Provence

Cette navette de pâte d'amandes et de fruits confits mêlés évoque, par son arôme, sa finesse et sa blancheur légèrement dorée, la lumière et les saveurs subtiles de la Provence. Sorte de biscuit fin et délicieux, le calisson semble être déjà connu depuis plusieurs siècles sur les bords de la Méditerranée lorsque débute sa fabrication en France, où celle-ci se développera plus tard grâce à des confiseries telles que la maison Bicheron, créée en 1854, ou celle créée par Léonard Parli en 1874.

Au XIIe siècle, on consomme à Padoue un gâteau fait de farine et d'amandes, qui a pour nom *calisone.* Au XIIIe, il est fait mention, dans des relations de cérémonies religieuses à Venise, de distributions de *calisons* aux fidèles. Dès lors, le *calisson de massepain* est, en Italie, fabriqué dans les monastères et associé aux fêtes liturgiques. Ce n'est qu'à la fin du XVIe ou au début du XVIIe siècle que semblable « confiserie » apparaît en France et, plus précisément, à Aix-en-Provence, avec une vocation identique. Le mot *calisson* est cité à l'occasion d'une cérémonie qui, chaque année, à Noël, à Pâques et le 1er septembre, se déroule en l'église Notre-Dame-de-la-Seds, en commémoration de la fin de la peste de 1630. Bénits la veille par l'archevêque et présentés dans des vases d'église en forme de vaisseaux (« calisses »), les calissons sont distribués aux assistants tels du pain bénit ou des hosties. Leur est alors attribuée la vertu de préserver contre toute maligne contagion.

S'appuyant sur cette utilisation, certains ont vu dans le terme lui-même une origine religieuse, le mot *calissoum* intervenant dans la réponse des fidèles au prêtre au moment de la communion (« Venes toui i calissoum », en provençal). D'où *calissoun,* puis *calisson.* En revanche, d'autres pensent qu'il aurait pour origine le mot grec *kalikos,* qui signifie « couvrir », « envelopper » ; ce biscuit est, en effet, recouvert d'une feuille d'hostie. En Grèce, des confiseries dites *kalitsounia* sont des chaussons de massepain qui ressemblent aux premiers *calisones* d'Italie. Enfin, Frédéric Mistral a voulu voir dans ce mot la transformation de *canissoun,* petite claie de roseaux ou clayon, utilisée par les pâtissiers pour le transport de leurs productions.

La pâte du calisson, parfumée à la fleur d'oranger, est constituée, dans une proportion de 40 p. 100, d'amandes douces de Provence (telles que Flots, Tournefort, ou Béraude),

Le calisson *était, semble-t-il, déjà connu en Provence au début du XVIIe siècle. L'atteste l'œuvre du poète aixois Claude Bruyes (1570-1636) : « De tarots e de calissouns / E de tout' autro counfituro. »* Phot. CEDUS-Yéru.

Des amandes pour les calissons

Venu d'Asie Mineure et de Mésopotamie, par la Grèce et l'Italie, l'amandier *(Amygdalus communis)* ne fut connu en France, semble-t-il, qu'au VIIIe siècle. De par son climat, la Provence fut naturellement sa terre d'élection. Mais ce n'est qu'à la fin du XVIe siècle et au début du XVIIe, grâce aux travaux d'Olivier de Serres, que l'amandier à fruit doux, originaire d'Asie, fut greffé sur l'amandier à fruit amer. Expérience qui, partie de la région de Montélimar, où vivait le savant, gagna rapidement tout le Midi. La confiserie de l'époque bénéficia de cette découverte qui lui permit de se créer et de se développer.

Malheureusement, l'amandier allait perdre du terrain devant le citronnier dont on voulut répandre la culture dans le Midi. Et, aujourd'hui, la majeure partie des amandes employées pour la confection de friandises nous vient de l'étranger, essentiellement d'Italie et d'Espagne, où il existe plusieurs variétés dont les qualités de forme, de saveur et de conservation sont très recherchées. Néanmoins, certaines confiseries comme le calisson d'Aix-en-Provence continuent à leur préférer les amandes de Provence pour leur parfum très fin.

mondées et broyées, auxquelles on ajoute un peu d'amandes amères ainsi que des fruits confits, essentiellement du melon, avec le sirop qui a servi à les nourrir (60 p. 100 de fruits et sirop) ; c'est ce qui fait son moelleux. Le tout, mélangé, broyé, malaxé, cuit environ trente minutes. La pâte repose ensuite pendant quarante-huit heures afin que puissent se produire les réactions chimiques et physiques qui lui donneront son arôme et sa consistance. Après avoir placé une feuille de pain azyme, craquante, sous le plateau mobile comportant les emplacements des calissons, on remplit celui-ci de pâte qu'on aplanit et qu'on glace. Des poussoirs épousant la forme de ces friandises permettent de les sortir de leurs moules avant de les faire étuver au four pour leur conférer le brillant de la glace royale. Une fois refroidis, les calissons sont rangés dans des boîtes de carton ayant exactement leur forme.

La fabrication des calissons est trop délicate pour n'être pas artisanale. Elle requiert une main-d'œuvre spécialisée et minutieuse. Craignant la chaleur et l'humidité, cette confiserie peut être conservée trois ou quatre mois à l'abri de l'air.

Caramels

Ces bonbons, qui tirent leur nom de l'espagnol archaïque *caramel,* altération du latin médiéval *cannamella,* « canne à sucre », remontent sans doute aux premiers temps de l'emploi du sucre dans la confiserie. Mais leur préparation était alors assez primaire. On cuisait du sucre au fort cassé, on le versait sur une plaque huilée et on le découpait. En quelque sorte, la recette de ménage. Toujours est-il qu'ils étaient très appréciés et, comme lors de toute fête à la cour les tables se chargeaient de douceurs, on en trouve trace dans les fastueux édifices comestibles que connut Versailles au Grand Siècle.

Aujourd'hui, leur fabrication s'étant modernisée, les versions en sont multiples : vanille, café, chocolat, noisette, thé, rhum-raisin, etc. Et ils constituent l'une de nos principales spécialités régionales. Ainsi trouve-t-on des caramels dans le Nord (Arras, Roubaix), en Normandie (Isigny), en Île-de-France. *Les Niniches* de Bordeaux et celles de Quiberon en sont également, de même que le *Négus* de Nevers, les *Clochettes du carillon* d'Arras, les *Vérités de La Palisse,* ou les *Kalougas* de Saint-Jean-de-Luz. Il en existe même des salés, à Quiberon et en Normandie.

Pour la fabrication des caramels, *v. p. 82.*

Centre

Au cœur de la France, Orléanais, Beauce, Touraine, Sologne et Berry délimitent le territoire de confiseries aussi variées que le sont les paysages. Parmi elles, d'aucunes ont atteint une renommée extra-régionale. Tel est le cas des célèbres *Pralines de Montargis,* fidèles à leur recette et à leur qualité séculaires *(v. p. 51).* Tel est le cas aussi du *Cotignac d'Orléans,* dont la ville de Jeanne d'Arc perpétue la fabrication depuis le Moyen Âge, en lui gardant rigoureusement sa forme de « roudoudou » *(v. p. 30).* Mais cette dernière cité possède d'autres douceurs qui, pour être plus récentes, n'en méritent pas moins mention. Ce sont les *Duchesses d'Orléans,* créées après la dernière guerre et qui consistent en un mélange de fruits confits (abricots, pêches, figues, melons, prunes et parfois un peu de poires) parfumé au marasquin, détaillé en rondins que l'on roule dans des amandes hachées et grillées avant de les glacer. Ce sont les *fraises confites,* grosses fraises d'Olivet à chair ferme soumises au long travail du confisage, les *chocolats à la poire d'Olivet,* cet alcool de poire Williams qui est la spécialité des bords du Loiret, les *Cotrets de Sologne,* allumettes de nougatine enrobées de chocolat et qui évoquent les fines brindilles des bouleaux, arbres bien acclimatés en Sologne, ainsi que les *Pralines Jeanne d'Arc,* coussins de nougatine, fourrés de praliné amandes et noisettes parfumé à la pistache.

Autre capitale, mais celle-ci du Berry, Bourges doit sa réputation gourmande aux *Forestines,* bonbons de sucre cuit à extérieur croustillant et à intérieur moelleux, avec lesquels leur créateur, Georges Forest, inaugura, à la fin du siècle dernier, toute une gamme de confiseries fourrées au praliné et à la crème d'amandes *(v. p. 36).* Si quelques-unes sont aujourd'hui oubliées, d'autres ont survécu au temps et font l'objet d'une fabrication à l'ancienne qui a su leur conserver leur délicatesse et leur originalité. Les *Amandines,* nées en 1885, sont des nougatines, de forme ovale, fourrées d'un praliné amandes parfumé au chocolat. Également de 1885, les *Noisettes* sont des nougatines de forme ronde, fourrées d'un praliné noisettes et amandes parfumé au chocolat. Nougatines de forme carrée, les *Richelieux* sont fourrés d'une crème d'amandes et de pistaches. Quant aux *Châtaignes,* que G. Forest mit au point en 1890, il s'agit de caramels soyeux et croquants, en forme de châtaignes, fourrés d'une crème d'amandes et de marrons. Mais Bourges a aussi ses *pralines,* aromatisées à la vanille ou au café, dont la tradition remonte au milieu du XIXe siècle, et une spécialité toute récente – elle date de 1984 –, l'*Opom,* sucre croquant légèrement acidulé, fourré d'une crème d'amandes parfumée au jus de pommes.

Pour ce qui est de Tours, au pays d'une certaine douceur de vivre, elle fut célèbre au XIXe siècle pour sa production de pastilles, qui étaient alors l'une des confiseries les plus appréciées, ainsi que pour son *sucre d'orge (v. p. 60).* À l'heure actuelle, le sucre d'orge demeure, sucre cuit aromatisé à la pomme ou à la cerise, et se sont imposés les *Pruneaux de Tours,* « gros damas de Tours » – telle est la variété –, macérés dans le vin de Vouvray et fourrés de pâte d'amandes. Loches, pour sa part, recèle deux gourmandises chocolatées : *le Fripon,* fait d'un praliné aux amandes et au chocolat, enrobé d'une couche immaculée de glace royale au citron, et *le Caprice d'Agnès Sorel,* griotte macérée au kirsch dans une caissette de gianduja – en souvenir des griottes récoltées dans l'enceinte du château de Loches et que Dame Agnès aimait à tremper dans le chocolat.

En dehors de ces grands centres, il est quelques friandises qu'il convient de citer pour leurs qualités gustatives :

- à Châteauroux, les *Lichouneries,* bonbons au miel de l'Indre ;
- à Issoudun, le *massepain* et les *Princesses berrichonnes,* faites de pâte d'amandes fourrée ;
- à Vendôme, *la Sainte Larme,* goutte de chocolat prisonnière d'une coque de sucre royal, évocatrice du pèlerinage qui, pendant près de huit siècles, attira au sanctuaire de l'abbaye de la Trinité une multitude de pèlerins venus y vénérer une merveilleuse relique, la Sainte Larme ;
- à Pithiviers, les friandises au miel du Gâtinais, comme les *Abeilles au miel,* fourrées de miel liquide, les *pastilles au miel,* qui allient harmonieusement sucre et miel, ou les *bonbons fourrés au miel,* qui recèlent sous leur feuilleté du miel liquide ;
- à Saint-Benoît-sur-Loire, des *pastilles au miel* également, mais surtout les *Moinillons,* bonbons au miel ou acidulés, du type sucre d'orge, en forme de moine, fabriqués par les moines de l'abbaye de Fleury ;
- enfin, en maints lieux du Loir-et-Cher (Blois, Romorantin, etc.), *les Patelins* (1984), qui sont des chocolats fins aux noisettes.

Champagne-Ardenne

Au pays du vin de Champagne, les spécialités de friandises sont rares. Reims a ses *Bouchons de champagne,* qui reconstituent, en praliné ou en chocolat, les véritables bouchons. Elle a aussi son *massepain,* car, dans la région, la pâte d'amandes est très goûtée. Chaumont fabrique, depuis 1972, *les Rocailles du vieux Chaumont,* chocolats évoquant le sol chaumontais, fait de rocs. Plus au sud, Langres préfère le *nougat au miel,* douceur pour le moins inattendue en ce coin de France.

Les Ardennes, qui se trouvent rattachées à la Champagne en une seule entité administrative, ne sont pas plus riches dans ce domaine. Toutefois, citons pour mémoire les *Rocaillons* de Sedan, chocolats en forme de rocailles.

Chocolats

Ces douceurs sont de toutes les régions et de grand nombre de spécialités françaises. Articles de fantaisie ou bonbons de chocolat proprement dits, fourrés de pâte d'amandes, de praliné, de nougat ou de liqueur, moulés selon

À gauche, *bonbons de sucre satiné ou de nougatine, fourrés de praliné ou de crème, les spécialités du Berry sont pleines de délicatesse.* Phot. Tavernier.

Ci-dessous, *il est difficile, à propos des chocolats, de recenser des spécialités régionales. L'imagination du chocolatier n'a pas d'attaches locales.* Phot. CEDUS.

« *Pour faire Cotignac d'Orléans* »

« Prenez quinze livres de coins, ou moins, selon que vous désirerez en faire, et trois livres de sucre cassé, et deux quartes d'eau, ou trois pintes, et puis coupez tous lesdits coins par quartiers, que vous pelerez et nettoyerez de leurs pépins, que ferez boüillir très-bien ; et après qu'ils seront en paste les oster de dessus le feu, et puis les passer dans une toile neufre et nette, afin de les bien presser, et après jeter ce qui sera pressé (pour n'estre bon) et prendre ce qui sera sorty de vos coins et le mettre dans un bassin avec quatre livres de sucre dedans, et faire le tout bien boüillir : et pour connoistre quand votre cotignac sera cuit, vous en prendrez avec une cuielliere que mettrez dessus une assiette, et lors que le verrez élever dessus l'assiette promptement, vous le mettrez dans des boëtes, ou autres vaisseaux de fayance bien nets. »

(*Traité de confiture* ou *le Nouveau et Parfait Confiturier,* Paris, 1689.)

les formes les plus diverses, elles constituent une large part de notre univers gourmand. Si le midi et le nord de la France n'ont pas, en matière de chocolats, des goûts identiques, qui se manifestent tant au niveau du choix des couvertures (le Sud préfère un chocolat plus amer) qu'à celui de la composition des intérieurs, les principes de fabrication restent, ici et là, rigoureusement les mêmes *(v. p. 107)* et, pour cela, nous nous limitons, au long de ce tour des spécialités, à la mention de ceux qui apparaissent les plus originaux, soit par leur formule, soit par le rôle évocateur qu'on leur a conféré.

Pour l'historique des chocolats, *v. p. 95.*

Cotignac d'Orléans

Son origine est fort ancienne. Sans peut-être remonter jusqu'à cette préparation de coings confits avec du miel employée par les nymphes pour apaiser les cris de Zeus enfant, on peut affirmer avec certitude que le Moyen Âge le connut et l'apprécia. Une pâte de coings, du nom de *cotignac,* n'apparaît-elle pas régulièrement dans les menus du XIVe siècle ? Ce n'est toutefois qu'à partir du XVIe que mention en est faite dans les livres.

Cette spécialité orléanaise, fabriquée au cœur d'une région où climat et sol conviennent parfaitement au cognassier, tirerait son nom du provençal *coudougnat,* dérivé de *coudougn,* « coing », ou, selon une autre hypothèse, du village de Cotignac, dans le Var, où l'on fabriqua d'abord des confitures de coing. Quoi qu'il en soit, elle bénéficia, au fil des siècles, d'une égale faveur. Sans doute parce que lui étaient attribuées des vertus thérapeutiques, ainsi que le précise un ouvrage gastronomique ancien : « Le cotignac est astringent si on le prend à l'entrée du repas ; il fortifie l'estomac, aide à la digestion, garantit la tête des fumées qui montent au cerveau après avoir bu ; au contraire, s'il est pris après, il lâche le ventre insensiblement et peu à peu, sans l'offenser. » Mais aussi, et surtout, parce qu'elle ne cessa de satisfaire la gourmandise humaine. Aussi fit-elle l'objet de présents offerts par Orléans aux personnalités qui honorèrent la ville de leur passage.

La recette du cotignac semble avoir été divulguée très tôt. Le *Dictionnaire* de Richelet (1680) nous apprend que sucre royal et vin blanc viennent s'ajouter au jus de coing. Moins d'un siècle plus tard, le *Dictionnaire du commerce* cite les mêmes ingrédients, en indiquant que « cette sorte de confiture, qui est ordinairement de la couleur des plus beaux rubis, est envoyée en petites boîtes de sapin, rondes et plates, de diverses grandeurs, dont les plus petites s'appellent des friponnes ». Aujourd'hui, si la présentation demeure (le bois d'épicéa a seulement remplacé celui de sapin), la fabrication a éliminé le vin blanc. Il s'agit désormais d'une gelée de coing, sucrée à 75 p. 100 de son jus, cuite à la nappe et coulée chaude dans les fameuses petites boîtes. Et, comme autrefois, les enfants aiment à sucer cette délicieuse gelée.

Le meilleur cotignac *est toujours celui d'Orléans : avec des coings parfaitement sains et préparés* (à gauche), *on confectionne une gelée, cuite à la nappe dans un chaudron en cuivre* (ci-dessous), *et on coule celle-ci encore chaude dans des petites boîtes de sapin* (à droite). Phot. Chavanette.

« Le premier jour
que l'heureuse aventure
Conduit vers toy mon esprit
et mes pas,
Tu me donnas
pour mon premier repas
Maintes dragées
et maintes confitures. »
(Ronsard.) Phot. CEDUS.

Dragée

Elle est l'une de nos plus anciennes sucreries. On la trouve citée, dès le XIIe siècle, dans les archives de la ville de Verdun. Guyot de Provins, Froissart et Rabelais en font mention. Mais elle se confond, à l'époque, avec les « épices de chambre » *(v. p. 3)* et ce n'est que progressivement qu'elle est devenue le bonbon que nous connaissons.

Les avis sur l'origine de son nom sont très partagés. D'aucuns le font descendre du latin *tragemata,* transcription du grec *tragèma,* « friandise » ; d'autres, du grec ancien *dragicos,* « bouc », parce que le bonbon, très dur, ne pouvait être brisé qu'à l'aide d'un casse-noix ayant la forme de cornes de bouc. D'après une troisième version, la dragée aurait été inventée en 177 av. J.-C. par Julius Dragatus, cuisinier de la grande famille romaine des Fabius qui faisait distribuer au peuple, les jours de fête, les productions sucrées de leur « chef », parmi lesquelles des *dragati,* composés d'amandes, de noix et d'épices enrobés de miel. Enfin, le bonbon aurait comme ancêtre le *diagagram,* friandise que l'on fabriquait à Montpellier, au Moyen Âge. Mais, quelle que soit la véritable explication, la dragée a été et demeure une grande spécialité de la confiserie française.

Comme nous l'avons vu, le sucre, à son introduction en France par les croisés, fut réservé à la médecine par la science des alchimistes et des apothicaires qui ne lui trouvaient aucune valeur nutritive. Au début du XIIIe siècle, certains de ces faiseurs de remèdes, de Verdun pense-t-on, enrobèrent d'une couche de sucre leurs pilules et cachets pour les faire absorber plus facilement par leurs patients. Devant le plaisir qu'y prenaient les malades, un cuisinier eut l'heureuse idée de rouler amandes, fruits et épices dans du sucre concassé et de les présenter à la fin du repas, comme « digestifs ». Les prétendus médicaments connurent un énorme succès sous le nom d'« épices de chambre » ou de « dragées ». Vers 1220, un droguiste de Verdun couvrit d'une couche de sucre et de miel durcie les amandes destinées à ses gâteaux ; les premières *dragées de Verdun* étaient nées, qui devaient, toutefois, longtemps conserver leur aspect rugueux de pralines. Ce n'est, en effet, qu'au début du XVIIe siècle qu'un autre cuisinier réussit à leur ôter cette apparence grossière en les enrobant de sucre fondu.

Consommées par gourmandise et pour parfumer l'haleine, elles faisaient partie de toutes les cérémonies, aussi bien lancées ou distribuées à l'occasion de fêtes et d'événements heureux qu'offertes aux plus hauts personnages. D'ailleurs, le développement de cette production à Verdun s'explique notamment par l'attitude des édiles qui, fiers de cette spécialité, la rendirent célèbre en offrant, en présent, des dragées à tous les hôtes royaux et de marque, à leur nouvel évêque,... Henri III en reçut à son sacre en 1574, Henri IV à son passage dans la ville en 1603. Les baptêmes royaux ainsi que les dons faits par des personnalités royales à des dignitaires de haut rang les mettaient aussi à l'honneur. C'est ainsi que Charles IV, duc de Lorraine, en donnait à la Saint-Valentin à la jeune fille de Verdun désignée par le sort.

Lors des repas et festins, les dragées étaient présentées dans des sortes de coupes sur pied reposant sur un bassin ou un plateau, qui avaient pour nom *drageoirs* et qui, par la suite, prirent des dimensions plus réduites pour faciliter la consommation de ces friandises, tel celui que tenait à la main le duc de Guise lorsqu'il fut assassiné. (V. *Drageoirs, bonbonnières* et *boîtes à bonbons, p. 14.*)

Jusqu'en 1640, année où la fabrication tomba dans le domaine public, les dragées étaient fabriquées à Verdun par privilège du roi. Mais, devant la perte de qualité de la production, Louis XIV décida d'intervenir en rétablissant un

Des histoires de dragées

Les dragées ne furent pas toujours les friandises des moments heureux. Deux histoires qui leur sont attachées en témoignent. La première se déroula au XVe siècle, à Cambrai, où Pierre Host, dragier de son état, se vit commander de ces bonbons par Marguerite de Bourgogne qui voulait en distribuer au peuple à l'occasion de son mariage avec Guillaume IV de Hainaut. Mais le dragier fêta par trop l'événement avec force cervoise et hydromel et s'endormit, se faisant voler les dragées par des enfants. Puni, il fut promené par la ville « vestu de blanc avec hérault criant méfait et châtiment ». De là la coutume qui veut que, chaque année, le 4 août, lors du carnaval d'été du Quesnoy, un mannequin de Pierrot, surnommé « Pierrot Bimberlot », soit promené au milieu d'une pluie de bonbons.

L'histoire des « vierges de Verdun » fut plus dramatique. En 1792, un officier prussien ayant été tué après la capitulation de la ville, un groupe de jeunes femmes, afin d'éviter des représailles, offrit une corbeille de dragées au roi Frédéric-Guillaume de Prusse, qui la refusa. La cité ayant été reprise par l'armée révolutionnaire, le Comité de salut public ordonna de punir cet acte de « collaboration » et « quatorze jeunes filles de Verdun, d'une candeur sans exemple et qui avaient l'air de jeunes vierges parées pour une fête publique, furent menées ensemble jusqu'à l'échafaud. Elles furent moissonnées dans leur printemps ».

Phot. CEDUS.

Un message bien précis

Étrangement, la dragée a évolué, s'est aromatisée, s'est colorée. Mais sa consommation demeure figée dans le rôle dont elle se trouve investie par la tradition. On n'achète pas de dragées pour assouvir un désir de sucreries ou pour en offrir à des amis à l'occasion d'une banale réunion. Certes, c'est un bonbon raffiné, de luxe, et qui, quand il s'agit de vraies dragées, est onéreux. Cependant, là n'est pas la raison. Cette confiserie est associée aux grands moments de la vie, gage de bonheur, message de joie. Et si la mi-carême est le jour national des dragées en France (les confiseurs fêtent le plus beau bébé du printemps), si la Fête des mères est prétexte à des bouquets de dragées, si, pour la Sainte-Catherine, elles fleurissent sur le bonnet des catherinettes, ou si, le 14 février, lors de la Saint-Valentin, quelques branches de dragées sont symbole d'amour, il n'en reste pas moins que l'immense majorité des cas de consommation touchent les cérémonies qui marquent l'existence : baptême, communion, mariage et même fiançailles (dans la vallée du Rhône).

Pour le *baptême,* le parrain achète les dragées ; elles ont des tons pastel et s'accordent avec la couleur de la layette. La pratique qui consistait à en lancer à la sortie de l'église a disparu. Mais des dragées décorent la table et les parents du bébé en offrent à la famille et aux amis, en suivant toute une hiérarchie quant à la présentation (paquet, cornet, boîte). Lors de la *communion,* il est d'usage d'en présenter dans une coupe et d'en offrir à l'entourage. Enfin, pour les *fiançailles* et le *mariage,* événements pour lesquels le Midi est particulièrement attaché aux offrandes de dragées, la décoration de la table comporte des compositions en dragées. En offrir aux mariés représente un vœu de bonheur durable. Si les mariés en offrent, cela revient à remercier les invités de leur cadeau de noce. Ainsi, plus que tout autre bonbon, la dragée est-elle une friandise rituelle.

C'est à J.-J. Jacquin que la dragée *doit son fulgurant essor au cours du siècle dernier, grâce à l'instauration des turbines dont la confiserie actuelle a conservé le principe.* Coll. Jacquin.

Affiche de Dransy pour les Dragées Martial, *1933. Bibliothèque Forney, Paris.* Phot. de la Bibliothèque.

Les dragées *ont un langage, celui des moments heureux de la vie.* Coll. A. P.-R.

brevet de compétence par un édit royal fait à Verdun. En 1660, Colbert rendait compte au roi du grand commerce de dragées de cette ville. C'est à cette époque que le sieur de La Varenne donnait, dans son *Parfaict Confiturier* (1667), la fabrication, au feu, dans une grande bassine rouge ou un bassin d'argent, des dragées perlées et des dragées lisses.

Le succès des dragées alla grandissant. Napoléon Ier, reçu triomphalement à Verdun en 1806 avec trois arcs de triomphe décorés de dragées, y repassa le 12 décembre 1812, lors de la retraite de Russie, et, malgré la tristesse et les tourments de la défaite, pensa à rapporter de ces douceurs au roi de Rome.

En 1822 fut publiée la première recette qui se rapproche le plus des recettes actuelles, dans le *Manuel du limonadier, du confiseur et du distillateur,* de Cardelli. La fabrication était alors artisanale et utilisait de grandes bassines en cuivre *(branlantes),* munies de deux anses afin de les suspendre par des cordes au plafond, ce qui permettait, par des mouvements de va-et-vient et de rotation, d'agiter et de rouler les noyaux des futures dragées dans les sirops de sucre successifs. Ceux-ci les « habillaient » lentement et étaient évaporés par la chaleur. Ce procédé, qui prévalut jusqu'au milieu du XIXe siècle, rendait le travail long, pénible et délicat, pour un résultat à la fois modeste et médiocre. Puis ce fut le progrès de l'automatisation. La première machine apparut en 1845, inventée par Moulefarine. Suivirent celles de Lizer-Mayeur (1845), de Routin (1846), de Riveron (1846). Mais le changement vint véritablement avec un horloger jurassien, Joseph-Julien Jacquin, qui s'était installé en 1845 à Troyes pour s'y « reconvertir » dans l'industrie des textiles, et qui, d'ailleurs, y prit quelques brevets. Sa rencontre avec Peysson et Delaborde qui avaient imaginé une turbine pour la dragéifi-

Sur les traces de l'obus, la Bombe Orsini *et la* Bastille explosible, *en partie emplies de dragées de Verdun.* Coll. Braquier.

Indissociable du mariage, la dragée *y prend part sous forme de bouquets ou de corbeilles, harmonieusement composés.* Coll. Braquier.

À gauche, *reproduction en chocolat d'un modèle d'obus du siège de Verdun en 1870, l'*Obus de Verdun *laisse échapper en éclatant, un flot de dragées et d'objets étonnants.* Coll. Braquier.

cation décida de son avenir. En février 1846, le brevet était déposé : la turbine était une sorte de sphère de cuivre dont l'axe était incliné et qui tournait sur elle-même ; le brassage des noyaux dans les sirops versés à l'intérieur de la turbine était donc continu et régulier. Jacquin n'allait, toutefois, pas connaître la belle carrière de sa machine à dragées, puisqu'il mourut en 1853, pour ses convictions républicaines. En effet, les principes de la turbine Peysson-Delaborde-Jacquin demeurent ceux des installations actuelles.

Si les dragées ont fait la réputation gourmande de Verdun, elles ont aussi contribué à celle de Nancy, Toulouse, Paris... Mais, aujourd'hui, elles sont fabriquées dans toute la France. En outre, il en est de toutes les couleurs, de toutes les variétés. Depuis l'ordonnance royale de 1777 qui les a libérés de la tutelle des apothicaires, les confiseurs en ont profité pour élargir leur fabrication : dragées au chocolat, à la liqueur, au nougat, à la nougatine, à la pâte d'amandes, etc. On en fit même jadis à l'ambre de cachalot pour le duc de Richelieu qui les aimait fort et y trouva, dit-on, une nouvelle jeunesse. Toujours est-il que les véritables dragées sont aux amandes et le choix de ces fruits est extrêmement important, car il fait en grande partie la qualité du bonbon. (V. *p. 90.*)

Pour la fabrication des dragées, *v. p. 89.*

Phot. Jacques Verroust.

Forestine

Cette spécialité de Bourges tire son nom de celui de son créateur, Georges Forest, maître confiseur berrichon de grand talent, qui, en 1879, mit au point sa recette. Il avait repris, en 1869, la confiserie à l'enseigne du « Bienfaisant », sise rue du Commerce et que tenait, depuis presque un demi-siècle, un certain Dageon. C'est à la suite de longues et patientes recherches que naquit la forestine, bonbon enrobant « dans un fin fourreau de sucre une matière parfumée comestible », ainsi que le décrivait un journal de l'époque. La « matière comestible » était, en l'occurrence, un « fourré de praliné », « composition d'amandes grillées et de sucre, le tout pilé en pâte onctueuse ». C'était là l'invention du bonbon fourré. Georges Forest venait d'inaugurer toute une génération de bonbons !

Le succès de la forestine fut grand, ce qui permit à son inventeur de s'établir dans une confiserie à la mesure de sa spécialité, en plein cœur de Bourges. Telle est l'origine de la célèbre Maison des Forestines, où Georges Tavernier, qui succéda au génial confiseur en 1896, allait poursuivre la tradition. Outre les forestines, il recevait en héritage toute une gamme de bonbons fourrés (négriennes, amandines, noisettes, châtaignes, paniers de noix, princesses, jambonneaux, richelieux, malgaches, bonbons aux fruits divers), friandises des plus moelleuses dans leur gaine de sucre. Georges Tavernier développa son « industrie » de bonbons de luxe, en sachant garder aux forestines toutes leurs qualités, grâce à une production qui, pour utiliser du matériel moderne, n'en resta pas moins artisanale. Ses descendants ont poursuivi et poursuivent, dans cet esprit, une production qui reçut la médaille d'or à l'Exposition coloniale de Paris en 1931 et qui est aujourd'hui mondialement connue.

Coussinets allongés en sucre satiné, dont l'enveloppe croustillante se pare de délicats tons pastel (café, chocolat, pistache, vanille), les forestines résultent d'un minutieux travail auquel elles doivent tout leur raffinement.

G. Forest
CONFISEUR
1, Rue Moyenne & Place Cujas

MAISON DE LA FORESTINE

SPÉCIALITÉS DU BERRY
FORESTINES
NÉGRIENNES
AMANDINES
NOISETTES
Chataignes
PANIERS DE NOIX
PRINCESSES
JAMBONNEAUX
Pralines de Bourges
GRAINS DE MALAGA
PAILLES DU BERRY
GRAINS DE GROSEILLES
Confettis.

Bourges, le 18 Xbre 1895

Pour Madame de Boismarmin
Menu d'une Soirée de
150 à 180 personnes pour être
servie sans buffet.

6 kilogs Desserts composés ainsi

0k500 Fours Moëlleux 9
1k500 Fours Glacés . . . . 9.
1k500 Fruits Marquises 12
1k500 Marrons & oranges Glacés 9

Glaces

4 Litres Vanille Pistache Fraises Ananas. 24
2 Litres Café frappé. 6.
4 Litres Orangeade frappé. 6.
2 ½ bouteille Sirop 2.50

Bavaroises

10 litres chocolat ~~~~ 15.
60 Plombs 3
60 Brioches cigarettes. 3
92.50

À Bourges, dans le secret de la confiserie de Georges Forest, naquirent, en 1879, les premiers bonbons de sucre cuit fourrés. Coll. Tavernier.

Franche-Comté

Aux mets appétissants et aux vins réputés qu'offre le pays comtois s'ajoutent un certain nombre de douceurs non moins remarquables. Ici, *les sapins noirs* de Saint-Loup-sur-Semouse, bonbons à base de bourgeons de sapins distillés, créés en 1983, évoquent les grands sapins de la forêt du haut Doubs. Là, les *châtaignes du Comté*, de Lons-le-Saunier, rappellent, en pâte d'amandes habillée d'une pellicule de chocolat, les châtaignes si abondantes dans la région. Car la pâte d'amandes est répandue en Franche-Comté : Dôle fabrique ses *Malakoffs* avec cette « matière » ; Montbozon s'est fait une spécialité du *massepain*.

Autre friandise appréciée : les *pâtes de fruits*. Celles de coings de Baume-les-Dames, roulées dans du sucre cristallisé, sont particulièrement renommées ; mais cette cité en confectionne aussi de délicieuses à la pulpe de pommes. À Saint-Loup-sur-Semouse, elles se font à la tomate verte *(v. recette, p. 128)*, à la carotte *(v. recette, p. 128)*, et ont pris le nom de *Zazouzeries* à leur création en 1979.

Enfin, pour achever ce tour des confiseries comtoises, il faut noter :

• *les Berlines de Montbéliard,* chocolats enrobés de chocolat blanc, lancés en 1973 et qui tirent leur nom de la première syllabe du mot « berlingot » et de la dernière de « praline » ;

• les *Bûchettes* de Vesoul, bonbons feuilletés à la noisette enrobés de chocolat ;

• les *Pavés bisontins,* de Besançon, bonbons à base de nougatine pralinée enrobée de cristal sucré ;

• les *caramels* au café ou au chocolat – à la crème – de Besançon ;

• les *truffettes* de Lons-le-Saunier, chocolats pralinés parsemés de miettes de noix ou de noisettes et roulés en forme de petits bouchons.

Fruits confits

Leur histoire est longue. Car l'Orient les connut, et Rome également, qui les fabriquait

Les fruits confits *sont la grande spécialité de la ville d'Apt, qu'en son temps madame de Sévigné avait surnommée « chaudron de confiture ».* Phot. CEDUS-Yéru.

La nougatine de sucre cuit

« Ce bonbon, appelé aussi *Fédora, Forestine, Coussin,* se fait de la manière suivante :

« Mettre à chauffer 500 g de praliné très mou, puis cuire au grand cassé 1 kg de sucre et 300 g de glucose que l'on parfume vanille ; verser sur marbre vaseliné et, aussitôt que l'on pourra relever le sucre, le tirer d'une main dans l'autre jusqu'à ce qu'il devienne blanc, comme argenté. L'étendre ensuite en une feuille à peu près carrée, d'épaisseur aussi régulière que possible ; versez le praliné préalablement chauffé au milieu et relever les bords que l'on soudera attentivement afin que le praliné ne puisse s'échapper, former un boudin très court pour que la chaleur se maintienne dans la masse.

« Mettre ce boudin sur un tamis en le retournant fréquemment, car il s'aplatirait, et tirer des bâtons gros comme le doigt, bien réguliers que l'on passe dans la presse à bonbons fourrés. (...) On fait des nougatines de toutes couleurs, fourrées au praliné ou avec une pâte de fruits... »

(Émile Duval, *Traité général de confiserie moderne,* 1905.)

Les sapins noirs

(recette de M. Michaël Azouz, confiseur à Saint-Loup-sur-Semouse.)

Préparez des coffrets d'amidon sec et chaud (60 °C). Empreintez (c'est-à-dire faites des formes dans l'amidon). Faites cuire 1 kg de sucre et 400 g d'eau jusqu'à la température de 116 °C. Versez lentement le sucre cuit sur 500 g d'infusion de bourgeons de sapin. Répétez trois fois l'opération pour bien mélanger le sucre et l'alcool.

Coulez à chaud dans l'amidon à l'aide d'un entonnoir à piston. Dépoussiérez 18 heures après et enrobez de chocolat de couverture mi-amer.

La recette des fruits confits,
par Olivier de Serres

« On amollit la chair par un rapide bouillonnement jusqu'au moment où une épingle enfoncée dans le fruit ne puisse plus la retenir. Et aussitôt mis dans une terrine, vous l'attaquez par un clair sirop, ayant bouilli seulement une onde. Au lendemain matin, rebouillez comme dessus votre sirop resté dans la terrine avec les fruits. Autant en ferez ensuite 6 ou 7 jours, matin et soir. Par tels réitérés bouillonnements, avance petit à petit le sucre dans le fruit et se concentrent les sirops. »
(*Théâtre d'agriculture,* 1600.)

avec du miel. Toute l'Europe les découvrit au Moyen Âge. L'introduction du sucre, à la faveur des croisades, en améliora et en développa la production, qui permettait de prolonger la vie des beaux fruits des régions favorisées par la nature de leur sol et par la clémence du climat. Aussi intéressa-t-elle d'emblée le Dauphiné et la Provence, fournisseurs de fruits qui, tant par leur diversité que par leur qualité, convenaient à cette transformation : melon cantaloup, poire Bianchetti de Saint-Laurent, figue-fleur, abricots, pêches, etc. La cité d'Apt s'en fit alors une spécialité.

Les fruits confits avaient une place d'honneur dans les réceptions et constituaient des présents dignes des plus hauts personnages. Ainsi, au XIVe siècle, Apt en offrit, chaque année, au pape Urbain V, qui résidait en Avignon. En 1680, à Nice, Antoine de Savoie, gouverneur de la ville, fit don à son frère Gabriel de « six boîtes de frutti confetti fini », à quatorze sols la boîte. Autre exemple : en 1714, Victor-Amédée de Savoie, roi de Savoie et de Piémont, en reçut de ses sujets. Ce sont là autant de facteurs qui contribuèrent à donner à cette friandise ses lettres de noblesse. Elle participait, par ailleurs, à des fêtes plus populaires. Tel est le cas de la fête des Rameaux, célébrée en Provence par une distribution aux enfants de rameaux d'olivier et de palmes tressées, enrubannées et surmontées de diverses douceurs (orange confite, fruits confits, nougat, etc.).

Aujourd'hui, la fabrication artisanale des fruits confits, hélas, de plus en plus réduite, est l'une des spécialités de la Côte d'Azur, dont la réputation remonte à la fin du siècle dernier. Mais c'est Apt, dans le Vaucluse, qui en demeure la capitale, avec une production annuelle de plus de 15 000 t. Celle-ci, il faut le préciser, concerne en grande partie les bigarreaux (pour deux tiers) et comporte les marrons glacés (1 500 t). Enfin, depuis le XIXe siècle, l'Auvergne est aussi l'une des terres d'élection des fruits confits. Son climat continental, bien ensoleillé l'été, son sous-sol volcanique expliquent le choix de cette « industrie ». Les recettes qu'utilisaient les Auvergnats pour conserver, tout au long du rude hiver, les produits de la belle saison (abricots, poires, cerises, framboises, airelles des montagnes, etc.) sont sans doute à l'origine des « fruits confits d'Auvergne ».

« Pour confire les fruits, il s'agit de conduire insidieusement le sucre à travers la pulpe elle-même et cela, dès le début, sinon, faute tactique grave, on est en danger, le sucre restant en surface, de ce déshonneur trop fréquent de fruits fades en leur cœur », ainsi Olivier de Serres explique-t-il, dans son *Théâtre d'agriculture* (1600), la complexité de la confection de cette friandise, difficulté à laquelle les méthodes modernes n'ont pas su apporter de remède. Car les fruits confits de haute qualité sont encore fabriqués comme autrefois, selon les différentes « façons » (opérations), qui ont pour objet de nourrir de sucre la chair des fruits en remplaçant, par osmose, l'eau de végétation par un sirop de plus en plus concentré *(v. p. 87).* Toutefois, devant l'importance de la demande et la lenteur des « façons », les confiseurs d'Apt ont dû moderniser la recette d'Olivier de Serres, en substituant aux traditionnels chaudrons et terrines de la méthode artisanale des bacs permettant de traiter, en une seule opération et quatre fois moins de temps, plusieurs quintaux de fruits. Le « confisage en bac » concerne des fruits de chair moins délicate, tels que bigarreaux, aiguillettes ou écorces d'agrumes, cubes de melon ou de pastèque, tous fruits confits destinés aux pâtissiers, glaciers, biscuitiers, fabricants de desserts lactés, et, en grande partie, à l'exportation.

L'éventail des fruits soumis au confisage ne semble guère avoir changé au fil des siècles. Ainsi, dans un *Traité de confiture* (ou *le Nouveau et Parfait Confiturier*), publié en 1689, lit-on la liste des « fruits propres à confire au sucre à sec » : poires – avec les diverses variétés existant au XVIIe siècle –, pommes, cerises, abricots, prunes, groseilles, oranges, noix, citrons, melons, figues, pêches, etc. L'essentiel de ce que l'on peut trouver aujourd'hui, présenté, en une agréable harmonie de formes et de couleurs, dans des boîtes, des corbeilles ou des plateaux de vannerie.

L'art du confisage

La méthode de confisage exclusivement artisanale *(v. p. 87)* tend malheureusement à disparaître. Et prévaut une technique qui, tout en respectant les mêmes principes, est plus rapide. Les fruits ne sont pas toujours confits aussitôt après cueillette. Récoltés légèrement en dessous de leur point de maturité (s'ils sont trop mûrs, ils sont trop fragiles), ils sont triés, parés et mis en conserve. Conservation qui s'effectue dans des cuves de ciment vitrifié, des fûts de bois ou des tanks métalliques. Ainsi peuvent-ils n'être traités que plus tard. À l'heure du traitement, ils sont blanchis avant que d'être mis au sucre.

Le sirop de confisage est constitué par du sucre en solution dans l'eau, additionnée de sirop de glucose – ou, parfois, de dextrose ou de sucre inverti. Toutes les 24 heures, le sirop, versé sur les fruits, est éliminé et remplacé par un sirop de concentration supérieure (grâce à un apport de sucre). Et ainsi de suite jusqu'à ce que le confisage soit parfait. Au sortir du dernier bain, les fruits sont égouttés. Certains confiseurs les glacent dans un sirop de sucre, ce qui évite leur déshydratation et, en conséquence, les rend plus beaux et plus résistants à la fois. Le glaçage s'effectue avec un sirop que l'on concentre jusqu'à la température de 121 °C à 123 °C et dont on amorce la recristallisation. Les fruits, bien enrobés, sont placés sur une grille pour que s'achève la recristallisation. Ils ne sont emballés qu'après complet refroidissement.

Quant à la conservation, les fruits confits ne sont vraiment savoureux que lorsqu'ils sont frais. Toutefois, par le biais du glaçage, ils peuvent se conserver au moins six mois, à l'abri de la chaleur et de l'humidité.

Ile-de-France

Cité tentaculaire, Paris a absorbé en grande partie cette région qui, ne regardant plus que vers la capitale, ne compte guère de spécialités. Outre le *sucre d'orge des religieuses de Moret,* qui perpétue une tradition séculaire *(v. p. 60),* et les *coquelicots* de Nemours, bonbons de sucre parfumé, de la couleur des coquelicots, qui, dans le passé, connurent une grande faveur, ne sont à mentionner que les *chevriers* d'Arpajon, petits bonbons en forme de flageolets évoquant le produit local, suivis des *Haricots d'Arpajon,* qui répondent à la même inspiration, le *chasselas* de Fontainebleau, bonbons en forme de raisins rappelant qu'il y eut une « treille du roi » en cette ville, les *chocolats au noyau de Poissy,* fourrés à la liqueur de noyau d'abricot, dite « noyau de Poissy », et *les Clopinettes d'Argenteuil* (1981), faites d'un feuilleté praliné sous une couverture à grains.

Quant à Paris, le « Parthénon du monde gourmand » – ainsi que le qualifia Curnonsky –, il réunit en son sein toutes les spécialités du pays dont il est la capitale. Certes, nombre de fabricants de confiserie de sucre se sont établis à sa périphérie, les plus prestigieux chocolatiers ont choisi de s'y installer et, depuis le siècle dernier *(v. p. 8),* y produisent les plus délicates friandises. Fruits confits, marrons glacés, pâtes de fruits, dragées, ... Tout converge vers Paris et même, dans bien des cas, s'y fabrique. Et sans doute grâce à cela la capitale est-elle un merveilleux diffuseur des spécialités régionales.

En outre, depuis 1985, Paris possède une douceur qui ajoute à sa renommée, *les Fredaines de Paris*, créées par M. Guy Urbain, chocolatier confiseur et rédacteur en chef de la revue *la Confiserie.* Un intérieur de praliné fait d'amandes et noisettes sélectionnées repose dans une coquille de nougatine croustillante, elle-même habillée d'une couverture de chocolat noir. Telles sont les Fredaines, promises à un bel avenir gourmand...

Languedoc-Roussillon

Terre gorgée de soleil, réputée pour ses vins de liqueur parfumés, le Languedoc est l'un des berceaux de la confiserie française. En effet, étalé sur les bords de la Méditerranée, il bénéficia des apports d'épices et donc de sucre venus d'Orient. Le port de Lattes fit alors de Montpellier un comptoir important de ce commerce et, cette ville étant dotée d'une célèbre faculté de médecine, il n'est pas étonnant qu'y furent créés les premiers « bonbons », dont on trouve mention dans des manuscrits du Moyen Âge, puis chez Rabelais. Douceurs aux noms hauts en couleur, telles que les *gingembraz,* les *diadragams,* les *diamargeretons,* les *pomidoins* et autres épices de chambre, pourvues de vertus éminemment thérapeutiques, mais auxquelles les vrais – et les faux – malades prirent très vite goût. Cependant, si du temps où médecins et apothicaires régnaient sur l'univers des friandises la région manifesta une dilection pour les choses sucrées, il en est autrement aujourd'hui, où les sucreries sont peu nombreuses.

La réglisse que l'on trouvait autrefois à l'état sauvage dans les roubines vint à s'épuiser et fut remplacée par de la réglisse de Turquie et d'autres pays. Ce produit naturel avait suscité une « industrie » florissante à Montpellier, laquelle se transporta à Moussac et à Uzès lorsque les protestants qui la détenaient pour une large part se trouvèrent exilés *(v. p. 55).* Néanmoins, cette ville comptait encore trente-neuf réglisseries avant la Seconde Guerre mondiale, pour n'en posséder plus qu'une à l'heure actuelle, qui a, pour elle, le mérite de persister dans une tradition artisanale de qualité.

C'est avec de la réglisse et du miel, autre ingrédient de ce terroir, que sont fabriquées les *Grisettes de Montpellier.* Cette spécialité, relancée il y a à peine quelques années, est, en fait, très ancienne. Ne prétend-on pas qu'au XIIe siècle, alors que toute l'activité commerciale de la cité était concentrée autour de Notre-Dame-des-Tables, les changeurs, pour faire l'appoint de leurs transactions, donnaient aux pèlerins qui empruntaient le « cami roumieu » pour se rendre à Saint-Jacques-de-Compostelle des petites boules au miel et à la réglisse qui portaient nom de « grisettes » ? Et il semble que la confection de ces grisettes se soit prolongée au fil des siècles pour s'éteindre avant la Grande Guerre, chez son dernier fabricant, qui les préparait sous le regard des passants, dans sa boutique de la rue de la Loge. Quant à ce nom de « grisettes », sans doute vient-il de l'étoffe grise de peu de valeur que portaient les pèlerins, mais le mot ne prit ce sens qu'au XVIIe siècle. Il paraît, en tout cas, peu vraisemblable qu'il ait été inspiré par la grisette du

De création récente, le Frontignan *est une spécialité à base de produit régional, le Muscat de Frontignan.* Phot. Billet.

Phot. Billet.

XIXe siècle, jeune fille de condition modeste, coquette et de mœurs légères, « ce quelque chose si jeune, si frais, si fluet, si fin, si leste, si content de peu » que décrivit Jules Janin et que dessina Gavarni. Et la confusion avec cette dénomination n'a pu être entretenue que pour rendre quelque peu rabelaisienne la publicité en faveur de ces bonbons. Ceux-ci, composés à parts égales de miel et de réglisse, façonnés en petites boules, saupoudrés de cassonade pilée, ont rendu à Montpellier sa spécialité séculaire.

Par ailleurs, réglisse au miel, nougat noir, *Délices fourrés* (bonbons fondants diversement parfumés) et *Galichoux* (bonbons de pâte d'amandes aux pistaches) constituent les productions de cette ville. Sans oublier, de création récente, le *Frontignan*, chocolat rectangulaire portant en relief une grappe de raisin et qui doit son nom au fameux muscat de Frontignan, parfumant la crème sous la robe de chocolat noir.

Autre cité marquée par l'histoire, Nîmes abrite des créations récentes qui ne sont pas sans évoquer son riche passé. Ainsi sont apparus *le Pavé nîmois* (1975), grosse bouchée en chocolat noir de forme ovale et garnie de ganache (intérieur de chocolat moelleux parfumé au Cointreau), rappelant que, dans les temps anciens, la ville était entièrement pavée, *lou Pavinoux* (« petit pavé ») [1980], le précédent chocolat mais miniaturisé, puis *les Caprices de Plotine* (1981), en souvenir de la favorite de l'empereur Adrien qui, au Ier siècle, fit édifier des monuments en son honneur, mais aussi en évocation de la tradition tauromachique de Nîmes. Car les Caprices, tous des chocolats, diffèrent par leur intérieur. Ce sont : « les Arènes de Nîmes » à la pâte d'amandes au café, « la Maison Carrée » au praliné, « la Tour Magne » à la pâte d'amandes à la menthe, « la Porte Auguste » à la ganache au miel de lavande, « le Pont du Gard » au gianduja, « le Razeteur » à la pistache, « le Gardian et l'Arlésienne » au praliné, « la cabane de Gardian » à la pâte d'amandes au thym, « Taureau et Torero » à la ganache au curaçao, « le Pont Saint-Bénezet » à la pâte d'amandes à la poire Williams. Tout un circuit touristique de la ville et de ses environs...

Aux confins du Languedoc, Carcassonne possède les *Briques de la Cité* (1975), bonbons à base de chocolat avec écorce d'orange confite et pignons, enrobés de pâte d'amandes, et des marrons glacés. Car les marrons sont l'un des fruits du Languedoc. Aubenas et Privas s'en sont fait les grandes spécialistes. Douceur raffinée et appréciée entre toutes, le *marron glacé* est la production noble de la région *(v. p. 42).* Mais, dans un autre registre, on fabrique aussi des *marrons au kirsch,* bonbons fondants parfumés au kirsch et fourrés d'une pâte de marrons.

Enfin, le Roussillon, qui appartient à la même région administrative, s'enorgueillit de ses plantureux vergers en balcons sur la mer qui l'ont amené inévitablement à « confire ». Les *fruits confits* de Perpignan sont réputés, tout autant que son *touron catalan,* sorte de nougat aux amandes, noisettes et pignons inspiré par l'Espagne proche. On y trouve également un *nougat noir,* non moins délicieux, garni d'amandes et de noisettes grillées, décoré de perles de couleurs variées à la mode des gâteaux de fête provençaux. C'est un nougat, mais différent, que l'on confectionne, depuis 1897, à Limoux, *Nougat tendre aux amandes grillées et au miel,* créé par Paul Labadie, confiseur, et qui, à l'origine, s'appelait « Tourron Nougat Dessert Surfin. »

Le palet griottine

(recette de M. Michaël Azouz, confiseur à Saint-Loup-sur-Semouse.)

La griottine est une cerise de Fougerolles, mise en semi-conserve dans un alcool spécial à 15°.

Confectionnez un « succès noisette » en broyant finement 200 g de noisettes et en mélangeant celles-ci à 200 g de sucre semoule et à 50 g de farine. Versez sur ce mélange 300 g de blancs d'œufs montés en neige ferme et 50 g de sucre semoule. Et incorporez ces ingrédients très délicatement.

À l'aide d'une poche munie d'une douille (8), dressez, sur une feuille de papier, des ronds de 9 cm de diamètre.

Préparez la ganache spéciale, avec, d'une part, 1 litre de crème fleurette et 700 g de sucre glace, que vous portez à ébullition, et, d'autre part, 350 g de cacao pure pâte et 400 g de chocolat à cuire. Mélangez le cacao et le chocolat avec la crème et le sucre. Laissez durcir.

Pour monter le palet, disposez dans le fond d'un cercle de 10 cm de diamètre un rond de succès noisette. Avec une poche munie d'une douille (6), formez un disque de ganache. Rangez 8 griottines. Ajoutez un autre succès. Masquez le dessus avec de la ganache. Laissez durcir.

Démoulez en passant un linge chaud autour du cercle.

À froid, glacez avec une couverture de chocolat noir.

Limousin

Enclavé entre l'austère Massif central et le riant Poitou, ce pays constitue un trait d'union fait de paysages assez rudes, où la vie est difficile. De là sans doute une quasi-absence de spécialités. Il faut néanmoins mentionner : le *sucre de cerise* d'Évaux-les-Bains, bonbon de sucre cuit à base de jus de cerise, les *Noisettines* d'Aubusson, bonbons à base de noisettes qui évoquent ce fruit par leur forme, les *pruneaux* et le *massepain* de Saint-Léonard-de-Noblat, les *Tullinoises* de Tulle, noix concassées mélangées à une pâte d'amandes à la pistache, les *crottes au chocolat* de Limoges, fourrées de liqueur ou de fruits, et, aux portes du Midi, à Brive-la-Gaillarde, des *truffettes,* petites truffes en chocolat qui viennent rappeler le produit prestigieux de la région. Enfin, il est intéressant de noter la création récente, sous l'égide du Syndicat des maîtres pâtissiers-confiseurs de la Creuse, des *Amitiés,* friandises nées d'un mélange délicat de chocolat fin au lait, de sucre, de noisettes et de marc de Gewurtztraminer, en évocation des relations privilégiées qui unissent la Creuse à l'Alsace et plus particulièrement à la cité d'Eguisheim.

Lorraine

Réputée à juste titre pour ses pâtisseries, cette région est aussi particulièrement riche en friandises, tant de sucre cuit que de chocolat. Si sa capitale, Nancy, est célèbre pour ses *Bergamotes* *(v. p. 22),* elle l'est aussi pour deux autres douceurs, déposées par la Maison Lalonde : les *Duchesses de Lorraine,* faites d'un intérieur praliné trempé, à la main, en deux fois, dans de la glace royale colorée en vert pâle, et les *Craquelines,* qui sont des pâtes d'amandes au beurre, parfumées aux fruits ou à l'alcool, puis caramélisées. Mais, comme partout ailleurs, les chocolats constituent l'essentiel de la production : pralinés-amandes (le *Pralitas* [praliné et croquante], le *Pavé du Roy* [praliné et pistache], etc.), pralinés-noisettes (le *Nélusco,* parfumé au café, le *Piémontais,* etc.), ganaches (le *Palet,* parfumé à la vanille, le *Stanislas,* à la poire, les *Feuillantines,* aux raisins, etc.), chocolats-liqueurs (aux alcools de la région [framboise, mirabelle, kirsch]). Quant aux *Chardons de Lorraine,* ils évoquent le chardon, importé d'Anjou par René Ier et qui devint, après la victoire de son petit-fils, René II, sur Charles le Téméraire en 1477, l'emblème de la ville de Nancy.

Mais, à Nancy encore, nous remarquerons les *Groseilles de Lorraine,* bonbons de la forme de la groseille à maquereau, fourrés de pâte de groseilles, les *Abricots au kirsch,* dont le noyau de sucre empli de kirsch est enveloppé de pâte d'abricots, et les *Framboises des Vosges,* bonbons de sucre cuit fourrés de framboises.

En cette terre de vergers, productrice de fines eaux-de-vie, les *Briquettes lorraines* rappellent que la vie y fut souvent dure pour les mineurs. C'est, en effet, pour eux que ces bonbons furent créés, à l'origine. Composés de réglisse et de menthe, qui adoucissent et rafraîchissent la gorge, de forme ovale et de couleur noire, ils sont frappés, d'un côté de la croix de Lorraine et, de l'autre, des marteaux des mineurs. Quant aux *Arrache-toux,* originaires comme les précédents de Porcelette, en Moselle, ils allient suc de réglisse, miel, fenouil, violette et menthol en un mélange très harmonieux qui a fait leur succès ; d'autant plus que leur forme carrée, en pion, gravée d'une lettre, amuse petits et grands.

Outre ces spécialités, il en est bien d'autres, de création plus ou moins récente, telles que :

- la *Mitre de Saint-Nicolas,* créée en 1976 à Saint-Nicolas-de-Port, petite ville à proximité de Nancy, où une basilique, construite à la fin du XVe siècle, abrite une partie des reliques de saint Nicolas, évêque de Myra, patron de la Lorraine, patron des célibataires, protecteur des enfants et aussi patron des confiseurs – ces reliques furent rapportées de Bari par un chevalier lorrain, Aubert de Varaugéville, qui les déposa en un lieu appelé Port. Il s'agit là d'un intérieur fait avec de la nougatine concassée, parfumé à la mirabelle, enrobé d'une couverture de chocolat blanc, cette friandise étant présentée dans une mitre en carton rouge et or ;

- à Sarreguemines, les *Minoises de Sarreguemines,* créées en 1976 et qui sont des chocolats, fourrés d'une pâte d'amandes au caramel, sous habit d'or portant les armes de la ville et l'appellation « Minoises », diminutif du nom des habitantes de Sarreguemines, ainsi que les *Brindilles de Bouchholz,* bonbons chocolatés lancés en 1978, du nom de la forêt, proche de la ville, sans oublier les *Carreaux en faillence,* chocolats fourrés au gianduja, apparus en 1977 et qui doivent leur nom à leur aspect en « carreaux », évoquant la tradition faïencière de Sarreguemines ;

- à Metz, le *Lorrain,* créé en 1981 et qui se présente comme une bouchée de forme hexagonale, à l'intérieur fait d'une ganache caramel et de mirabelles confites macérées dans de l'eau-de-vie de mirabelle, à l'enrobage de chocolat noir, estampillé, sur le dessus, de chocolat au lait ; et, pour simple mention, les *Quetsches fourrées,* savoureuse friandise fourrée et confite ;

- à Pagny-sur-Moselle, l'*Étoile de Sion,* lancée en 1979, bonbon de chocolat en forme d'étoile, rappelant les petites étoiles de Pierre que le pèlerin trouve sur la colline de Sion, la « colline inspirée » de Maurice Barrès, et la *Mirabelle P.A.,* qui remonte à 1976 et reproduit ce fruit régional en pâte d'amandes avec un noyau de liqueur de mirabelle ;

- à Mirecourt, les *Mirabelles de Lorraine,* créées en 1971 et qui, sous leur apparence de mirabelles, mouchetées de rouge, sont des chocolats à l'alcool du pays, et la *Viole d'amour,* créée en 1985 et qui est un chocolat moulé en forme de viole, fourré d'un pralin semi-liquide amandes et noisettes ;

- à Charmes, *le Chamagnon* (1975), chocolat à la bonne saveur de mirabelle de Lorraine, présenté avec une image d'Épinal et qui rappelle ici le souvenir des « chamagnons », colporteurs du temps jadis, qui vivaient de tout et de rien, vendant des images d'Épinal, des cantiques et des complaintes ;

- à Rambervillers, *les Têtes de veau de Ramber,* créées en 1983 pour symboliser la « Confrérie des gaubregueux gousters des testes de veau », la tête de veau étant une spécialité gastronomique de la ville ; cette gourmandise, dont le nom indique bien la forme, est fabriquée à base de gianduja, de cacao et de confit de mirabelle.

La Viole d'amour, *un chocolat créé en hommage à sa ville natale, Mirecourt, capitale française de la lutherie.* Phot. J.D. Braconnier.

Les mirabelles de Lorraine

(recette de M. Daniel Grux, chocolatier à Mirecourt.)

Le point de départ de cette spécialité est un « boulon liqueur en robe de sucre ». Pour un coffret d'amidon de 40 × 60 cm, on cuit 1,050 kg de sucre en morceaux avec 300 g d'eau, en lavant de temps en temps le bord de la casserole avec de l'eau et un pinceau. Dès que le sucre atteint 115 °C, on le mélange à de l'alcool de mirabelle titrant 50° (360 g d'alcool). Cette opération s'effectue sans remuer, mais en versant d'une casserole dans l'autre à trois ou quatre reprises. On laisse ensuite reposer pendant 5 min, on fouette à peine, puis on coule.

Au préalable, on a pris soin d'imprimer dans un coffret d'amidon de maïs, très sec et bien aéré, des empreintes en forme de demi-boules, à l'aide d'une règle sur laquelle sont collées une douzaine de ces formes en gypse.

On opère le coulage dans l'amidon au moyen d'un entonnoir spécial, muni d'un pointeau et d'une gâchette, qui permet une répartition des doses extrêmement régulière. Après coulage de tout le mélange chaud, on recouvre les boulons d'un millimètre d'amidon bien sec et on laisse reposer pendant une durée de 24 à 48 heures, dans un endroit à l'abri de la chaleur et de l'humidité. Une réaction se produit au contact de l'amidon, provoquée par le surcroît de sucre dans le mélange : une coquille de quelques millimètres d'épaisseur se forme, qui enferme, comme dans un œuf, la liqueur dont le degré est tombé à 25° environ. Il ne reste alors plus qu'à sortir les boulons de l'amidon, à les brosser, à les enrober deux fois de suite dans du chocolat jaune (fondu à 30 °C), et à les rouler à la main dans du sucre teinté en jaune. Enfin, avec une brosse et un petit couteau, on effectue un mouchetage avec du colorant alimentaire rouge.

Enfin, la *Dragée de Verdun,* qui, depuis le Moyen Âge, a fait la réputation de cette ville, a su préserver sa renommée, tout au cours des modifications de fabrication qui ont donné le bonbon actuel et bien que, au-delà de la Lorraine, fort gourmande de dragées (on en fabrique à Nancy et à Metz, notamment), plusieurs villes de France en produisent également avec succès. *(v. p. 31).*

Au contact de la montagne vosgienne, la confiserie s'inspire des paysages et porte en elle la fraîcheur des forêts. Saint-Dié s'enorgueillit de ses *Cocottes vosgiennes,* nées en 1981 ; ces chocolats en forme de pommes de pins tirent leur nom des fruits des sapins, qu'en pays vosgien l'on appelle « cocottes ». Ils se composent de chocolat de couverture, d'eau-de-vie de mirabelle et de miel ; leur finition est celle des truffes (ils sont roulés dans du cacao amer). Épinal abrite les *Spinadors,* créés en 1964 et qui évoquent à la fois le nom des habitants de cette ville *(Spinaliens)* et leur enveloppe de papier d'or ; ce sont des coquilles en nougatine fourrées de chocolat praliné et fabriquées à l'ancienne. Dans la même cité, les *Boulets d'Épinal,* lancés en 1979 en souvenir des fortifications et des boulets qui y furent découverts, et les *Rondins des Vosges,* apparus en 1972, constituent des spécialités appréciées ; la première est chocolatée, la seconde à base de crème de noisettes. Plus proche des Vosges, la petite ville de Bruyères a, elle aussi, ses friandises au chocolat : *le Mirador,* bouchée de chocolat, fourrée avec un praliné à l'ancienne agrémenté de noisettes grillées finement hachées et moulée à l'image du mirador de Bruyères (cette tour panoramique servait de tour de guet pendant la Grande Guerre), et *le Coq de Bruyères,* chocolat fourré d'une ganache au gianduja et au vieux rhum, moulé en forme de coq pour évoquer cet oiseau autrefois très répandu dans la région.

Quant à la petite ville touristique de Gérardmer, elle a acquis, au cours des dernières décennies, quelques friandises remarquables : les *Oignons de jonquilles,* imitation en praliné très tendre, enrobé de chocolat blanc et roulé dans du cacao en poudre, de l'oignon de cette fleur ; les *Brimbelles,* petites boules rondes, bleu foncé comme le fruit (la myrtille s'appelle ici « brimbelle »), et fourrées de gelée de myrtille ; les *Framboises des Vosges* (dont Nancy a aussi la spécialité, *v. plus haut*) ; les *Améthystes,* chocolats pralinés, parfumés à la framboise et de la couleur de la pierre à laquelle ils empruntent leur nom ; les *Pommes de pins,* remplies de liqueur de framboise et en forme de pommes de pin ; et enfin le *Vosg'patt,* petit pavé de chocolat fourré à la pâte de noisettes.

À défaut d'être exhaustif, mentionnons, pour compléter ce tour des « douceurs » de Lorraine :

• les *Charbonnettes des Vosges,* créées en 1975 et qui, sous leur écorce de chocolat, renferment un bonbon tendre de praliné surfin ; celles-ci évoquent la véritable « charbonnette », morceau de bois de chauffe, que les bûcherons débardent du haut de la montagne vosgienne à l'aide des schlittes ;

• les *Blocs des Vosges* ou *Granit des Vosges,* qui ne sont autre qu'un sucre d'orge ;

• les *Cailloux des Vosges* (mais aussi les *Cailloux de la Moselle),* bonbons en pâte d'amandes ayant l'aspect de graviers ou de galets.

« Pour faire marons pour tirer au sec »

« Faut prendre seulement la peau des Marons tout de long sans offencer la chair, ensuite prendre du sucre et de l'eau, sçavoir, trois fois plus d'eau que de sucre, faire bouillir vos Marons dedans jusqu'à ce qu'ils puissent quitter la peau, et vous aurez un autre sucre là où vous les jetterez dedans à mesure que vous les pelerez, puis vous leur ferez prendre trois ou quatre bouillons afin qu'ils prennent sucre, vous ferez cela deux ou trois fois, les laisserez au sucre ce qu'il vous plaira, et quand vous les tirez au sec vous changez d'un autre sucre, et ferez cuire à feiller comme pour les autres choses, blanchissez vostre sucre et meslerez vos Marons, puis vous les prendrez avec une écumoire, et les jetterez sur un gril, là où vous les détacherez un à un, si vous les voulez griller à la poesle, vous le pouvez mettre au sucre tout de mesme, mais il s'en casse beaucoup et ne sont point si beaux, et de l'autre manière il ne s'en casse que fort peu. »

(*le Parfaict Confiturier qui enseigne à bien faire toutes sortes de confitures,* par le sieur de La Varenne, 1667.)

Marron glacé

C'est un marron confit dont on a fait le glaçage. Friandise des plus moelleuses, qui semble avoir été connue sous le règne de Louis XIV, en un temps où, déjà, outre les honneurs de Versailles, elle avait le privilège des étals de confiserie à Noël et au nouvel an. Mais le marron confit était-il alors glacé ? On n'a aucune certitude. Et peu importe. Cette douceur ne s'est jamais départie de ce caractère « noble » au fil des siècles.

Les plantations de châtaigniers, introduites en Gaule par les Romains, se développèrent, du XIIe siècle au début du XXe siècle, dans les Cévennes et, plus précisément, dans la région ardéchoise où le châtaignier, dit « arbre à pain », remplaçait le blé. Curieusement, c'est avec le chômage que connurent l'Ardèche et sa capitale, Privas, à la suite des graves difficultés de l'industrie de la soie, que naquit, à la fin du siècle dernier, la fabrication industrielle du marron glacé. En effet, un ingénieur des Ponts et Chaussées, Clément Faugier, entreprit, avec quelques confiseurs ardéchois, de créer une fabrique consacrée à cette friandise. Bien lui en prit. Le succès fut presque immédiat ! Et, indépendamment de l'emploi d'une main d'œuvre préalablement formée dans l'industrie du textile pour des travaux très délicats, ce succès commercial ne devait pas se démentir : l'Ardèche fut longtemps le premier producteur de marrons glacés.

Toutefois, les deux bonnes variétés de châtaignes de ce département, le *Sardonne* et le *Bouche rouge,* ne pouvant répondre à une demande croissante, il fallut bientôt, pour 80 p. 100 de la production, faire appel à l'étranger, notamment à deux variétés italiennes, le *Naples* et le *Turin,* toutes deux excellentes *(v. p. 88).* Le développement des importations et les possibilités techniques de conservation des marrons ont eu pour conséquence une extension hors des régions productrices de châtaignes et, aujourd'hui, la fabrication des marrons glacés a gagné la Normandie, la Région parisienne, la Charente et le Midi.

La confection des marrons glacés est une tâche longue et délicate et qui requiert des fruits de grande qualité *(v. p. 88).* Quant à la conservation de cette friandise, qui n'a toute sa finesse que lorsqu'elle est dégustée fraîche, elle

Friandise magique, associée aux fêtes de Noël et du Jour de l'An, les marrons glacés. Phot. CEDUS-Yéru.

ne peut se faire qu'à l'abri de la chaleur et de l'humidité, car la première rend les marrons secs et blancs et la seconde les déglace et les fait moisir. Il est donc recommandé de les garder en un lieu sec, à une température allant de 10 à 15 °C, et de veiller à l'étanchéité de leur emballage.

Massepain

Marcius panis, c'est ce que le sieur L. Liger indique pour origine du nom dans son *Dictionnaire pratique du bon ménager de campagne et de ville* (1715) et il attribue l'invention de cette confiserie à un certain Marco, italien. Cette provenance italienne est confirmée par la légende qui veut qu'au cours d'une grande famine qui sévit, jadis, dans la région de Venise, la population, ne trouvant plus de farine pour confectionner son pain, imagina de broyer noix et amandes, d'y ajouter du sucre et même du miel et de cuire la pâte obtenue sous forme de petits pains. Pour remercier saint Marc, patron de la cité, de lui avoir inspiré une idée aussi heureuse, les petits pains furent baptisés *Marci pani,* « pain de Marc ». Mais, la famine oubliée, le pain n'eut plus besoin de substitut, d'autant que le sucre était cher. Les petits pains d'amandes devinrent alors la gourmandise des jours de fête.

Où que soit la vérité, le massepain est très ancien. Un livre de cuisine arabe de 1226 donne, en effet, des indications sur une composition qui s'y apparente fort : sucre, miel, amandes, musc,

Sachez choisir vos marrons glacés

Certes, la saveur du marron tient à la variété utilisée et à la qualité du fruit même, mais le confisage joue aussi un rôle d'importance. Et le consommateur ne prend pas toujours le temps de choisir. Pourtant, dans le cas d'une friandise onéreuse comme le marron glacé, le prix justifie généralement la qualité. Aussi, pour vous assurer de celle-ci, veillez à certains détails :

- un marron bien confit est légèrement translucide ;
- il est humide de sirop jusqu'au cœur, mais, évidemment, cela ne se vérifie qu'en le brisant en deux ;
- le glaçage bien fait forme une très fine pellicule de sucre à peine cristallisée et satinée ; un glaçage épais indique une qualité inférieure ;
- si les marrons présentent une teinte uniforme (ils doivent tous avoir une couleur différente), c'est signe qu'ils ont été soufrés et donc qu'ils sont fermes, mal confits et de saveur moins fine.

Enfin, bien évidemment, préférez les marrons entiers aux moitiés et débris, qui sont à la fois moins beaux et moins bons. De fait, malgré le triage des fruits crus, il arrive que l'on s'aperçoive, au moment du retrait de la seconde peau, que le fruit présente une tache ou une partie abîmée. Celle-ci est alors retirée. Mais ce marron écorné, qui a préalablement souffert, ne pourra jamais être aussi fin qu'un marron intact. De plus, moitiés et débris ont l'inconvénient de sécher très vite.

eau de rose et fécule sont cuits ensemble, puis pilés jusqu'à obtention d'une pâte homogène que l'on pétrit vigoureusement avant de la laisser refroidir et de la presser dans des moules en bois de diverses formes. Avec les siècles, ces principes de base s'enrichirent et le répertoire des massepains ne cessa de s'accroître. Le massepain pouvait être royal ou commun, « à la duchesse » ou « à la princesse », d'orange ou de citron... Au XVIIIe siècle, *les Soupers de la Cour, ou l'art de travailler toutes sortes d'alimens, pour servir les meilleures tables, suivant les quatre saisons* (1755) en proposent treize recettes tandis que *la Science du maître d'hôtel, confiseur* (1750), de Menon, en recense dix-sept. L'ancien mélange poudre d'amandes-sucre se trouve agrémenté de fruits confits et d'une glace faite de blancs d'œufs et de sucre. Certaines recettes remplacent les amandes par des pistaches.

Aujourd'hui, le massepain se prête à de nombreuses formules, tout en restant fidèle aux amandes de ses origines, et constitue le matériau de prédilection des confiseurs pour les modelages qu'il permet (fruits, légumes, fleurs, etc.). En France, cette friandise est fabriquée dans bien des régions, notamment en Bourgogne, dans le Berry, en Champagne, en Languedoc et dans le Limousin. Mais les deux villes les plus réputées pour cette confiserie sont Arnay-le-Duc et Issoudun. La première vit Coligny perdre une bataille contre les catholiques par suite d'une indigestion de massepain. La seconde dut, dit-on, sa célébrité gourmande à Honoré de Balzac parce qu'il patronna et soutint le pâtissier qui, en 1884, lança à Paris le massepain de cette cité.

Phot. CEDUS.

Midi-Pyrénées

Pays gourmand par excellence, le Quercy vit, comme le Périgord voisin, à l'heure de la truffe. C'est pour cela que la première spécialité de la région tend à l'imiter. Les *truffes du Quercy* sont, bien évidemment, des chocolats, mais que chaque confiseur personnalise par une recette qui lui est propre : truffes, truffes à la crème, à la ganache, à la liqueur de noix, au praliné, etc. À leurs côtés, on trouve des cailloux (*lou Cayrou,* 1969, de Cahors, évoquant les cailloux des Causses qu'en occitan on appelle « cayrou »), des massepains (à Montauban), des confiseries à base de pruneaux (à Castelsarrasin, les *truffes de Mathabiau* [1973], préparées avec une pâte de pruneaux enrobée de cacao et qui rappellent les produits des vergers de Mathabiau – truffes et prunes ; ainsi que les *truffes à la pâte de pruneaux* [1975]) ; et enfin des chocolats dont le plus connu est *le Quercynois,* de Cahors, ganache marbrée à la crème fraîche parfumée à l'eau de noix du Quercy et fourrée de noix grillées.

Créé en 1973 à l'instigation du Syndicat des pâtissiers-confiseurs-glaciers du Tarn-et-Garonne, le *Montauriol* constitue aujourd'hui une grande spécialité régionale. Bonbon composé d'une ganache, fourré d'une cerise macérée dans un vieil armagnac, trempé dans une couverture de chocolat noir mi-amer (pour rehausser le goût de la cerise), recouvert de sucre glace et présenté comme une truffe, il tire son appellation de l'ancien nom de la ville de Montauban (*mont* et *auriol,* « l'oiseau » : colline où se trouve l'oiseau). Dans le Tarn-et-Garonne également, Moissac, célèbre pour son chasselas, est, depuis 1957, le lieu de fabrication des *Grains dorés de Moissac,* faits d'un fondant parfumé à l'armagnac, de grains de chasselas macérés dans ce même alcool et d'une couverture de chocolat noir, posée sur un lit de chocolat pailleté.

Mirande est connue pour ses *pâtes de fruits,* la Gascogne pour ses *Cailloux de l'Adour,* Albi pour ses *Gimblettes,* pâtes de fruits à la liqueur, et Mazamet pour *les Cuirots* (1977), bonbons de chocolat en forme de peau de mouton, car cette ville est le centre mondial du délainage. Toulouse compte quelques spécialités prestigieuses : les *Violettes de Toulouse,* qui poursuivent la belle tradition des fleurs cristallisées *(v. p. 61),* le *Cachou,* qui satisfait autant fumeurs que gourmands *(v. p. 26),* les *Marquises toulousaines,* lancées en 1900 par les frères Olivier et qui sont des bonbons de sucre cuit caramélisé fourrés de praliné, ainsi que le *Pavé du Capitole,* chocolat noir fourré praliné et nougat, *le Goudouli,* à la ganache parfumée à l'armagnac, et les *Coquagnes du Pays toulousain,* truffes en praliné enrobées de chocolat noir et de feuilletine.

Aux abords des sommets pyrénéens, Tarbes offre les *Châtaignes des Pyrénées* (1969), confiserie en forme de châtaigne composée d'une pâte de marrons parfumée au rhum, enrobée de couverture fondante, qui se souvient du temps où la châtaigne était un des aliments de base. Lancées en 1973, *les Bigourdettes* de Tarbes sont des friandises au chocolat garnies de ganache pralinée alcoolisée ; « bigourdette » signifie en patois « petite fille habillée en costume bigourdan ».

Enfin, il faut aussi mentionner : le *sucre d'orge* et les *berlingots* de Cauterets, la fabrication de ces derniers remontant à la fin du XIXe siècle, les *bûchettes* de Bagnères-de-Bigorre, bonbons de nougatine aux amandes enrobée de chocolat, le *Caginet* de Saint-Gaudens, fait d'une ganache à la framboise enrobée de chocolat blanc, les *cailloux* de Lourdes et les traditionnelles pastilles, ici moulées à l'effigie de la Vierge.

Négus de Nevers

Ce caramel mou au chocolat, enrobé de sucre cuit, a été créé en 1901 par M. Grelier, confiseur à Nevers, lequel avait coutume de lancer, chaque fin d'année, un nouveau bonbon, baptisé du nom d'un événement saillant de l'actualité de l'époque. Aussi la couleur brun foncé de la friandise rappelant le teint de l'illustre visiteur du moment en France, le négus Ménélik, empereur d'Abyssinie, son appellation fut d'emblée trouvée. Le caramel devint *Négus* et eut bientôt des frères, les *Abyssins,* d'un brun plus clair, parce qu'ils sont parfumés au café.

De fabrication purement artisanale, cette « famille » éthiopienne a grande réputation. Elle exige une main-d'œuvre habile et très expérimentée, car la confection en est particulièrement délicate, l'enveloppe de sucre devant être régulière – pour garder à chaque bonbon la même forme ovale – et translucide – pour laisser apparaître la teinte du noyau, qui fait le Négus ou l'Abyssin. La réussite tient à une parfaite cuisson du sirop de sucre chauffé à 150 °C, à une immersion rapide du caramel mou dans ce sirop (pas plus d'une seconde) et à un contrôle rigoureux de la quantité de sucre enrobant le noyau afin d'obtenir une parfaite homogénéité de la production.

Marque déposée depuis 1902, le Négus est exploité depuis 1909 par la confiserie Lyron avec le même souci de perfection artisanale et un succès qui ne s'est jamais démenti.

Nord

Les *Bêtises de Cambrai* seraient-elles les seules friandises du Nord qu'elles suffiraient à la renommée gourmande de cette région *(v. p. 24).* Il existe toutefois bien d'autres douceurs qui méritent d'être mentionnées. Parmi les plus anciennes, les *Chiques de Bavay,* qui remontent à 1875, sont, en quelque sorte, des berlingots, légèrement pectoraux. Créés en 1921 en hommage à la chanson de Desrousseaux qui, durant la Grande Guerre, fleurit sur toutes les lèvres des « nordistes », *les P'tits Quinquins,* de Lille, sont aussi des bonbons de sucre cuit, de forme ovale, aromatisés d'essences de fruits et légèrement acidulés, apparentés au sucre d'orge. Car c'est ici la confiserie de sucre qui domine. *Les Clochettes du carillon,* de Saint-Amand-les-Eaux, lancées en 1934 et inspirées par le carillon, toujours en fonctionnement, de cette ville, ne sont rien de plus que des caramels au beurre des Flandres, découpés en triangles et présentés en papillotes. Le caramel est également la spécialité d'Arras et de Roubaix *(Magnificats).*

Mais l'un des bonbons les plus connus demeure *le Succès berckois,* créé à Berck-Plage en 1922. La fabrication de ce berlingot à l'ancienne se fait sous le regard du public, comme cela se passait dans les foires au temps de nos grand-mères. Fabrication artisanale, en même temps que de qualité, et qui, parce qu'elle est rare, est devenue une curiosité régionale. Quatre générations de femmes ont exploité cette douceur depuis sa « naissance » et cela malgré les difficultés que rencontre le travail artisanal dans un monde qui lui accorde de moins en moins de place. Le berlingot de Berck, évoquant par sa forme un petit piment, est aussi appelé « sucette piment ».

Enfin, il convient de citer encore : *les Chapeaux verts,* créés à Saint-Omer en 1977 et dont le chocolat vert évoque le chapeau des héroïnes du roman de Germaine Acremant ; le *pain d'amande* de Dunkerque, fabriqué artisanalement depuis 1900, à partir de sucre et de beurre ; *l'Bistouille du Nord* (1974), bonbon de chocolat à l'alcool de genièvre que l'on trouve à Lille – « l'bistouille » étant le verre d'alcool de genièvre qui accompagne la tasse de café dans le pays minier ; les *Rissels* de Lille, chocolats noirs dont l'intérieur est un feuilleté praliné ; et *le Pavé* de Tourcoing, en chocolat noir ou lacté fourré de biscuit feuilleté praliné.

Normandie

Terroir d'une cuisine plantureuse où interviennent la meilleure crème et le meilleur beurre, la Normandie, qui, ici, réunit les deux Régions officielles (Basse-Normandie et Haute-Normandie), a conçu sa confiserie autour de ces produits, auxquels s'ajoutent pommes et calvados, comme cela s'impose. Fabriqué de longue date, le *Sucre de pomme de Rouen* est sans nul doute la spécialité la plus connue *(v. p. 60),* du moins après les *caramels,* dont Isigny, réputée pour son beurre, s'est faite la représentante. Le caramel est aussi l'objet d'une fabrication assez diversifiée à Flers, où les *Galichons,* créés en 1954, du nom de la dernière galette au beurre que l'on confectionnait avec ce qui restait de pâte, sont des bonbons de teinte feu, faits de sucre cuit fourré de caramel au beurre fin. Originaires de la même ville : les *Couci-Couça,* fourrés au caramel au beurre, les *Fleurs d'Auge,* bonbons fourrés parfumés à la pomme, le *P'tit Sou,* bonbon fourré parfumé au café et au calvados, et les *Petits Péchés,* caramels au lait et aux noisettes.

Outre les *Chiques* de Caen, qui sont des caramels au beurre salé, et les *Pommes de Normandie,* que la même cité façonne en pâte d'amandes avec un intérieur parfumé au calvados, le reste de la production normande est assez limité. Ici, à Dieppe et au Havre, des *galets* en pâte d'amandes, qui évoquent le rivage de la Manche. Là, des chocolats comme *les Sieurs d'Alençon* (1971), du nom de la rue où se trouve leur fabricant. Car il est vrai qu'il est difficile de parler des chocolats en termes de spécialités régionales !

Toutefois, les ports normands semblent avoir tenté de faire œuvre d'originalité. Fécamp a ses *Caïques* (1976), du nom des embarcations utilisées pour la pêche côtière ; ces friandises sont faites à base de ganache à la Bénédictine, de nougat, et sont enrobées de chocolat. Il a aussi les *Calètes* (1981), à base de confit de noisettes peu sucré – du nom que portaient les tribus celtes occupant la région il y a 2 500 ans.

Le Succès berckois : un berlingot à l'ancienne

Sa fabrication est précise et délicate. Le sucre est cuit par petite quantité (4 kg) et, lorsque le degré de cuisson est atteint, il est coulé sur une plaque de marbre blanc huilée, dont la surface est délimitée par de grosses règles métalliques très lourdes. Il est alors parfumé, malaxé et, pendant le temps de refroidissement, étiré en bandes et coupé aux ciseaux. Certains parfums sont filés au crochet. Opération qui a pour seul objectif de faire changer la couleur en introduisant de l'air dans la masse. Transparent au départ, le sucre devient satiné.

Le temps de travail est extrêmement limité, car il faut que tout soit fini avant la cristallisation du sucre. Refroidi, il a l'aspect du verre et est aussi cassant et coupant ; on en obtient, d'ailleurs, les mêmes couleurs et les mêmes transparences.

Yport a préféré se réserver *le Secret* (1973), harmonie subtile d'une mousse à la Bénédictine et d'une couverture de chocolat. Enfin, Le Havre compte des douceurs renommées : les *Boulets de François Ier* (1973), qui, sous une robe de chocolat au lait, recèlent un praliné amandes et noisettes – la ville et le port du Havre, fondés par François Ier, subirent de nombreux sièges ; l'*Oscar* (1984), qui allie, avec le secret de son créateur, du chocolat sélectionné, du sucre, des amandes et de la pomme – il a été créé en hommage à l'architecte Oscar Niemeyer, qui a dessiné le Forum d'avant-garde construit à l'emplacement de l'ancien théâtre ; *les Normandines,* friandises à base de pomme au beurre cuite au four.

Nougat de Montélimar

L'origine du mot provençal *nougat* a donné lieu à de nombreuses recherches, indépendamment de la légende qui veut qu'une certaine tante Manon gâtât ses neveux et les enfants du voisinage d'une confiserie dont elle gardait jalousement le secret de fabrication et qui leur faisait dire pour la remercier : « Tante Manon, tu nous gâtes » ; à sa mort, la bonne tante aurait légué sa recette à sa nièce préférée en lui demandant d'appeler sa friandise « nougat ». Il paraît plus probant de lui donner comme origine le mot latin *nux,* « noix », soit *nugo* en langue d'oc. D'aucuns rappellent qu'une préparation espagnole faite de noix et d'épices se disait *nogada,* d'autres qu'à Rome une pâtisserie, *nucatum* (de *nux* et *catum*), était composée d'huile, de miel, de noix et autres fruits secs. On pense également que la colonie grecque de l'ancienne Massilia (Marseille) connaissait les gâteaux au miel et aux noix. Enfin, un étymologiste au nom prédestiné, M. de Nougarède, s'est penché sur le problème dans une volumineuse étude... sans résultat !

Toujours est-il que le nougat noir, ou nougat de Provence, a été le premier nougat connu en France. De confection familiale, il comptait, avec le nougat blanc créé par la suite, parmi les treize desserts de Noël.

À la suite de l'expérience faite par le célèbre agronome Olivier de Serres, qui avait planté des amandiers dans sa propriété du Pradier, à Villeneuve-de-Berg, à quelques kilomètres de Montélimar, la culture de l'amandier à amandes douces fut développée par les Provençaux et l'amande remplaça alors la noix dans la fabrication du nougat ; ce fut là le grand mérite de la production de Montélimar, qui utilisa aussi le miel de lavande du pays.

Le nougat de Montélimar semble avoir atteint, aux environs de 1650, sa meilleure composition, avec du miel, du sucre, du blanc d'œuf – destiné à aérer et blanchir la pâte – et des amandes douces. L'auteur de la recette est demeuré inconnu, mais un charmant poème fait naître la friandise de la passion d'un marmiton pour une jolie princesse...

« Eh quoi ! Un marmiton aimer une princesse,
Oser jeter les yeux jusque sur une altesse,
Mais oui Colas aurait, pour la fille du seigneur,

La ville de Montélimar et le nougat ont vu leurs destinées mêlées depuis la seconde moitié du XVIIe siècle. Phot. Arnaud Soubeyran.

Très volontiers donné tout le sang de son cœur...
... Un soir qu'il y rêvait, plein de désespérance,
Mit au fond d'un bassin bon miel de Provence :
Il crut bien un instant voir l'or de ses cheveux !
Ensuite il y jeta des amandes qu'au feu
Il avait fait griller : céleste Providence !
Les amandes avaient la couleur de ses yeux...
Et puis, dans ce mélange, il sema des pralines :
Lors il lui sembla voir sa lèvre purpurine
Se poser sur la sienne, et d'un baiser de feu
Le faire goûter au fruit de l'extase divine !
Il plaça le bassin sur un proche fourneau,
Et, tandis que le miel devenait blanc gâteau,
À travers la légère et suave fumée
Qu'exhalait en cuisant la masse parfumée
De l'enfant qu'en silence il osait adorer ;
Il vit les yeux, la bouche et les cheveux dorés...
C'est ainsi qu'il rendit célèbre sa province,
Le petit cuisinier du seigneur d'Adhémar :
Amoureux en secret de la fille d'un prince
Il créa le nougat, dit de Montélimar... »

Cette délicieuse friandise dut, en fait, sa renommée au premier consul de la ville, Claude Souchon, qui, le 2 janvier 1701, à l'occasion du passage à Montélimar du duc de Bourgogne et du duc de Berry (lesquels rentraient de Saint-Jean-de-Luz où ils avaient accompagné leur frère Philippe d'Anjou, héritier du trône d'Espagne), fit présent à ses hôtes d'un quintal de nougat blanc pour chacun. Deux membres de leur escorte, les ducs de Saint-Aignan et de Noailles, reçurent aussi cinquante livres chacun de cette précieuse douceur, qui, dès lors, fut offerte à tous les visiteurs de qualité.

La recette du nougat

« Pour préparer du bon nougat, du beau nougat, il faut, avant tout, avoir à sa disposition de belles amandes, mondées avec soin, longtemps dégorgées, bien épongées, puis émincées et séchées ; le point le plus important, c'est de les sécher à fond, sans violence, dans une étuve tempérée, à l'abri de la poussière, étalées en couche mince sur une plaque couverte de papier ; mais, pour les sécher dans ces conditions, il faut absolument s'y prendre à temps, afin de pouvoir agir sans précipitation, car des amandes trop vivement séchées restent humides à l'intérieur, et alors, si elles sont mêlées au sucre cuit, elles le font noircir ou grainer, deux cas qui rendent l'opération imparfaite.

Après les amandes, c'est le sucre ; celui-ci doit être de premier choix ; le sucre de canne est préférable, car les sucres de betterave sont souvent défectueux ; le beau sucre n'est ni plus difficile à se procurer, ni plus cher que le mauvais, mieux vaut n'employer que le meilleur ! Il doit être pilé et passé au tamis, mais sans être déplacé. Les proportions du sucre avec les amandes émincées et séchées sont de moitié : 250 g de sucre pour 500 g d'amandes ; 2 cuillerées de suc de citron ou une cuillerée d'acide citrique.

Au moment d'opérer, les amandes doivent être bien chauffées. La cuisson du sucre doit avoir lieu sur feu doux ; il ne faut pas cesser de remuer avec une cuiller, afin que la dissolution soit plus prompte et plus régulière. C'est dans la cuisson exacte et parfaite de ce sucre que repose toute l'opération. S'il est mal cuit, le nougat sera forcément manqué, sans valeur ; il se moulera mal ou bien, il sera défectueux au regard, désagréable sous la dent. Il faut donc que le praticien étudie avec la plus grande attention ce point précis de cuisson où le sucre, de cette teinte dorée et claire qu'il acquiert au début, passe tout à coup à une autre teinte plus vive, pour arriver au ton aigu, limite extrême, la dernière avant d'arriver au brun. C'est alors que les amandes lui sont amalgamées ; car c'est le moment où il ne graine plus, se mélange sans difficulté, et où on le voit aussitôt revenir à une nuance plus claire ; c'est le signe distinct de la perfection du nougat ; c'est à ce point qu'il peut être moulé ; il se trouve exactement dans les conditions voulues pour prendre toutes les formes, il ne s'affaisse plus, car quelques minutes suffisent pour le raffermir. »

(*Grand Livre des pâtissiers et des confiseurs,* par Urbain Dubois, 1896).

Le premier atelier de fabrication de nougat Arnaud-Soubeyran vit le jour à Montélimar en 1837. Phot. Arnaud Soubeyran.

Des matières premières de qualité pour un nougat de choix : le nougat de Montélimar

Les amandes, qui constituent l'élément essentiel de la garniture, sont soigneusement triées, puis blanchies à l'eau bouillante et émondées avant d'être légèrement torréfiées. Dans des poêlons en cuivre à double fond, dans lesquels circule de l'eau bouillante et qui sont dotés d'agitateurs à vitesse variable, sont placés le miel, le sirop de glucose et une partie des sucres. La cuisson s'effectue doucement, à 90-100 °C. Après une première cuisson, on incorpore l'agent aérateur, soit les blancs d'œufs montés en neige. Le reste des sucres, qui a été cuit à part, à feu nu, à haute température (136 °C pour le nougat tendre et 138 °C pour le nougat dur), et qui n'a rien perdu de sa blancheur (c'est là la difficulté !), est alors versé, presque goutte à goutte, dans le mélange dont il va assurer la stabilisation tout en lui conférant son aspect de pâte levée. Lorsque la pâte est bien homogène, en fin de cuisson, on incorpore la garniture (amandes, pistaches). Puis, à l'aide de pelles en bois, on tire la pâte des poêlons pour l'étaler dans des moules en bois, de diverses hauteurs, tapissés de feuilles de pain azyme. Le nougat dur est démoulé dans l'heure qui suit pour être scié à la scie à nougat, scie circulaire qui tourne assez lentement pour éviter l'arrachage. Il est débité en blocs, barres, dominos, etc. Le nougat tendre subit le même sort à partir du lendemain et pendant le mois qui suit sa fabrication.

Le nougat, à l'origine sucrerie de ménage, s'améliora et se diversifia dès lors qu'il devint la production de confiseurs, puis une véritable industrie. Les premiers grands nougatiers de Montélimar furent la famille Michel (1740) et Mège-Stoupany (1780). Puis furent créées les maisons Arnaud-Soubeyran (1837) et de la Ruche d'Or (1848), aujourd'hui firme Chabert et Guillot, qui, toutes deux, perpétuent scrupuleusement la tradition. À la fin du siècle dernier, on dénombrait neuf fabricants. On en comptait quinze avant la Seconde Guerre mondiale et une vingtaine à la fin des années 60. Pour une production qui, à l'heure actuelle, se chiffre à quelque quatre mille tonnes par an et est en grande partie exportée vers la Belgique, l'Allemagne, la Suisse, la Grande-Bretagne, le Canada, l'Australie, la Nouvelle-Zélande.

Le *nougat de Montélimar* répond à une réglementation très stricte, qui a précisé les conditions de son appellation de qualité : cette dénomination est réservée au nougat dont la pâte est aérée au moyen de l'un ou de plusieurs des agents d'aération fixés, soit blanc d'œuf de poule, albumine d'œuf de poule, gélatine alimentaire, et dont la garniture, qui représente en poids au minimum 30 p. 100 du produit fini, est composée uniquement de 28 p. 100 au moins d'amandes douces d'amandier mondées et grillées et 2 p. 100 au moins de pistaches. Le pourcentage d'amandes susceptible d'être incorporé sous forme de pralines ne peut dépasser en poids 3 p. 100 du produit fini.

Il existe un certain nombre d'autres variétés de nougats, notamment le *nougat de Provence* et le *nougat noir,* qui, pour prétendre à telle ou telle dénomination, doivent satisfaire à une composition déterminée. *(v. p. 84).*

Papillotes lyonnaises

Habillées de papiers aux couleurs vives, joliment frangés à leurs extrémités, elles sont de toutes les tables de la région lors des fêtes de fin d'année. À l'intérieur, des bonbons certes : fondants, pâtes de fruits, chocolats fourrés, nougats, fruits confits, etc., au gré de l'imagination du confiseur. Mais aussi des rébus, maximes, devises, dessins humoristiques, etc. De quoi régaler et divertir à la fois !

La tradition en est ancienne. On lui donne une charmante légende pour origine : dans les dernières années du XVIIIe siècle, un confiseur du nom de Papillot, qui tenait boutique rue du Bât-d'Argent, au cœur du quartier des Terreaux, découvrit la disparition régulière de certaines de ses friandises et, ayant surveillé son commis, s'aperçut que celui-ci enveloppait son larcin dans des billets doux qu'il offrait à sa dulcinée. Le commis y laissa sa situation, mais le confiseur y trouva une idée, qu'il exploita en confectionnant les « papillotes »...

Conçus selon le même principe et riches des mêmes secrets, les *cosaques* se différencient par leur emballage en papier de deux couleurs, dont l'une est or, ainsi que par l'insertion d'un pétard, collé sur chaque papier et fait de deux petites bandes de carton jointes par une goutte de mélange détonant et qui « claquent » lorsque l'on tire sur l'extrémité des bandes. Le plaisir des enfants de toujours !

Pastilles

Ces petits bonbons ronds bien connus tireraient leur nom d'une francisation de l'espagnol *pastilla,* « pastille en sucre », venant lui-même du latin *pastillus,* « petit gâteau », « tablette », « pilule ». Mais certains préfèrent y voir la création d'un confiseur italien, Jean Pastilla, protégé des Médicis, qui accompagna Marie de Médicis à Paris lorsqu'elle vint y épouser le roi Henri IV et qui fit merveille à la Cour avec les délicieux bonbons qu'il confectionnait. Il y en avait de tous goûts et de tous arômes : chocolat, café, menthe, vanille, fraise, framboise, sans compter les nombreuses fleurs qui leur prêtaient leur parfum (rose, violette, iris, œillet, héliotrope, etc.). Les « pastilles » connurent ainsi une faveur considérable, qu'elles devaient, d'ailleurs, garder jusqu'au XXe siècle.

Il n'est de manuel du XIXe consacré aux bonbons de ménage qui n'accorde une place importante à ce produit de confiserie. Elles étaient alors opaques ou transparentes. Comme l'indique M. F. Klein-Rebour dans une revue spécialisée : « Pour les premières, on employait une pâte faite de sucre et de gomme adragante, qui, étendue en une nappe d'une épaisseur déterminée, était ensuite découpée avec des emporte-pièce. Quant aux secondes, elles étaient fabriquées avec du sucre clarifié et cuit au grand cassé, que l'on versait dans des empreintes circulaires creusées dans une plaque de bronze ou dans les trous d'une plaque de tôle épaisse, posée sur un marbre. » Toutes pastilles, de l'une ou l'autre catégorie, étaient aromatisées à la menthe, au jasmin, au curaçao, à la fleur d'oranger, à la rose, à l'orgeat...

Peu à peu, la méthode de fabrication « à la goutte » s'imposa, pour laquelle on utilisa, au lieu du sirop cuit au cassé, destiné à demeurer transparent, du sucre en poudre, englobé par du sirop saturé à chaud qui, en refroidissant, agglomérait les grains de poudre du sucre. Dès que la pâte était parvenue, par cuisson, à la consistance désirée, on coulait sur un plateau, à l'aide du bec effilé du poêlon, des gouttes aussi régulières que possible. D'où l'appellation « à la goutte ». Un bon ouvrier fabriquait quelque 20 kg de pastilles par jour. Jusqu'à ce que, vers 1880, un confiseur, M. Rangot, conçût une machine pastilleuse avec laquelle le rendement passa à 20 kg à l'heure !

48, papillotes lyonnaises

Tout en sucre ou, comme ci-dessus, en chocolat, les pastilles connurent leur heure de gloire au siècle dernier. Phot. CEDUS.

Mais on trouvait aussi les pastilles « estampées », agglomérés de sucre et de produits divers (mucilage de gomme adragante, notamment), auxquelles on donnait forme par estampage. Tel est le cas des célèbres pastilles de Vichy qui sont parvenues jusqu'à nous *(v. p. 21).*

Dans l'arsenal des sucreries du siècle dernier, les pastilles occupèrent une place de choix. Découpées en fruits et en fleurs, ou en mille autres formes, parfumées aux essences les plus variées, enveloppées dans des gravures ou dans des papillotes portant des épigrammes, baptisées ici du nom de « bonbons ministériels » et là de celui de « pastilles du bon chrétien », elles faisaient la gloire des confiseurs parisiens, qui, à leur égard, rivalisaient d'imagination.

Toutefois, la vogue de ce bonbon allait doucement s'estomper. Et si, aujourd'hui, on en fabrique encore de savoureux, en sucre parfumé ou en chocolat, il est surtout employé en pharmacie. Ou, du moins, il se pare de vertus thérapeutiques, telles les pastilles de Vichy, très digestives, les pastilles de Vals-les-Bains, aux mêmes vertus, ou celles au miel de Saint-Benoît-sur-Loire, douces à la gorge.

Pour la fabrication des pastilles, *v. p. 81.*

Pâtes de fruits

Ce produit de la cuisson de sucre et de pulpes de fruits est fort ancien. Et sans doute, à l'origine, fut-il plus considéré comme un procédé de conservation des fruits que comme une friandise proprement dite. À l'instar des confitures, il permettait de consommer les fruits en dehors des périodes de production. Mais à la différence de celles-là, il présentait l'avantage d'une utilisation plus facile ; de plus, le goût du fruit y était moins masqué par celui du sucre. Ce furent là autant de facteurs qui jouèrent en faveur des pâtes de fruits qu'autrefois l'on assimilait aux confitures.

En effet, comme l'affirme le *Dictionnaire du commerce* de 1760, les pâtes sont « une sorte de marmelade épaissie par l'ébullition, au point de garder toutes sortes de formes ; lorsqu'après les avoir mises dans des moules elles sont séchées au four. Les pâtes de groseilles, de verjus, de coings, de pommes, d'abricots sont les plus en usage. Les meilleures pâtes d'abricots viennent de Clermont ou de Riom en Auvergne ». Il semble, d'ailleurs, qu'à cette époque, fruits, fleurs, épices se prêtaient à cette formule de confiserie. Ainsi que le précise ce même dictionnaire, « il se fait encore des pâtes de pistaches, qui sont fort estimées ; des pâtes de gingembre, qui viennent des Indes et que les épiciers français tirent des Hollandais ; des pâtes de fleurs d'orange, de citron, et diverses autres ».

Si, aujourd'hui, les pâtes font moins assaut d'originalité que par le passé, elles n'en restent pas moins une douceur très appréciée, que l'on aime à déguster pour retrouver l'arôme délicat des fruits et qui viennent clore agréablement un repas. De plus, faites de fruits et de sucre, elles constituent un réel aliment, sain et équilibré,

Une pastille qui eut sa chanson...

Bonbons au miel pur du Périgord
VIENS PASTILLE
Air : Viens Poupoule
Dédiée à M. le Président
du Rucher du Périgord.
« Il existe, Mesdames, Messieurs,
Un bonbon délicieux
Qui régale jeunes et vieux,
C'est un bonbon fameux,
Au miel pur du Périgord.
Il est bien le plus fort.
Contre la toux, les maux de cou
On l'adopte surtout.
C'est ainsi,
Mes amis,
Que partout chacun s'écrie :
Viens pastille, viens pastille, viens,
Mon doux bonbon au miel,
Tu n'as pas ton pareil.
Ah !
Viens pastille, viens pastille, viens,
Soulager mon cou
Et viens guérir ma toux. »
(Périgueux, 1904.)

Une recette originale : les pastilles érotiques

Ingrédients : 10 kg de sucre, 2 l d'eau, 300 g de gingembre, 300 g de marum, 30 g de girofle, 20 g de cubèbe, 20 g de mastic, 4 g de musc, 1 g d'ambre, 6 g de safran.

Tous les aromates ci-dessus sont mis en ébullition dans les 2 litres d'eau ; on passe à travers un linge et on se sert de cette infusion, qui doit faire 1 litre, pour dissoudre le sucre. On fabrique les pastilles par la méthode habituelle.
(*Nouveau Manuel complet du confiseur et chocolatier,* Manuels Roret.)

la pulpe de fruit évitant une consommation massive de sucre pur.

Fidèle à sa tradition, l'Auvergne demeure l'une des terres d'élection de cette friandise *(v. p. 21).* Mais on en trouve aussi en bien des coins de France et, à défaut d'être exhaustif en la matière, nous nous contenterons de mentionner celles de Baume-les-Dames, en Franche-Comté, celles de Colmar, en Alsace, celles de Haute-Provence et celles de Beauvais, en Picardie.

Pour la fabrication des pâtes de fruits, *v. p. 85.*

Pays de la Loire

De l'Anjou, tout d'harmonie et d'équilibre, au rivage de l'Atlantique, qui de breton se module pour devenir vendéen, cette région offre plus de créations récentes que de spécialités traditionnelles. Aux confins de la Touraine, Amboise a lancé, en 1981, les *Amboisines,* de fins chocolats parfumés au marc. Angers, célèbre pour ses ardoises, a conçu des friandises qui les évoquent par la forme et par la couleur : les *Ardoises d'Angers,* nougatines enrobées de chocolat, et les *Quernons d'ardoise* (1966), petits carrés de nougatine sous couverture de chocolat blanc teinté en bleu (le *quernon* désigne un morceau d'ardoise avant la fente). Les *Gourmandises angevines* (1975) rappellent, sous forme de chocolats moulés en bouteilles de liqueur, que le Cointreau est un produit d'Angers. La même liqueur, d'ailleurs, parfume les *Pavés d'Anjou,* pâtes de fruits en carrés ou en rectangles, la *Muscadine d'Anjou* (1955), chocolat allongé dont l'intérieur est une émulsion à base de praliné, de crème fraîche, de beurre de cacao et de Cointreau, et qui, une fois enrobé de chocolat, est roulé dans du sucre glace, ainsi que *la Godeline* (1985), faite d'une ganache très fine au Cointreau enrobée de chocolat au lait clair. Cette dernière doit son nom à l'hôtel de la Godeline, ancien hôtel de ville d'Angers, affecté aujourd'hui à la gloire des vins d'Anjou. Enfin, d'Angers aussi, *le Sarment du Layon* est un chocolat noir, de forme allongée, fourré d'un feuilleté praliné et roulé dans le cacao en poudre. Quant à Segré, *les Pellets d'Anjou* (1970) y sont très appréciés. Chocolats noirs, en boulettes (comme celles de minerai de fer que l'on exploite dans la région), ils sont soit au praliné noisettes, soit au praliné Cointreau, soit à la liqueur – en l'occurrence, le Cointreau.

Si Nantes est connue pour ses *Muscadins nantais,* truffes au chocolat fourrées d'un grain de raisin, Châteaubriant pour *les Françoise de Foix* (1946), chocolats enrichis de raisins gonflés de rhum, qui empruntent leur nom à l'épouse de Jean de Laval, rendue célèbre par ses amours avec François Ier, le bord de mer se souvient que le pays de Retz fut celui de la duchesse Anne de Bretagne (*le Retz* [1976], rocher avec des raisins au Cointreau et des écorces d'orange confites), que les mimosas se plaisent sous ces cieux (*les Mimosas de Saint-Brévin* [1972], bonbons au praliné chocolaté, enrobés d'une couverture vanille et roulés dans un pailleté jaune) et enfin que le chouchen est la boisson bretonne par excellence (*le Chouchen* [1984], bonbon à base de chouchen).

Plus au sud, la Vendée, peu riche en spécialités, s'est pourvue, en 1972, d'une friandise à son emblème, *le Cœur vendéen,* bouchées au chocolat sur fond de nougatine.

Picardie

Cette région, remarquable par l'uniformité de son relief, qui en a fait le pays des envahisseurs, par la richesse de son sol, qui en a fait une seconde Beauce, par ses industries et ses activités artistiques et intellectuelles, n'a pas marqué son histoire par des productions de friandises, à l'inverse de bien d'autres contrées. Toutefois, ses confiseries artisanales, souvent anciennes, importantes et de qualité, ont essaimé sur son territoire un certain nombre de spécialités, diverses et savoureuses.

La douceur la plus répandue est, sans aucun doute, la *tuile,* qui rappelle qu'en cette terre, l'argile a permis, depuis les temps gallo-romains, la naissance et le développement constant d'une industrie de la tuile. La tuile-bonbon, au chocolat et aux amandes – « Tuile d'or de Beauvais », « Tuile du Beauvaisis » –, est l'une des principales gourmandises de Beauvais, à côté des *pâtes de fruits,* des *Rockamandes* (bonbons de chocolat noir avec des morceaux d'amandes effilées), des *Griseries,* des *Stellas,* des *Délices* et des *Hachettes,* ces dernières évoquant l'héroïsme de Jeanne Hachette qui, armée d'une hache, défendit la ville contre Charles le Téméraire en 1472. Sans oublier les *Bellovaques,* de création récente (1975) et qui tirent leur nom de la tribu gauloise qui occupa Beauvais et le pays alentour (ainsi appela-t-on longtemps, d'ailleurs, les habitants de Beauvais) ; il s'agit là de cerises macérées pendant plusieurs mois dans du Grand Marnier, puis égouttées, enrobées dans deux sortes de chocolat et roulées dans du chocolat granulé.

La *Tuile amiénoise* vient, à Amiens, en deuxième place, après le célèbre *Macaron d'Amiens,* vieux de deux siècles et composé d'amandes, de sucre, de miel et de blanc d'œuf. Mais nous sommes ici à la limite du bonbon et de la friandise-gâteau !

Parmi les autres spécialités, moins connues, retenons :

- les *Picantins,* de Compiègne : noisettes grillées enrobées de nougatine et de chocolat ;
- les *Haricots de Soissons :* bonbons pralinés en forme de haricots ;
- les *Pailles au café,* de Soissons et de Laon : bonbons de sucre cuit pailleté, parfumés au café ;

• les *Muscadines,* de Laon : faites d'un noyau de praliné recouvert de chocolat à l'orange et roulé dans du sucre glace ;

• les *Frivolités,* de Villers-Cotterêts : truffes roulées dans des copeaux de chocolat ;

• les *Crottins* et les *Capelines,* de Chantilly : en rappel des grands événements équestres dont cette cité est le théâtre ; il est à noter que les mêmes « Crottins » se retrouvent à Senlis ;

• les *Pommes de terre,* de Montdidier, la patrie du célèbre Parmentier : des sacs de jute contiennent ces pommes de terre composées d'un praliné extrafin (amandes et noisettes) enrobé de nougatine et habillé d'une feuille de pâte d'amandes ;

• les *Quentins,* de Saint-Quentin : chocolats à l'effigie du peintre Quentin de La Tour, originaire de cette ville ;

• les *Cadenas du Vimeu* exécutés en chocolat garni d'un praliné feuilleté et qui rappellent l'industrie du cadenas et de la serrurerie à Fressenneville ;

• les *Roseaux de l'étang,* de Longpré-les-Corps-Saints : bonbons ayant la forme de ces roseaux qui peuplent les nombreux étangs qui jalonnent les bords de la Somme à ce point de son cours ;

• les *Picardines,* de Moreuil : créées il y a une dizaine d'années, ces friandises sont faites d'une mousse de praliné au Cointreau et à la crème fraîche, dressée et découpée à la main, puis enrobée de chocolat à l'orange et que l'on déguste fraîches, au sortir du réfrigérateur ;

• et enfin, les *Pavés de Creil,* lancés en 1979 et qui évoquent les anciens pavés des rues de Creil : présentés dans des pièces en faïence de Creil, ce sont des bonbons dont l'intérieur praliné est enrobé d'un mélange de blanc d'œuf et de sucre cuit.

Poitou-Charentes

Bien qu'il soit un terroir éminemment gourmand, le Poitou ne présente aucune friandise spécifique. Certes, on trouve à Châtellerault des *Berlingolettes,* des *Griottes châtelleraudaises* (1920), soit des petits berlingots d'une grande finesse, et à Poitiers de la *nougatine.* Mais rien de purement régional. En revanche, la confiserie vendéenne vit dans l'aura de l'angélique niortaise. Celle-ci fait, depuis des siècles, l'objet d'importantes cultures autour de Niort et, dès les débuts du confisage, s'est métamorphosée en douceur *(v. p. 17).* À ses côtés et un peu reléguées dans l'ombre, les *Mojettes du Marais poitevin* sont des petits bonbons en chocolat de la forme des haricots qu'ici l'on surnomme « mojettes », et les *Fromageous* (1978) des chocolats évoquant les petits fromages de la région. Quant à *la Sauce aux lumas* (1970), du nom d'un plat régional préparé avec des escargots, il s'agit d'escargots en chocolat fourrés de praliné.

À Parthenay, une chanson a inspiré un bonbon :

« À Parthenay, il y avait
Une tant belle fille,
Elle était belle elle ô savait
L'aimait bé qu'on l'i dis',
Voyez-vous !
J'aime lon la, lon la derirette
J'aime lon la, lon la derira. »

Et ce bonbon a été baptisé *les Caprices de la Belle Fille* (1967) ; c'est une nougatine garnie de praliné aux noisettes, enrobée d'une couverture blanche ou verte et saupoudrée de poudre de cacao.

Plus au sud, l'Angoumois, au ciel clément et au sol généreux, semble ne vivre que pour et par le cognac. Rien d'étonnant à ce que l'on y fabrique : des *chocolats au vieux cognac* (à Angoulême) ; depuis 1970, *le Roi François,* chocolat à haute teneur d'alcool (à Cognac, berceau de François Ier) ; depuis 1979, *le Petit Grignon,* chocolat fourré au cognac (à Jarnac) ; et, de création plus récente, à Jarnac également, *le Coup de Jarnac,* délicieuse spécialité composée d'un cœur de ganache blanche aux amandes, de praliné aux noisettes et de raisins secs enrobés de chocolat extra-liqueur. Car ici le chocolat l'emporte. Angoulême abrite aussi les *Marguerite de Valois,* chocolats à l'orange moulés en forme de marguerites, et les *Duchesses d'Angoulême,* petits carrés de nougatine, repassés au four pour être ramollis, roulés en cigarettes, fourrés de praliné et enrobés d'une couverture de chocolat au lait. Quant à Royan, en bord de mer, les sardines ne pouvaient qu'y être à l'honneur : *la Royannette* (1957) est une composition de chocolat amer et de praliné aux noisettes, en forme de... sardine.

Pralines

« Ce sont des amendes rissolées dans du sucre, amendes qu'on fait bouillir dans du sucre jusques à ce qu'elles soient un peu sèches et qu'elles croquent sous la dent. (Ces pralines sont fort bonnes.) », ainsi le dictionnaire de François Richelet (1680) définit-il les *pralines* ou *amandes à la praline,* dont la célébrité revient au duc César de Choiseul, comte du Plessis-Praslin (1598-1675), qui, en son temps, eut autant réputation de vaillant maréchal de France que de fin gourmet. En effet, alors qu'il assiégeait Bordeaux où s'étaient réfugiés la princesse de Condé et son fils, le duc d'Enghien, tous deux rebelles de la Fronde, il fit servir, au dessert du repas des négociations, une friandise inconnue, faite d'amandes rissolées dans du sucre. Le bonbon connut un grand succès et les honneurs d'un poème :

« Quand le bonbon fut fait, il n'était commun,
Bosselé de tout sens et coloré de brun ;
D'un fumet délicat qui flattait les narines
On eut cru le produit d'une essence
divine... »

Savoir choisir les raisins secs

Les principaux pays producteurs sont l'Espagne, la Grèce, la Turquie, l'Asie mineure et la Californie. Leur dessiccation s'effectue généralement au soleil, sauf en Californie où elle se pratique aussi dans des évaporateurs. Pour nous en tenir aux variétés les plus courantes :

• les *raisins de Malaga,* dont le meilleur cépage est le muscatel ou muscat d'Alexandrie, sont assez volumineux et présentent une saveur musquée ;

• les *raisins de Corinthe,* produits par une variété de vigne originaire des îles de l'archipel grec, ont la grosseur des grains de groseilles et sont dépourvus de pépins (on les appelle *Corenti* en Grèce). De couleur foncée, ils sont plus sucrés que les précédents ;

• les *raisins de Smyrne,* dont les variétés les plus connues sont celles du sultani, l'une grosse et l'autre petite, toutes deux sans pépins et blanches, s'apparentent par la saveur et la forme à ceux de Malaga ;

• les *raisins de caisse,* produits dans le sud de la France, sont le fruit de la variété sultanina, à grains moyens, sans pépins, de couleur jaunâtre.

Le sieur du Plessis-Praslin

La praline lui doit son nom et son renom. Mais si ce maréchal de France, qui fut aussi ministre et pair du royaume, s'illustra par sa dilection pour les sucreries, il s'imposa aussi dans l'histoire par ses qualités de guerrier et de diplomate. À quatorze ans, un régiment lui fut attribué. Et la confiance du cardinal de Richelieu lui fut rapidement acquise. Il brilla contre les Anglais, dans les guerres du Piémont, lors de sa campagne en Catalogne... Loyal au roi pendant la Fronde, il l'emporta sur Turenne à Rethel, en 1650. En outre, son habileté de négociateur lui valut de se distinguer en Italie et de participer à l'élaboration du traité de Douvres, en 1670.

Un illustre personnage leur donna leur nom de pralines ; c'était le duc de Praslin, amateur incorrigible de tout ce qui avait trait aux douceurs.
Phot. CEDUS-Yéru.

Le duc fit découvrir cette sucrerie à la Cour et contribua à son renom, en particulier en l'offrant, dans de riches bonbonnières, à ses nombreuses et belles amies. C'est, d'ailleurs, l'une d'entre elles qui aurait suggéré d'appeler cette douceur *prasline.*

Les pralines à l'ancienne

« Prenez une livre de belles amandes choisies, lavez-les dans l'eau froide, faites-les égoutter et sécher sur un tamis. Étant bien sèches, vous mettrez dans une poële à confiture une livre de sucre, faites-le cuire avec une chopine et demie d'eau, sans l'écumer, jusqu'au degré du soufflé, versez pour lors vos amandes dans la poële, et mêlez-les bien avec le sucre au moyen d'une spatule de bois, avec laquelle vous continuerez de remuer sur le feu, jusqu'à ce que le sucre se soit entièrement ébouilli, c'est-à-dire, qu'il n'y ait plus beaucoup de fluide dans la poële, et que le sucre adhérent aux amandes, commence à sécher, si-tôt que les amandes commencent à craquer, ôtez la poële du feu, et, en la tenant avec la main gauche dans une direction très-oblique sur la table, vous continuerez de mêler le syrop et vos amandes très-doucement avec la spatule, pendant quelques minutes ; cependant, diminuez votre feu de quelques charbons, remettez-y votre poële, mais dans une direction fort oblique, c'est-à-dire, que vous n'en présenterez pas le fond, mais le bord à l'action de la chaleur, de manière, qu'au moyen de cette inclination, le sucre adhérent au fond de la poële, s'y fondra et coulera vers le bord où se trouve la totalité de vos amandes et sucre ; laissez la poële pendant quelques minutes dans cette situation, afin que le sucre commence à se brûler un peu ; prenez pour lors, votre spatule dans la main, et, en laissant toujours la poële dans cette situation inclinée, vous repousserez le sucre du bord de la poële, où il cherche à s'attacher sur les amandes ; en continuant sans cesse cette manœuvre, vous tournerez lentement et peu à peu la poële sur toute sa circonférence. Après quelques tours, tout le sucre sera entièrement attaché et séché sur les amandes ; ôtez pour lors la poële du feu, laissez refroidir vos amandes et mettez-les après dans des bocaux de verre.

« Voulez-vous les faire encore plus délicates, vous les sèmerez, si-tôt qu'elles commencent à craquer, avec une cuillerée de canelle en poudre.

« Le sucre adhérent aux bords de la poële et à la spatule, peut être cueilli et employé utilement pour sucrer les confitures brunes. »

(*L'Art du confiseur,* par Louise-Auguste B. Utrecht, veuve de feu P. J. Friedel, en son vivant, négociant et célèbre confiseur à Berlin, Paris, an X – 1801.)

Mais n'était-ce pas là méconnaître les mérites de l'inventeur, Clément Jaluzot, dit « la Fleur », chef de cuisine et officier de bouche du duc ? Lequel, ayant observé qu'un marmiton de la maison aimait à grignoter un mélange d'amandes et de résidus de caramel, avait eu l'idée d'enrober, par la cuisson, des amandes de sucre caramélisé et avait ainsi obtenu cette friandise d'aspect bosselé et de teinte brune. Libéré de ses fonctions auprès du duc, qui partit pour l'Italie en 1630, le maître queux, fort de son invention, se retira à Montargis, d'où il était originaire, et y créa, « en l'hostel proche de l'église devant la porte lastérale gauche », sa propre fabrique de « praslines », qui allait devenir « la confiserie du Roy », puis « la confiserie du Château »... avant d'être reprise, en 1903, par M. Mazet et de devenir la « Maison de la prasline », sous l'enseigne « Au duc de Praslin ». Mais pour avoir à plusieurs reprises changé de mains, la fabrique n'en resta pas moins rigoureusement fidèle à la fameuse recette initiale, qui est celle utilisée aujourd'hui encore.

Le terme *prasline* se transforma successivement en *prâline,* puis *praline.* À l'heure actuelle, s'il continue à recouvrir très strictement, en France, cette grande spécialité née au XVIIe siècle, il a malheureusement été galvaudé dans nombre d'autres pays, où l'on entend par « pralines » une quantité de bonbons qui n'ont rien de commun avec ce qu'elles sont réellement ou, comme en Belgique, tous les produits de sucrerie couverts de chocolat.

Un autre bonbon du même nom, la *praline d'Aigueperse,* est également très connu ; de confection différente, il est formé d'une amande enrobée de sucre tendre.

Quant aux pralines de foire, qui utilisent

le plus souvent la cacahuète à la place de l'amande, elles n'ont de la véritable praline que le goût de sucre caramélisé, la surface bosselée et, parfois, la couleur brune.

Pour la fabrication des pralines, *v. p. 89.*

Provence-Côte d'Azur

Pays de soleil aux mille senteurs, terre d'élection des fleurs et des fruits, le Midi ne pouvait être qu'un des lieux privilégiés de la confiserie. Fruits confits d'abord, pour suivre la nature, et bonbons et friandises de toutes sortes ensuite, pour étendre son domaine, qui, de la Haute-Provence à la Côte d'Azur, joue avec les fruits, le miel, le sucre, sans pour autant négliger le chocolat qu'ici l'on aime plutôt amer et délicat de goût.

C'est donc le confisage qui est l'une des grandes spécialités de la région, avec la production industrielle d'Apt et la fabrication artisanale de la Côte d'Azur *(v. fruits confits, p. 37).* Les *pâtes de fruits* occupent, elles aussi, une place importante. Leur présentation est généralement celle qu'on leur connaît traditionnellement. Mais, à Oraison, préparées avec des abricots mûris au sec sur les plateaux de Haute-Provence, elles sont aromatisées avec des alcools et des extraits naturels de fruits, moulées en forme de fruits, puis glacées, la cuisson à feu nu de la pâte permettant d'en rehausser toute la saveur.

Autres friandises renommées entre toutes, le *Berlingot de Carpentras (v. p. 23),* le *Calisson d'Aix-en-Provence (v. p. 27),* le *Nougat de Provence (v. p. 85)* tendent trop souvent à faire oublier qu'il en est aussi de nombreuses, moins connues, moins anciennes, mais non moins délicieuses, et que l'amateur de douceurs peut aisément découvrir au fil d'une flânerie. Ainsi, Aix-en-Provence, la cité du calisson, recèle-t-elle également les *Victorines,* créées en 1975 et qui tirent leur nom de la montagne Sainte-Victoire, rendue célèbre par le peintre Paul Cézanne ; celles-ci sont composées de sucre de canne, de noisettes grillées, de miel de Provence, de moka, de blanc d'œuf et de pain azyme. Les *Chocorines,* quant à elles, datent de 1974 et allient aux mêmes ingrédients que les précédentes (moins le pain azyme) du chocolat et du cacao. On les surnomme « truffes de Provence », mais elles se différencient nettement de la truffe courante au chocolat ou de celle au nougat. Enfin, d'origine aixoise, un *Nougat aux fruits confits de Provence,* parfumé au curaçao, qui substitue aux habituelles amandes du melon et des cerises confits, un *Nougat au blé soufflé,* aromatisé à la vanille, des *Pralines au caramel,* confectionnées avec l'amande Tournefort d'Aix, les *Amandous de Provence,* qui sont des amandes cueillies juste avant maturité et confites avec la cosse, et les *Biscotins,* qui enrobent une noisette grillée d'une pâte légère, faite de farine, de beurre, de sucre, d'eau de fleur d'oranger et de zeste de citron, complètent la visite gourmande de la ville du roi René.

À Salon-de-Provence, le *Nostradamus* est venu, en 1966, commémorer le quatrième centenaire de la mort de ce médecin de Charles IX, qui vécut, se maria et mourut en cette cité (la collégiale Saint-Laurent abrite son tombeau) et dont le souvenir reste attaché à son œuvre d'astrologue. Cette friandise renferme, sous une couverture de chocolat blanc, une pâte à base de produits régionaux (amandes, oranges), parfumée au Grand Marnier ; une étoile confite à l'effigie de Nostradamus décore chaque chocolat. Mais Salon a d'autres spécialités :

• la *Fontaine moussue,* lancée en 1981 ; ce bonbon de chocolat noir ou au lait, qui contient un intérieur praliné noisettes ou liqueur (whisky, kirsch, poire, etc.), évoque la fontaine moussue, monument très connu de la ville ;

• les *Salonaises,* nées en 1982 ; en chocolat noir ou au lait, fourrées d'un caramel très moelleux, elles arborent sur le dessus des émaux de chocolat avec leur nom ;

• les *Boules de pétanque* ou *Boules provençales,* tout aussi récentes (1981), rappellent le jeu roi du pays ; elles renferment sous leur couverture de chocolat noir, blanc ou au lait un intérieur qui varie selon les saisons : praliné amandes et ganache pendant les saisons fraîches, pâte d'amandes pour l'été.

Phot. CEDUS.

La fontaine moussue de Salon-de-Provence inspira à un confiseur l'idée d'un bonbon de chocolat du même nom. Phot. Georges Paul.

Le cédrat
pour la confiserie corse

Originaire de Perse, le cédratier est surtout cultivé dans le Midi méditerranéen, notamment en Corse. Son fruit s'apparente au citron ; enveloppé d'une épaisse écorce, il possède une saveur douce et parfumée. Rarement consommé cru, il est essentiellement utilisé en confiserie. Ainsi en Corse trouve-t-on les ***Cédrats confits d'Ajaccio,*** petits morceaux d'écorce de ce fruit confits, et les ***Cédrats confits de Corse,*** bonbons de sucre cuit fourrés au cédrat.

À côté de ses « diamants qui se croquent », les célèbres berlingots, Carpentras a ses *Roucassous* (« petits rochers », en provençal), qui sont des caramels aux noisettes enrobés d'une couverture de chocolat un peu amer, un dérivé, en quelque sorte, des rochers aux amandes effilées. Avignon, pour sa part, offre des *Papalines* (depuis 1961), roseaux en chocolat amer fourrés à la liqueur d'origan du Comtat Venaissin, liqueur préparée à base de plantes poussant sur le mont Ventoux, ainsi que quelques douceurs à la réglisse – Uzès n'est pas loin. Orange a préféré se souvenir de l'empereur romain Auguste qui régnait lors de la construction de son fameux théâtre antique. D'où *les Augustines,* lancées en 1981 et qui sont des bouchées de chocolat représentant la statue de cet empereur. Enfin, à Saint-Chamas, *la Pichouline* de Provence, créée en 1971, est une confiserie de pâte d'amandes et de pistaches, en forme d'olive, enrobée d'une couverture de chocolat verte. Elle doit son appellation à la recette des « olives à la Pichouline », mise au point, il y a près de deux siècles, par un Piémontais du nom de Pichouline que la Révolution avait contraint à quitter la petite cité et à se réfugier dans une colline peuplée d'oliviers. Et encore à Saint-Chamas, les *Caramages du Baou,* apparues en 1981, mêlent avec bonheur miel, amandes pralinées et chocolat parfumé.

Avant de quitter la Provence, il ne faut pas oublier les *pralines aux amandes de Provence,* qui sont, en fait, plutôt une sorte de nougatine – le mélange de sucre et d'amande, caramélisé, enduit peu à peu le tour de l'amande et la grille –, les *confiseries aux fleurs et aux plantes* – ce sont bonbons et sucettes parfumés aux plantes et aux extraits de lavande, thym, romarin, eucalyptus, boutons d'oranger, bourgeons de cassis, verveine, menthe du Vaucluse, tilleul, anis, etc. –, les *Perles au miel,* perles de gelée riche à 30 p. 100 de miel de lavande et de fleurs de Haute-Provence, ni le *Pralino chocolat,* bonbon tendre et croquant fait d'une amande de Provence enrobée d'une fine nougatine parfumée à la vanille Bourbon et aux herbes de Provence, le tout enveloppé dans du chocolat noir légèrement amer, puis roulé dans du cacao en poudre. En ce qui concerne le *Pralino eis amendo de Prouvenço,* que l'on fabriquait déjà il y a trois siècles, la recette en a été retrouvée et, depuis 1969, il est à nouveau confectionné à Oraison, avec les meilleures amandes de Provence, du sucre de canne parfumé à la vanille Bourbon et les aromates du Midi.

À la différence de la Provence, la Côte d'Azur est moins riche en douceurs. Menton a ses fruits confits, tout comme Nice. Vence s'est fait une spécialité de confiseries au miel. Grasse, qui, à la fin du siècle dernier, lança les fleurs cristallisées, en poursuit la tradition et fabrique de délicieuses *Figues caramélisées,* selon le même principe. Et parmi les confiseries récentes, il convient de retenir :

- *les Grimaldines* (1968), de Cagnes-sur-Mer, du nom de la famille des Grimaldi qui vécut dans le château du Haut-de-Cagnes ; ce sont des chocolats élaborés au jus d'orange, le fruit de la région par excellence ;
- *les Clémentinettes* (1979), de Cannes, savoureux mélange d'oranges et de mandarines, aromatisé à l'extrait de ces fruits et enrobé de chocolat fondant ;
- les *Délices de Cannes* (1979), chocolats aux subtils mélanges.

Friandise réputée entre toutes, le pruneau d'Agen, *fourré le plus souvent à base de crème de pruneaux parfumée au gré du confiseur.* Phot. CEDUS-Yéru.

Pruneau d'Agen

Agen doit la renommée que lui a faite le pruneau à son ancien port sur la Garonne, qui, par le passé, permettait d'emporter vers Bordeaux la production de toute une région, dont Villeneuve-sur-Lot était le centre. La nature du sol, la boulbène (du gascon *boulbenc,* « terre d'alluvion »), composée de sables fins et de limons argileux, ainsi que la douceur du climat ont fait de ce pays d'Aquitaine le paradis de la prune à sécher.

Importées de Syrie grâce aux croisades, les prunes prospérèrent en Occident et engendrèrent des hybrides naturels, telle la *Prunus domestica* dont des moines de Clairac, sur le Lot, créèrent le premier verger en 1148. Les interventions de la nature et de l'homme (hybridation, greffage, etc.) allaient permettre à celle-ci de se développer et de s'améliorer pour parvenir à la qualité qui est la sienne aujourd'hui. Au XIXe siècle, elle prit le nom de *prune d'ente,* appellation dont nombre d'étymologistes attribuent l'origine au verbe « enter » – greffer – et au substantif « ente » – greffon ou scion. Quoi qu'il en soit, ce fruit, « prune sèche » autrefois et « pruneau » à l'heure actuelle, a pu, par-delà sa beauté et sa saveur, devenir, par l'effet de la gourmandise humaine, une délicieuse friandise fourrée.

Récoltées fin août-début septembre, à la maturité que, par leur expérience ou selon le dosage des sucres, les producteurs jugent convenable, les prunes sont séchées ; jadis étalées en plein air sur des claies ou de la paille, elles furent, par la suite, soumises, la nuit, à une température croissante dans des fours (cela en deux ou trois séjours), et, le jour, exposées au soleil. Mais, avec le progrès, cette préparation, souvent familiale et toujours artisanale, devait disparaître. Des tunnels de séchage, à chaleur et humidité scientifiquement calculées, permettent désormais d'obtenir à la sortie des fruits brunis sans être brûlés, ridés sans être flétris, à la robe parfaite et brillante, débarrassés de l'excédent d'eau qui entraverait leur conservation, sucrés et parfumés. Après triage et calibrage, les pruneaux sont prêts à la vente.

C'est alors qu'interviennent les confiseurs, qui, depuis longtemps, ont choisi de faire de ce fruit séché une spécialité, le *pruneau fourré,* d'abord à la pâte d'amandes, puis au pruneau. L'honneur de cette transformation est réservé aux fruits les plus gros, qui, après trempage et malaxage, subissent, également à la main, une délicate incision, à peine visible, pour que leur soit retiré leur noyau. Celui-ci est remplacé, grâce à une machine, par une crème composée de purée fine de pruneau, de sucre, d'armagnac, de pomme (pour l'action de sa pectine)... et de ce que nous cache chaque confiseur. Redevenu rond, teinté, comme le fruit d'origine, le pruneau fourré est né, destiné à faire le régal du consommateur.

Pour bien choisir les pruneaux, *v. p. 135.*

Réglisse

Cette racine aromatique, qui tire son nom du grec *glukurrhiza* (« racine sucrée »), est connue depuis la plus haute antiquité. Utilisée au fil des siècles pour ses vertus thérapeutiques, elle est, aujourd'hui encore, considérée comme bienfaisante, bien que ses emplois l'associent surtout à la confiserie.

Des macérations de réglisse avec de la cannelle et de l'anis constituaient un remède contre la peste au temps de l'Empire babylonien, plusieurs millénaires avant notre ère. Plus tard, dans son *Histoire des plantes,* Théophraste attribue à cette « racine douce », mélangée à du miel, un pouvoir contre les ulcères, la toux, l'asthme, et précise qu'elle empêche la soif. Les Romains la recommandaient contre l'anémie et les crampes d'estomac. Leurs soldats en faisaient, d'ailleurs, grand usage. Cette tradition « médicale » devait se prolonger au Moyen Âge : les moines comprenaient la réglisse dans leurs drogues ; celle-ci apaisait, en outre, les douleurs vésicales et rénales. De même, très appréciée en Italie, elle y était mêlée à du lait de chèvre pour lutter contre les affections pulmonaires et la toux.

Entre les Cévennes et le cours du Rhône, Uzès vit à l'heure de la réglisse *et de ses nombreux produits, durs et souples.* Phot. CEDUS-Yéru.

Quel écolier d'autrefois ou d'aujourd'hui n'a pas connu ou ne connaît pas les délices des bâtons, des rubans ou des pastilles de réglisse ? Phot. CEDUS.

« Vous toussez fort, Madame », demandait Tartuffe à Elmire, qui avouait : « Oui, je suis au supplice », et Tartuffe de lui conseiller : « Vous plaît-il un morceau de ce jus de réglisse ? » Ainsi Molière évoquait-il les qualités curatives de cette plante qui, parallèlement, acquérait peu à peu une réputation dans le domaine des douceurs. En effet, à partir du XVIe siècle, la réglisse fut employée pour son goût agréable et sa propriété édulcorante.

Au XVIIe, on fabriquait à Blois un sucre de réglisse, préparé à partir d'extrait de réglisse, de gomme arabique, de sucre, d'huile de mille-feuille, etc., et présenté en petits dés. C'est à la fin de ce même siècle que Georges Dunhill créa, en Angleterre, l'industrie des bonbons à la réglisse, à partir de racines récoltées dans le Yorkshire. Une industrie qui ne devait se développer en France qu'au cours du XIXe, essentiellement dans le sud-est du pays, près des lieux de production et près de Marseille, port d'importation. Ainsi, en 1838, une fabrique fut-elle établie à Moussac par un certain Carenou, qui avait prévu l'essor de cette industrie et qui, quinze ans plus tard, était installé à New York ; il appela sa production « Car ». Sur ses traces d'autres usines apparurent : Lorette à Marseille, Florent à Avignon, Coco Bauer dans l'Ardèche, Zan à Uzès. De cette dernière ville, la réglisse allait devenir la grande spécialité. Et aujourd'hui, la fusion Car-Zan-Florent a fait d'Uzès la capitale de cette confiserie.

Arbrisseau de la famille des légumineuses papilionacées, qui atteint de 1 m à 1,50 m de hauteur, la réglisse *(Glycyrrhiza glabra)* poussait autrefois, à l'état sauvage, en Provence et dans le Languedoc, mais, semble-t-il, en quantité fort insuffisante puisque, dès le Moyen Âge, on en importa d'Espagne, d'Italie et du Moyen-Orient. À l'heure actuelle, si on en trouve encore dans le Midi, elle nous est, en majeure partie, fournie par l'Italie, la Turquie, la Syrie, l'Iran, l'Irak, l'Afghanistan, le Pakistan, la Chine, pays où elle est désormais plus souvent cultivée que spontanée. Ses rhizomes, longs et traçants, qui constituent le « bois de réglisse », sont récoltés tous les trois à cinq ans, alors qu'ils sont le plus riches, avant la montée de la sève, au début du printemps. Indépendamment de la nature même du plant, la composition du sol, le climat et les conditions de séchage interviennent dans leur qualité.

Les rhizomes sont soit commercialisés tels quels, soit traités pour l'extraction du suc. Dans le premier cas, ils sont nettoyés, coupés en petites baguettes et utilisés notamment pour la confection de tisanes. Il y a à peine quelques décennies, ils avaient rôle de sucettes et faisaient ainsi la joie des enfants. Dans le second cas, ils sont destinés à la fabrication de bonbons et c'est là leur principale destination aujourd'hui. Compte tenu de leurs qualités propres, les rhizomes, une fois nettoyés, sont mélangés ou séparés pour la phase du broyage, en fonction de l'utilisation qui doit en être faite. Puis le produit obtenu par broyage, sorte d'étoupe, subit différentes opérations : extraction du jus par ébullition dans un autoclave chauffé à la vapeur ; purification de ce jus par décantation (qui élimine les éléments cellulosiques), coagulation à la chaleur (qui le débarrasse des résidus et de l'amidon), filtration et enfin concentration par évaporation. La pâte noire qui résulte de ce traitement, ou *suc de réglisse,* est coulée à chaud dans des moules de formes et de dimensions diverses. Ce qui produit des blocs et des pains durs et cassants, vendus aux confiseurs qui y trouvent un de leurs ingrédients favoris.

Le traitement chimique du suc de réglisse isole, sous forme d'écailles brillantes et brunes ou de poudre, le composant essentiel de ce suc, la *glycyrrhizine,* qui s'y trouve en quantité variable, de 5 à 15 p. 100 selon les espèces. Et la teneur d'un produit de confiserie en glycyrrhizine conditionnera son appellation : « suc de réglisse », « réglisse féculée » ou « à la réglisse » *(v. réglementation, p. 91).*

Les bonbons sont durs ou souples suivant leur composition. Les produits durs proviennent du mélange, dans un malaxeur-cuiseur, de suc de réglisse pur, de matières sucrantes (sucre, sirop de glucose, etc.) et de gomme arabique ; ils sont aromatisés à la menthe, à l'anis, à la violette, etc. La pâte est façonnée mécaniquement en bâtons, pastilles, tablettes, perles, grains (dragéifiés ou non). Quant aux bonbons souples, ils sont constitués d'un mélange, également malaxé et cuit, de suc de réglisse pur, de matières sucrantes (sucre, mélasse de sucrerie, sirop de glucose, etc.), de farines de blé dur et tendre, d'amidon et de sucre glace. La pâte, aromatisée en fin de cuisson, est travaillée mécaniquement en lacets, rubans, torsades, pleines ou creuses.

La production de bonbons de réglisse n'a cessé de croître au cours des dernières années, sans doute pour les vertus thérapeutiques de ce suc, mais aussi parce qu'il s'agit de la friandise à part entière.

Rhône-Alpes

Pays composite qui réunit les hautes contrées alpines, les monts du Beaujolais, la riche région lyonnaise et les petits terroirs qui se succèdent de part et d'autre du Rhône jusqu'aux portes du Midi, cette région offre une étonnante gamme de friandises de toutes sortes. Mais au sein de cette abondance, les chocolats l'emportent, riches de la saveur que leur confèrent les liqueurs du cru.

Métropole de la gastronomie, Lyon a nettement réservé sa préférence pour les marrons glacés, la pâte d'amandes et les chocolats. Les premiers jouissent de l'aura des confiseries nobles *(v. p. 11).* La deuxième se prête aux *Cocons de Lyon,* parfumés à divers arômes ou liqueurs et façonnés en cocons de vers à soie, les *Truffes lyonnaises,* parfumées à l'orange, et les *Coussins* (1967), bonbons de praliné enrobé de pâte d'amandes candie, ressemblant à des coussins carrés de teinte verte. Quant aux chocolats, avec les *Palets de chocolat* (1972) en tête (palets ronds et minces, moulés à la main, de chocolat amer et au moka, ou de chocolat au lait et à l'orange), ils se répartissent entre :

- *les Truffes blanches* (1974), composées d'un intérieur de chocolat et de raisins secs macérés au vieux marc, enrobé de pâte d'amandes, puis trempé dans un chocolat de couverture et roulé dans de la poudre d'amandes blanche – d'où leur nom ;
- *les Foulards en soierie de Lyon* ou les *Soieries de Lyon* (1974), chocolats non fourrés, très plats et très croquants, à la couverture amère légèrement parfumée à l'orange avec des noisettes grillées ; leur appellation rappelle que Lyon a été la capitale de la soie, et le couvercle de la boîte de présentation est formé d'un véritable foulard de soie peint à la main ;
- *les Perles noires de Lyon,* chocolats fourrés d'une crème café parfumée au rhum ;
- *les Diablotins lyonnais,* plaques de chocolat noir garnies de raisins, d'amandes et de noix...

Lyon est également réputée pour ses *papillotes* et ses *cosaques,* qui sont indissociables des fêtes de la région *(v. p. 48).* De création récente (1980), le *Bâton de Guignol* est un bâton de nougatine au miel enrobé de chocolat amer et roulé dans un pailleté chocolat ; il évoque le bâton de la célèbre marionnette créée à Lyon, à la fin du XVIIIᵉ siècle, par Laurent Mourguet. Enfin, il ne faut pas omettre toute la production de bonbons de cette ville où la confiserie fut très développée dans le passé, et qui perpétue ses traditions avec les pois au lard, chiques, berlingots, pastilles de menthe, abeilles au miel, violettes, verveines, caramels *(Merveilleux de Lyon),* etc.

Dans le rayonnement de cette capitale, on trouve les *Toques blanches* à Bourgoin, bonbons de pâte d'amandes différemment parfumée,

La glycyrrhizine, aux maints usages

C'est en 1918 que fut découvert ce qui était à l'origine de la qualité du suc de réglisse, la *glycyrrhizine,* dont les vertus sont multiples. Car si les confiseurs ont recours à sa propriété de renforcer certains arômes (cacao, anis, framboise, etc.), l'industrie pharmaceutique l'utilise largement, pour la préparation de spécialités – dont le Moyen Âge avait dessiné la voie –, pour estomper l'amertume de médicaments ou de pâtes dentifrices. De même que les brasseurs apprécient la saveur particulière qu'elle confère à la bière ainsi que son pouvoir moussant, qui fut longtemps employé par les fabricants d'extincteurs. Enfin, on ne saurait oublier l'industrie des tabacs blonds, qui en fait ample usage pour donner aux feuilles le célèbre goût « américain », ni celle des apéritifs anisés, pour lesquels elle sert à rehausser l'anis.

D'une utilisation fort ancienne en raison de ses propriétés thérapeutiques, la réglisse était très goûtée des générations passées. Coll. A.P.-R.

Une coutume séculaire : les mendiants

Ce mélange traditionnel de fruits secs se compose d'amandes, de figues, de noisettes et de raisins secs (raisins de Malaga). Fruits qui rappellent, par leurs couleurs, les robes des quatre principaux ordres mendiants : dominicains (blanc), franciscains (grisâtre), carmes (brun), et augustins (violet foncé). L'usage voulait que l'on offre ces mendiants à Noël.

moulés en forme de toque de cuisinier, les *Lilliputiens* à Neuville-sur-Saône, mini-sucres d'orge parfumés aux fruits et autres arômes (menthe, caramel, miel, réglisse, anis) et habillés d'étain de toutes les couleurs sous une robe de Cellophane, les *Kalougas* à Givors, chocolats enrobés de chocolat.

Le Beaujolais, quant à lui, ne laisse pas oublier qu'il est avant tout un pays viticole. À Tarare, *les Grappillons du Beaujolais,* créés en 1964, sont de fins bonbons au praliné noisettes et pâte d'amandes dans une fine coquille de nougatine enrobée de chocolat au lait ; enveloppés dans un papier d'étain rouge, ils sont présentés dans des bouteilles de Beaujolais. Ainsi succède au savoir-faire vigneron celui du maître chocolatier... Aux côtés des Grappillons, *les Pierres dorées du Beaujolais* et *les Mousselines de Tarare* enrobent de chocolat de délicieux intérieurs à base d'amandes et de noisettes. À Villefranche-sur-Saône, *les Bouchons du Beaujolais* sont des chocolats en forme de bouchons, fourrés d'eau-de-vie du pays, et *les Sarments du Beaujolais,* des chocolats fourrés avec du vieux marc.

Au fil d'une promenade le long du Rhône, vers le sud, avec quelques incursions dans les régions qui le bordent, on peut noter :

• les *Grêlons du Pilat* (1972), à Saint-Priest-en-Jarez, confiserie à base de crème fraîche et de chocolat de couverture au lait, ayant la forme des gros grêlons qui tombent sur le massif du Pilat au cours d'orages violents ;

Document Établ. Bénier.

• les *Nougamandines stéphanoises,* à Saint-Étienne, coques de nougatine fourrées de crème pralinée et enrobées de sucre à la pistache ;

• à Saint-Étienne également, les *Nougastelles,* nougatines fourrées de praliné, et des *papillotes ;*

• à Valence, les *Mandrinades* (1981), chocolats garnis de praliné aux amandes cuites dans du miel et entourés de chocolat noir amer, qui évoquent le souvenir de Mandrin, le voleur « bien-aimé », roué vif dans cette ville en 1755, les *Grains de millet,* cachous au suc de réglisse, et les *Poires pâte d'amandes à la liqueur Williams* (1970), présentées dans des cagettes en bois comme les fruits de la vallée du Rhône ;

• à Montélimar, le célèbre *nougat,* qui a beaucoup essaimé dans la région puisqu'il s'agit là d'une appellation de qualité et non d'origine *(v. p. 46) ;*

• à Grignan, où mourut la marquise de Sévigné, des chocolats dont elle aurait été certainement très friande.

Quant aux *Biscaïens Waterloo,* de Valence, ils méritent une mention particulière. Créés en collaboration avec le Syndicat des propriétaires-récoltants de Champagne, ils allient heureusement chocolat et intérieur ganache ou liqueur (à base de vieux marc). Ronds comme les balles utilisées à l'époque napoléonienne (ou « biscaïens »), ils évoquent l'épopée du grenadier chevalier Pierre d'Ambonnay, blessé à Waterloo par pareille munition. Leur présentation dans une bouteille est des plus attrayantes.

À l'est du Sillon rhodanien, Bresse, pays de Savoie et du Dauphiné foisonnent de friandises qu'on ne saurait toutes mentionner, d'autant que les bonbons de chocolat y sont très nombreux. À Bourg-en-Bresse, *les Bourgatines,* création de 1982, sont un délicat mélange de nougatine et de suprême d'amandes à trois parfums, kirsch, framboise et café. À leurs côtés, *les Feuilles d'automne* (1925), spécialité de chocolat parfumé à l'orange, au café, à la noisette ou au lait, et *les Œufs de Bresse,* véritables coquilles d'œufs chemisées de chocolat et fourrées de praliné. Enfin, les fameuses *Quenelles de Bresse* ont donné lieu à une imitation sucrée, en praliné enrobé de chocolat blanc.

Moins bien pourvu que la Bresse en matière gastronomique, le Dauphiné compense ce manque par une large production de biscuits, de liqueurs, de sucreries et de chocolats, ces douceurs étant, pour la plupart, de création récente car comme tous les pays de montagne, la région est pauvre en spécialités anciennes ; faute de moyens, les desserts étaient très peu recherchés. En témoigne déjà la liste des friandises recensées le long du Rhône, de Vienne à Montélimar. Grenoble, sa capitale, en réunit à elle seule une multitude :

• *les Tuiles de Grenoble* (1973), chocolats dont le nom évoque la « journée des Tuiles », à Grenoble, en 1780 ;

• *les Perles dauphinoises* (1974), chocolat à base de noix ayant la forme d'une noix blanche ;

• *le Chartreux* (1977), chocolat à base de liqueur des chartreux ;

• *la Brindille de Belledonne* (1973), confiserie de chocolat de forme allongée, crémeuse à l'intérieur, entourée de pâte d'amandes et enrobée de chocolat extra-bitter ;

• *la Boule de Meije* (1981), ronde comme une boule de neige et blanche comme les glaciers de la Meije, faite d'une coquille de chocolat blanc garnie d'une crème onctueuse à la pulpe de framboise et à la liqueur de framboise sauvage ;

• *les Glaçons de la Grande-Chartreuse,* créés à l'occasion de son neuvième centenaire et qui sont des chocolats blancs fourrés d'un appareil très crémeux à la Chartreuse ;

• les *Noix confites* et les *Noix fourrées,* toutes deux friandises confectionnées avec la « noix de Grenoble » dont la région est grosse productrice ; les noix fourrées sont des coquilles de noix en fondant fourrées d'une pâte de noix parfumée au café ;

• tout un éventail de chocolats à base de noix : ici, une mousse très légère à base de vin de noix, enrobée d'une couverture de chocolat bitter ; là, des coquilles de chocolat au lait fourrées d'un praliné à la noix ; là encore, des dominos de chocolat au lait fourrés d'un praliné à la noix caramélisée ;... au gré de l'imagination du confiseur ;

• et des bonbons : *Bonbons à la framboise, Fruits des Alpes* qui sont des bonbons dragéifiés, colorés, donnant l'illusion des fruits naturels (châtaignes, noisettes, etc.), *Cailloux, Mûres,* bonbons en pâte de mûres reconstituant également le fruit.

Au pays de la Chartreuse, à laquelle bien des douceurs empruntent son arôme (chocolats à Grenoble, bonbons à Saint-Pierre-de-Chartreuse), Voiron a aussi ses *Chartrousines,* en hommage à cette grande liqueur, et ses chocolats à la Chartreuse. Dans la même ville, l'*Ezitt,* créé en 1981, vient rappeler que l'Antésite est fabriquée ici ; il s'agit d'une mousse faite de chocolat, noisettes et pâte d'amandes, parfumée à l'Antésite et enrobée de chocolat blanc. Quant à Tullins, toute proche, elle a pour spécialité les *Tullinoises,* noix concassées mélangées avec une pâte d'amandes à la pistache.

Parmi les autres spécialités dauphinoises, il faut citer encore :

• *les Délices de Morestel* (1981), fabriqués avec une liqueur régionale ;

• au Péage-de-Roussillon, la *Caraméline du Dauphiné* (1979), pâte de caramel onctueuse, toujours fondante, mariée avec des noix pilées et que l'on déguste comme du miel, *le Délice d'Hector,* chocolat à base de caraméline créé en hommage à Hector Berlioz, natif d'un village voisin, et le *Péa-joie,* à base de crème à la Chartreuse.

« Conservatoire de cordons bleus », ainsi que la définissait Édouard Dulac, la Savoie est, elle aussi, tout entière vouée à la chocolaterie. Certes, on y trouve des cailloux, des bonbons aux fruits de la région (notamment à la framboise et ceux de Chamonix sont bien connus), des *Chardons de Savoie* (pâte de noisettes enrobée de fondant, à Aix-les-Bains, particulièrement), mais rares sont les friandises où n'intervient pas le chocolat. Au cœur de ce terroir, Chambéry a donné ses lettres de noblesse aux truffes ; les *Truffes de Chambéry* sont composées d'une ganache faite avec de la crème fraîche, enrobée d'une couverture de chocolat et roulée dans du cacao en poudre. Mais on y fabrique également :

• *les Petits Ramoneurs savoyards* (1957), chocolats fourrés à la crème de praliné détendue au Grand Marnier ; les boîtes de cette confiserie accompagnent la représentation d'un petit ramoneur de ce vœu aimable :

« Que ces quelques chocolats
Et notre petit ramoneur
Vous apportent le bonheur. » ;

• les *Cœurs de Savoie* (1930), chocolats en forme de cœur, fourrés de crème au rhum et au Grand Marnier, rappelant le bijou que portaient autour du cou les femmes des hautes vallées en signe d'attachement à la croix protectrice du pèlerin ou du voyageur perdu dans la montagne ;

• *les Tomaumarcs* (1973), chocolats parfumés au marc de Savoie et moulés en forme de fromages locaux (la tomme) ;

• la *Tomme de Savoie* (1973), bonbon imitant en réduction la véritable tomme et fait d'une pâte d'amandes parfumée au marc de Savoie et à la gniole.

Car si le fromage est l'un des grands produits de la région, les friandises s'en sont emparé à leur manière. Ainsi La Clusaz a-t-elle ses *Chevrotins de La Clusaz* (1962), confiserie de chocolat blanc fourrée de crème nougatine parfumée au Grand Marnier et en forme d'un fromage de chèvre, le chevrotin particulier au massif des Aravis. Aix-les-Bains ses *Fromtons d'Savoie* (1982), chocolats blancs fourrés, à l'image de vrais fromages. Et Chamonix son *Reblochon liqueur* (1961), qui tire son nom du fromage dont Thônes est la capitale.

Mais les confiseurs empruntent aussi leur inspiration soit aux traditions locales, comme nous l'avons vu précédemment, soit à la flore régionale. Aix-les-Bains a choisi la grolle, ou coupe de l'amitié (de « Graal »), récipient en bois à plusieurs becs, servant à boire le café, entre amis, à la montagnarde. En est née une douceur, en 1978, la *Grolle,* qui se présente en bouchée (mousse de chocolat au lait parfumée au marc de Savoie), en bonbons liqueur ou en bonbonnière de chocolat en forme de grolle. La Clusaz a préféré la campane, petite cloche savoyarde que l'on suspend au collier des vaches à l'alpage. *Les Campanes de La Clusaz* (1962) masquent

La noix de Grenoble : la plus goûtée

La noix est utilisée séchée en confiserie de chocolat soit pour la décoration, soit pour enrichir d'une nouvelle saveur des masses et des intérieurs de qualité. En France, la « noix de Grenoble » est la plus appréciée. L'appellation d'origine, fixée par décret du 17 juin 1938, délimite son aire de production (départements de la Drôme, de l'Isère et de la Savoie), ainsi que les variétés pouvant prétendre à l'appellation. Celles-ci sont les suivantes :

• la ***Franquette*** (50 p. 100 de la production), noix grosse, allongée aux deux bouts, à la coquille fine et résistante et à l'amande grosse ; elle est surtout destinée à la vente en cerneaux ;

• la ***Mayette*** (25 p. 100 de la production), noix grosse, aplatie à une extrémité, à la coquille mince avec un peu d'adhérence entre les deux valves, à l'amande jaune clair, fine et très savoureuse ;

• la ***Parisienne*** (25 p. 100 de la production), noix petite et plus arrondie que les précédentes, à l'amande de couleur blanche.

Faire son sucre d'orge

« Prenez de l'orge, que vous ferez bouillir dans de l'eau, pour en faire une décoction ; vous la passerez à l'étamine, et prendrez de cette décoction, que vous mettrez avec le sucre clarifié : vous le ferez cuire jusqu'à ce qu'il soit venu au caramel, qui est la dernière cuisson ; et alors vous l'ôterez de dessus le feu, et vous laisserez rabaisser le bouillon ; puis vous le verserez sur le marbre, que vous aurez huilé avec de l'huile d'olive, empêchant qu'il ne coule en bas, en le relevant du côté qu'il coulera. Si vous n'avez point de marbre, vous vous servirez d'un plat d'argent, ou autre ; et à mesure que votre sucre se refroidira, et qu'il commencera à durcir, vous le couperez par petits morceaux et le filerez de telle longueur qu'il vous plaira, pour vous en servir au besoin. »
(*Nouvelle Instruction pour les confitures, les liqueurs et les fruits,* 1715.)

Prasline de violette

« Ayez des fleurs de violette bien épluchées de leurs boutons : prenez-en environ quatre onces, faites cuire du bon sucre à soufflé, tirez-le de dessus le feu, et y meslez une demy livre d'amandes à la prasline et vos fleurs de violette. Remuez le tout ensemble et le mettez sur de la paille bien nette. Elles s'attacheront aux praslines, et seront fort belles et fort bonnes. »
(*Traité de confiture ou le Nouveau et Parfait Confiturier,* chez Thomas Guillain, 1689.)

sous une couverture fondante ou au lait une mousse de noisettes parfumée à la liqueur. Pont-de-Beauvoisin, célèbre pour son bois et surnommée depuis François Ier « cité du meuble », a eu l'idée de lancer, en 1968, les *Coppeaux* (avec deux « p »), chocolats fourrés roulés dans des copeaux de chocolat de couverture. Enfin, dans la ligne des productions « végétales », retenons :

- à Aix-les-Bains, les *Chardons des Alpes,* bonbons de chocolat blanc, différemment colorés et fourrés à la liqueur, et les *Roseaux de Savoie,* bâtonnets de chocolat fourrés d'alcool ;
- à Annecy, *les Roseaux du lac* (1947) s'apparentant aux précédents ;
- à Chamonix, les *Chardons,* réduction de sirop d'airelle et de myrtille enrobée de praliné et trempée dans du chocolat blanc coloré de diverses teintes, avec des piquants pour évoquer les véritables chardons.

Sucre d'orge

Son origine correspond presque à celle des bonbons de sucre cuit. Dès que l'on découvrit que, pour colorer ceux-ci, on pouvait utiliser une légère décoction d'orge perlé, naquit le *sucre d'orge,* bonbon traditionnel par excellence, que le second Empire remit à la mode, à la faveur des séjours effectués par l'empereur et la Cour dans les villes d'eaux, notamment à Vichy, réputée pour cette friandise. Car c'est là curieusement une spécialité de nombre de stations thermales ; Évian, Plombières, Cauterets, Bourbon-l'Archambault, etc. ont leurs sucres d'orge.

Si Tours est également célèbre pour son sucre d'orge, aromatisé à la pomme ou à la cerise, le plus connu reste le *Sucre d'orge des religieuses de Moret,* vieux de plus de trois cents ans, puisqu'il remonte à la fondation du prieuré de Notre-Dame-des-Anges, en 1638, par la comtesse de Moret, Jacqueline de Bueil. Les bénédictines de ce couvent, sous la férule de la supérieure mère Élizabeth Pidoux, fabriquaient, en effet, un bonbon incomparable qui faisait les délices de la famille royale et de son entourage, celle-ci ne manquant pas de visiter les religieuses lors de chaque séjour à Fontainebleau et faisant alors provision de ces petits sucres d'orge en forme de cœur. Le transfert de l'abbaye à Provins, en 1782, malgré l'intervention des notables de la région pour empêcher l'exécution de l'édit royal, porta un coup à cette production, que, quelques années plus tard, la Révolution allait condamner à disparaître.

Mais... au sortir de la tourmente révolutionnaire, une seule des sœurs revint à Moret-sur-Loing, sœur Félicité, qui, avec l'aide d'une demoiselle Bérault, reprit la fabrication du fameux sucre d'orge. Napoléon l'aurait fort apprécié alors. À la mort de sœur Félicité, un certain M. Desmarais, ancien négociant, contribua à recréer cette « industrie » telle qu'elle existait à ses débuts. Et en 1853, ustensiles, secret de fabrication et droits furent confiés aux religieuses de Saint-Vincent-de-Paul, établies à Moret. Ainsi renaquit la tradition et le bonbon retrouva-t-il sa faveur d'antan.

Par-delà ces « spécialités », le sucre d'orge est de tous lieux gourmands, sans distinction. Blanc, rose, vert, parfumé à la fleur d'oranger, au citron, à la bergamote, à la framboise..., jadis tourné en spirales, puis roulé en bâtons, il constitue le « fonds » de la confiserie séculaire. Cependant, sa composition a quelque peu évolué avec le temps. S'il s'agissait autrefois de sucre cuit au cassé, « graissé » avec du vinaigre, de l'acide acétique (dédoublé avec moitié d'eau), des sirops de fruits et additionné d'une décoction d'orge, l'« engraissement » se fit, vers la fin du XIXe siècle, avec du glucose et, en outre,... peu à peu l'orge disparut, pour ne laisser que son nom.

Sucre de pomme de Rouen

Du mariage du sucre et de la pomme est née cette friandise fort ancienne dont Rouen a aujourd'hui conservé la spécialité. C'est, en effet,

Une friandise goûtée des enfants : le sucre d'orge. Coll. A. P.-R.

dans cette ville qu'elle fut créée par un apothicaire espagnol, venu inculquer à un certain Pierre Dubosc « l'état de sucrier et raffineur de sucre ». Son succès fut immédiat, car, comme pour la plupart des bonbons de l'époque, lui furent attribuées des vertus thérapeutiques ; ainsi le sucre de pomme était-il recommandé contre les mélancolies...

Dans les premières années du XIXe siècle, sa recette était la suivante, selon ce que nous en indique Machet, dans son *Art du confiseur :* on découpait cinquante belles pommes de reinette en morceaux et on les cuisait en marmelade. On exprimait le suc sur un tamis et on ajoutait trois fois en poids du sucre cuit au cassé ou à la nappe. On faisait revenir au grand cassé et on remuait légèrement. Le mucilage de la pomme faisant ressuer le sucre, en le mettant en sirop, on roulait les bâtons, pastilles et tablettes dans du sucre pulvérisé et tamisé. Se formait ainsi une croûte, qui lui donnait de la consistance et favorisait sa conservation.

Mais, trouvant trop d'inconvénients à la cuisson au cassé (si la décoction de pommes était trop forte, la cuisson était impossible, le sucre brûlait), les confiseurs entreprirent de supprimer le suc de pomme. La friandise était parfumée au citron ou à l'orange, mais s'appelait toujours « sucre de pomme ». Puis on se mit à rouler le sucre, aussitôt refroidi, à l'envelopper dans des feuilles d'étain puis dans du papier or ou argent, illustré de toutes sortes de sujets.

À l'heure actuelle, le bonbon se présente comme un sucre cuit très transparent, coulé en bâtons, parfumé et coloré. Et c'est bien de l'extrait de jus de pomme qu'enrobe la croûte de sucre !

Spécialité normande, le sucre de pomme de Rouen *est assez ancien ; il en fut offert en 1813 à l'impératrice Marie-Louise, épouse de Napoléon Ier, lors de son passage dans cette ville.* Phot. CEDUS-Yéru.

Violette de Toulouse

Cette fleur cristallisée, qui a fait le renom de la « ville rose » en matière de confiserie, est surtout utilisée comme élément décoratif, pour agrémenter glaces et entremets ou pour embellir la présentation des chocolats. Néanmoins, comme les autres fleurs cristallisées du Midi, elle a ses adeptes, qui l'apprécient telle quelle. Et si leur nombre en est limité, c'est essentiellement en raison du prix élevé de la friandise.

La violette de Toulouse, amélioration de celle de Parme, est plus grosse que cette dernière ; sa fleur est double, d'un bleu soutenu, et la base du pétale peut être blanche. Sa reproduction se fait par marcottage et la culture en serres étale la floraison d'octobre à avril. La première plantation de cette variété fut réalisée à Saint-Jory, dans la Haute-Garonne, puis gagna bientôt les alentours : Lalande, Aucamville, Saint-Alban, Castelginest. Culture qui, depuis un siècle, est effectuée à diverses fins lucratives : pour la confection de bouquets aussi discrets que parfumés, pour la parfumerie, et pour la confiserie, où la cristallisation au sucre l'emporte de loin sur sirops et confitures, devenus désuets.

La Maison Nègre, de Grasse, aujourd'hui disparue, est considérée comme l'inventeur du sucrage des fleurs, sucrage dont le *Traité de l'office,* de Berthe, ex-officier de bouche du comte Pozzo di Borgo, donnait la recette en 1884. Utilisant les pétales ou les fleurs entières, on faisait fondre une demi-livre de sucre dans un sixième de litre d'eau mis dans un poêlon et on faisait cuire jusqu'au « petit boulé ». Le sucre cuit, on y jetait les violettes, on laissait prendre un bouillon et on ôtait le poêlon du feu. Le sucre était alors travaillé jusqu'à ce qu'il tombe en sablé et le résultat était passé sur un tamis afin que tombe le surplus de sucre, qui servait à confectionner un sirop de violette.

Le sucre d'orge de Tours

« Comme le sucre d'orge ordinaire, le sucre d'orge de Tours n'est autre chose que des déchets de fabrication clarifiés et filtrés, employés par moitié avec du sucre neuf.

On cuit au grand cassé, on parfume vanille et on coule à l'amidon avec un poêlon à bec, dans des empreintes rondes et un peu bombées.

Lorsque ces pastilles sont refroidies, on les lève ; on les souffle et on les passe très légèrement à l'alcool pour faire disparaître l'aspect terne que donne l'amidon.

Ce procédé d'un autre âge est en somme assez peu expéditif, on a eu l'idée, dans certaines maisons, de couler le sucre d'orge dans un cadre s'adaptant à un emporte-pièce qui découpe les pastilles rondes.

La partie du sucre qui se trouve entre quatre pastilles forme un dessin rappelant la croix de Malte et constitue un bonbon dénommé Mignon de Tours.

L'utilisation de ce bonbon réduit le déchet à sa plus simple expression.

On fait aussi le sucre d'orge de Tours en passant le sucre dans un cylindre donnant une pastille un peu épaisse. »

(*Traité général de confiserie moderne,* par Émile Duval, 1901.)

Les Violettes de Toulouse, *fines fleurs cristallisées comme les aime le Midi de la France, sont aussi utilisées pour décoration des gâteaux et des entremets.* Phot. CEDUS-Yéru.

Phot. CEDUS.

Et ces friandises venues d'ailleurs...

Par-delà les spécialités spécifiquement françaises, il en est d'autres, venues d'ailleurs, auxquelles notre goût s'est adapté et qui, pour certaines, font aujourd'hui partie intégrante de notre confiserie. Tel est le cas du *chewing-gum* ou des *toffees*. Nous nous contenterons ici de mentionner les principales « sucreries » étrangères qu'il est possible de trouver en France, avec une simple allusion à la valeur de symbole que certains pays, tel le Japon, accordent aux friandises. Le propos de cet ouvrage n'est pas, en effet, d'effectuer un tour du monde de la gourmandise. Des chocolats au cherry-brandy qu'apprécient fort les Hongrois aux bonbons fondants à base de sucre d'érable qui sont très en faveur au Canada, des *gianduti* (chocolats aux noisettes) et *diablottini* (caramels), chers aux Italiens du Nord, aux tourons dont l'Espagne est friande, du nougat norvégien, garni d'amandes, de noisettes et d'écorces d'oranges confites, aux innombrables *candies* et chocolats fabriqués aux États-Unis..., l'inventaire, sans fin, réunirait des douceurs auxquelles nos habitudes alimentaires ne nous prédisposent pas toujours et qui, pour nous, n'auraient de mérite que par leur caractère insolite.

Chewing-gum

« Au lieu de mots anglais, mâchons du chewing-gum », écrivait Raymond Radiguet. Il est vrai que cette gomme à mastiquer porte en son nom sa destination. « Chin-chin-gum », « sen-sen-gum »..., les enfants, qui furent, à ses débuts en Europe, ses plus fervents adeptes, mâchaient le mot autant que le « bonbon ». Car c'est à eux que le chewing-gum doit son succès. En effet, introduit en France par les troupes américaines du général Pershing, lors de la Grande Guerre, il connut la faveur immédiate des jeunes. Et les adultes furent surpris de cet engouement pour une friandise qui ne se dissolvait pas sous l'action de la salive et qui perdait assez vite sa saveur pour n'être plus qu'un morceau de mastic que l'on mâchait machinalement. Néanmoins, ils allaient être, eux-mêmes, contaminés, lorsque la mode du chewing-gum réapparut, avec plus d'ampleur encore, à la faveur de l'arrivée des forces américaines, au cours de la Seconde Guerre mondiale.

Si la coutume de la mastication remonte assez loin dans le temps – les Grecs de l'époque de Platon mâchaient une gomme provenant de l'écorce du lentisque, tout comme les Mayas mastiquaient la sève séchée du sapotier (ou « chicle ») –, la fabrication du chewing-gum date de la seconde moitié du XIXe siècle. En 1869, le général mexicain Antonio Lópes de Santa Anna, expatrié par la révolution, apporta à New York 250 kg d'une sorte de gomme brun foncé, le *chicle* des Mayas, qu'il mâchait, comme tous les Mexicains, et qui devait, pensait-il, remplacer le caoutchouc, faisant par là même sa fortune ; il l'appelait, d'ailleurs, le « trésor de Mexico ». L'expérimentation de la valeur industrielle de ce produit par l'un de ses collaborateurs, Thomas Adams, ne donna pas, cependant, les résultats espérés et le général, amnistié, retourna dans son pays en laissant derrière lui son stock de « chicle ».

Mais la chance devait sourire à Adams, qui, voyant, un jour, dans une pharmacie, un jeune enfant mâcher de la paraffine, se souvint de l'échec passé et eut l'idée de proposer au pharmacien sa gomme à meilleur prix que la paraffine. L'affaire fut conclue. Et bientôt Adams put créer sa propre fabrique avec la marque « Adams New York chewing-gum », que son fils, Horatio, allait exploiter jusqu'à sa mort, à 102 ans, en 1956. L'extraordinaire industrie du chewing-gum était née !

Le produit originel fut successivement amélioré ou transformé par d'autres. Williams J. Whit l'aromatisa avec un sirop de glucose à la menthe ; ce fut le « Yucatan chewing-gum ». Un dentiste de l'Ohio, William F. Semple, voulut faire de ce bonbon une sorte de dentifrice, en dissolvant le « chicle » dans de la naphte et de l'alcool, puis en le parfumant à la réglisse ; il prit un brevet d'invention pour cette préparation. Enfin, pour la première fois, une énorme publicité fut faite autour du chewing-gum par un nommé William Wrigley, qui contribua à son considérable développement commercial.

En France, la production de chewing-gum ne débuta qu'après la dernière guerre, sous l'impulsion de M. C. E. Parfet, qui créa la première unité de fabrication et lança le célèbre « Hollywood chewing-gum ». Aujourd'hui, elle est le fait de plusieurs marques qui se partagent le marché. Un marché important, car cette « friandise » vient en tête des exportations françaises de confiserie de sucre. L'introduction de nouveaux parfums, les campagnes antitabac, le stress de la vie citadine..., voilà autant de facteurs qui en ont favorisé la consommation. Le général López de Santa Anna n'affirmait-il pas en son temps : « Mâchonner de la gomme, c'est pour le Mexicain et pour le soldat le meilleur moyen d'accepter son sort. Le chicle efface la colère, les angoisses, les chagrins, calme les nerfs » ? Quelle que soit sa présentation – en tablettes, en dragées ou sous forme de « gomme à claquer » *(bubble gum)* –, le chewing-gum conserve, parmi les masticatoires, une place privilégiée. Sans doute parce que, comme l'a écrit le Pr Pierre Delaveau, en 1977, il satisfait « un besoin régressif rattaché au stade oral sans apporter de toxicité ».

La fabrication du chewing-gum comporte une phase très complexe, qui correspond à la préparation de la gomme de base. Celle-ci est un mélange de gommes et de résines, naturelles ou synthétiques, qui sont purifiées, traitées et associées selon un dosage très rigoureux. Gommes et résines naturelles proviennent d'espèces végétales. Le « chicle », voisin des gommes *Balata* de la Guyane et du Brésil et d'autres gommes végétales (*Mispero, Pendare, Massaranduba,* etc.), est extrait d'un arbre de la famille des sapotacées. Broyé et compressé, il donne un jus qui, concentré par chauffage, est ensuite coulé dans des moules pour former des pains, après refroidissement.

À cette gomme de base, concassée, malaxée et lentement chauffée pour qu'elle retrouve sa fluidité, sont incorporés un certain nombre d'ingrédients : sucre glace, sirop de glucose, arômes (menthe [poivrée ou douce], fruits [citron, fraise, etc.], cannelle, anis, réglisse, etc.), colorants. Intervient alors la mise en condition de la masse qui est refroidie et qui, dès qu'elle a atteint la consistance voulue, est passée au laminoir pour être façonnée selon l'épaisseur et la longueur désirées. Les tablettes sont enveloppées mécaniquement, tandis que les articles

Venu des États-Unis et adopté par la confiserie française, le chewing-gum. Phot. CEDUS.

dragéifiés, mis en forme sur des piluliers mécaniques, subissent le même traitement que les traditionnelles dragées.

Le chewing-gum est aujourd'hui soumis à une réglementation très stricte. Le décret du 15 décembre 1981 en a précisé la définition. Les « gommes à mâcher », destinées à être mastiquées et en partie ingérées, ne doivent comporter dans leur gomme-base que des substances ne présentant aucun danger pour la santé et ne doivent faire appel qu'à des additifs autorisés. Un arrêté du 26 octobre 1982 a fixé la liste des substances utilisées pour la fabrication de la gomme-base (gommes végétales et de synthèse), ainsi que celle de toutes les substances d'addition.

Drops

Ainsi désigne-t-on aujourd'hui les *bonbons anglais* acidulés. Ils ont été introduits en France en 1830 par l'Anglais John Tavernier. La tradition veut qu'autrefois ils se confectionnaient avec du sucre fin uni à du jus de citron, d'orange, de groseille ou de tout autre fruit acide. Une machine à drops, pourvue de deux cylindres en cuivre, gravés en creux, permet encore aujourd'hui, au stade artisanal, de façonner le sucre cuit d'après les sujets les plus divers.

Phot. CEDUS.

Fudge

Cette confiserie très répandue dans les pays anglo-saxons est faite d'un assemblage de fondant et de caramel ; du premier elle a la texture et du second le parfum.

Halva

Cette friandise orientale, qui tire son nom d'un mot turc signifiant « sucrerie », « pâtisserie », est faite à base de graines de sésame broyées (les graines de cette plante originaire d'Asie tropicale sont traitées, séchées, décortiquées et malaxées en une pâte fine, le « tahin ») et de sucres (saccharose, sucre inverti, sirop de glucose, et même dextrose). Elle est présentée en plaquettes. D'un goût très sucré mais légèrement amer, elle est riche en matière grasse (plus de 30 p. 100). On trouve, aux États-Unis, plusieurs sortes d'halva, souvent allégées par battage : halva à la crème, au lait, aux fruits confits, etc. En fait, l'halva se rattache à la grande famille des nougats.

Recette de ménage :

Ingrédients :

500 g de beurre,
500 g de grosse semoule,
250 g de sucre,
1/2 l de crème de lait,
une poignée d'amandes blanchies et émondées.

Faites bouillir le lait et conservez-le bouillant. Avec le sucre, préparez un sirop épais, laissez bouillir à 105 °C et gardez-le très chaud.

Dans une casserole en cuivre étamé, mettez la semoule à revenir dans le beurre, jusqu'à ce qu'elle prenne une jolie teinte blonde, puis ajoutez les amandes et versez, peu à peu, le lait et le sirop, en remuant sans cesse avec une spatule en bois pour éviter que la semoule n'attache, et en veillant à ce que le feu ne soit pas trop vif. La semoule ne doit pas se transformer en pâte, ses grains doivent rester bien détachés. Lorsque les amandes sont dorées et que la pâte s'enlève aisément par cuillerées, l'halva est prêt.

Coulez-le dans une caissette basse, tapissée de papier parcheminé, égalisez la surface, couvrez de papier et fermez avec le couvercle en plaçant un poids dessus pour faire presse. Laissez reposer. Lorsque la pâte est bien refroidie, démoulez-la, ôtez le papier et saupoudrez de cannelle et de sucre fin mélangés.

Hopje

Cette confiserie hollandaise, qui tire son nom de celui d'un baron de ce pays, se présente comme un caramel dur, fabriqué avec de la crème et parfumé au café.

Marschmallow

Cette friandise, très populaire dans les pays anglo-saxons, appartient, en France, aux articles « fantaisie » *(v. p. 92)*. C'est une sorte de guimauve molle, enrobée d'un mélange de sucre glace et d'amidon.

Pralines belges

« Praline », ainsi appelle-t-on en Belgique tout produit de sucrerie couvert de chocolat. Chocolat noir, chocolat au lait, chocolat blanc..., les pralines renferment des intérieurs à la liqueur, des intérieurs fluides (à base de fruits confits, par exemple), du massepain ou des crèmes. Celles-ci sont : la ganache, faite de sucre fondu avec de la crème fraîche, du beurre et du chocolat ; la crème pralinée, préparée avec des noisettes torréfiées et broyées avec du sucre (il y a parfois adjonction d'amandes émondées et grillées) ; et la crème vanille, qui allie beurre, sucre fondant et parfum (café) ou alcool (kirsch, Cointreau, Grand Marnier, etc.).

Rahat-loukoum

Cette sucrerie orientale fort ancienne tire son nom d'un mot turc qui signifie « douceur qui fait nos délices », « bienfait de la gorge ». Elle se présente sous la forme d'une pâte plastique et transparente, composée de sucre, de sirop de glucose, de miel et d'amidon de maïs, additionnée d'arômes et de colorants et parfois enrichie de fruits secs (amandes, noisettes, pistaches, pignons). Elle est enrobée d'une couche de sucre glace.

Recette de ménage :
Ingrédients :
1,5 kg de sucre,
1,75 l d'eau,
250 g d'amidon fin (Maïzena),
1 citron,
6 à 8 gouttes d'extrait de rose,
0,5 dl d'huile d'amande,
125 g d'amandes.

Mouillez le sucre avec 0,75 l d'eau et faites cuire jusqu'à obtention d'un sirop épais. Lorsque celui-ci est obtenu, retirez le poêlon du feu. Dans une casserole, délayez l'amidon en ajoutant peu à peu le litre d'eau restant. Puis versez dans le sirop, très lentement, en remuant constamment avec une cuillère en bois. Replacez le poêlon sur le feu et faites cuire jusqu'à ce que la pâte commence à se détacher de la cuillère. Ne cessez pas de remuer tout au long de la cuisson. Avant la fin de celle-ci, incorporez le jus de citron. Quand la pâte commence à se détacher du poêlon, ôtez-le du feu, ajoutez l'essence de rose et les amandes (mondées, séchées, effilées). Badigeonnez une grande casserole émaillée avec l'huile et versez-y la préparation bouillante. Égalisez sa surface au couteau et laissez reposer pendant 24 heures.

Lorsque la masse est solidifiée, découpez-la en morceaux rectangulaires de 2 × 4 cm environ. Roulez chaque morceau dans du sucre en poudre tamisé mélangé à de la Maïzena et rangez les loukoums dans une boîte en fer, que vous conserverez dans un endroit sec, à l'abri de la chaleur.

Rock

Bonbon de sucre cuit spécifiquement suisse, de forme cylindrique et décoré de dessins de couleurs, au gré de l'artiste confiseur *(v. p. 78).*

Toffee

Ce produit, d'origine anglaise, s'apparente au caramel français par sa composition, dans laquelle entrent sucre, sirop de glucose, lait et matières grasses, ainsi que par sa fabrication, qui est celle des caramels mous – curieusement, d'ailleurs, l'origine de son nom, de *toughy,* « tenace », n'évoque en rien la souplesse et l'onctuosité de la friandise.

Alors qu'en Grande-Bretagne l'appellation « toffee » regroupe aujourd'hui caramels et pâtes à mâcher, en France, cette dénomination répond à toute une réglementation, qui est la même que pour les caramels *(v. p. 82).*

Wagashi

Fleurs de cerisier, de prunier, de colza au printemps, œillets et volubilis en été, feuilles mortes, feuilles d'érable, marrons et chrysanthèmes à l'automne, cristaux de neige, nœuds de bambous et camélias au cœur de l'hiver, la confiserie japonaise change de formes et de couleurs au rythme des saisons.

Dans le *wagashi,* tel est son nom, rien n'est laissé au hasard ou à la fantaisie d'une imagination. Tant dans l'apparence, qui le charge de signification, que dans sa fabrication, qui demeure artisanale et quasi religieuse, le « bonbon » respecte scrupuleusement une tradition vieille de près de deux mille ans et qui s'est développée avec les religions bouddhiste et shintoïste avant d'être associée à la cérémonie du thé.

Car c'est aujourd'hui avec le thé vert, non sucré, que sont consommées ces friandises, sortes de pâtes malléables, généralement faites avec de la pâte de riz, grillée et cuite, réduite en fine farine, mélangée à de l'eau et additionnée de sucre de canne. Posées sur la langue, avant ou après la boisson rituelle, elles introduisent une saveur sucrée dans cette manifestation de l'art de vivre japonais.

Ainsi le Japon de la fin du XXe siècle, largement ouvert vers l'Occident et producteur, dans ses nombreuses usines, d'une confiserie de masse, demeure-t-il fidèle à cette confection de douceurs, marquée au sceau de la philosophie zen et que poursuit toute une lignée de petits artisans, dont une grande partie sont établis à Kyōto, l'ancienne capitale.

Sans doute ce marchand de bonbons de Constantinople vendait-il déjà des loukoums tant appréciés aujourd'hui... Phot. CEDUS.

Les friandises japonaises, porteuses de symboles, semblent être faites pour le plaisir des yeux. Phot. CEDUS.

Un bazar qui regorge de sucreries, comme les aima le XIX*e siècle.* Phot. CEDUS.

Les secrets de la confiserie et de la chocolaterie

Le sucre, un ingrédient privilégié

La dénomination *sucre* est réservée au saccharose, corps cristallisé, composé de glucose et de fructose (ou levulose), obtenu à partir des réserves de glucides contenues dans les végétaux soumis au cycle photosynthétique, c'est-à-dire renfermant de la chlorophylle. De nombreux arbres (dattier, palmier, érable à sucre, etc.), la plupart des fruits, les fleurs, les racines, feuilles et tiges des plantes (carotte, petit pois, chicorée, etc.) stockent des glucides et, si certaines de ces sources sont exploitées (sucre d'érable au Canada, sucre de coco en Thaïlande, sirop de maïs aux États-Unis, etc.), les deux principales sont, à l'heure actuelle, la *canne à sucre* et la *betterave sucrière.*

La quête du sucre : une longue histoire

Les hommes ont de tout temps aimé la saveur sucrée de certaines sèves de végétaux et des fruits, tout comme celle de sécrétions animales tels le lait et le miel. Ce dernier fut, d'ailleurs, la seule denrée « sucrée » utilisée en France jusqu'à la révélation, à la faveur des croisades, d'un miraculeux « roseau sucré », la canne à sucre *(v. p. 68).*

Pourtant, ce roseau était connu de longue date en Inde – plus précisément au nord du Bengale – et en Chine méridionale, où, depuis des millénaires, il poussait spontanément. Rien d'étonnant donc à ce que le mot *sucre* trouve son origine dans le sanscrit *sarkara,* qui a fourni le radical du terme à toutes les langues indo-européennes. Inde et Chine auraient, dit-on, trouvé le procédé de cristallisation du sucre. Et, au VIe siècle avant notre ère, les Perses, qui, lors d'une expédition dans la vallée de l'Indus, avaient pu apprécier « le roseau qui donne le miel sans le concours des abeilles », au point d'en établir la culture sur les bords de la Méditerranée orientale, cherchèrent certainement à se réserver le « monopole » de la plante et de ses produits. Alexandre le Grand, parti à la conquête de l'Asie, allait, au IVe siècle avant J.-C., en faire aussi la découverte. Les brassages de populations dus aux guerres ainsi que les échanges commerciaux finirent par faire connaître et cultiver la canne à sucre de l'Indus à la mer Noire et du Sahara au golfe Persique. Les Grecs en firent usage, puis les Romains – on trouve le mot *saccharum* chez Pline l'Ancien (Ier s.). Cette « épice » allait être pendant des siècles un médicament et un produit de luxe.

Longtemps maîtres en ce domaine, les Perses semblent avoir mis au point, au Ve siècle, la fabrication du sucre solide, en pain. Mais ils subirent, deux siècles plus tard, l'invasion des Arabes qui introduisirent la culture de la canne dans leurs territoires conquis (Égypte, Chypre, Rhodes, Syrie, Afrique du Nord, Espagne du Sud), perfectionnèrent les méthodes de décantation du sirop et parvinrent à réaliser un produit appelé *kurat al milh* (« boule de sel doux »), étymologie du terme « caramel ». Enfin vinrent les croisades, qui rapportèrent en France la douceur du sucre, remplissant en même temps la bourse des apothicaires.

La culture du « roseau sucré » se développa au fil des siècles. Au XIVe siècle, époque où Venise était, en Occident, le grand centre de traitement du sucre venu du Levant, elle était installée en Sicile. Au XVe siècle, l'Espagne et le Portugal l'importèrent dans leurs domaines d'Afrique : Canaries, Madère, Cap-Vert, Lisbonne prenant le pas sur Venise en matière de raffinage. Puis elle gagna progressivement le Nouveau Monde. Brésil, Cuba, Mexique, Antilles, îles de l'océan Indien, Indonésie, Philippines, Hawaii, Océanie..., toutes les « colonies » se virent dotées de plantations de canne à sucre. Devait en résulter une expansion considérable du commerce du sucre.

Au Grand Siècle, sous l'impulsion de Colbert, nombre de raffineries se créèrent, à Rouen, Nantes, La Rochelle, Marseille et surtout Bordeaux, qui traitaient le sucre brut produit par les Antilles, les îles de France (Maurice) et Bourbon (la Réunion). L'apparition du café et du chocolat contribua à tripler, en un siècle, la consommation de sucre et, partant, à réduire son prix d'une manière appréciable – celui-ci était tel, jusqu'à la fin du XVIIIe siècle, que cette denrée précieuse était souvent, dans les familles, conservée sous clé !

Pendant tout ce temps, la betterave à sucre resta ignorée, ce malgré les travaux du célèbre agronome Olivier de Serres qui, dès 1575, en fit connaître la richesse (« le jus qu'elle rend en cuisant est semblable à un sirop de sucre et très beau à voir à cause de sa vermeille couleur »). Ce n'est qu'en 1745 qu'un chimiste allemand, Marggraf, réussit à extraire et solidifier du sucre de betterave et en 1786 que son disciple, français d'origine, Frédéric Achard, industrialisa le procédé en Silésie, en se heurtant, d'ailleurs, aux intérêts de l'Angleterre qui tenta de l'« acheter ». Mais la qualité du produit laissait à désirer, le rendement était insuffisant et le coût élevé. À la même époque, en France, deux petites usines, établies à Chelles et à Saint-Ouen, disparurent par manque des moyens techniques nécessaires.

Néanmoins, maints savants s'intéressèrent aux travaux de Marggraf. Chaptal, Darcet, Vauquelin... La France voyait un immense avantage à extraire du sucre d'une plante qui pouvait croître sous ses cieux. Et le Blocus continental, avec la pénurie de sucre qui en découla, vint renforcer cette idée. Napoléon décida des plantations massives de betterave (32 000 ha), alors que le Français Benjamin Delessert parvenait à extraire industriellement le sucre de la betterave, à le clarifier et à réaliser le premier pain. Par décret impérial du 15 janvier 1812, cent bourses furent accordées à des chimistes de l'École de pharmacie et des cinq instituts de Sucrerie (créés par Napoléon en

Les siècles passés le connurent aussi sous diverses formes. Phot. CEDUS.

Plusieurs présentations pour plusieurs usages. Phot. CEDUS-Holfinder.

Le pain de sucre, une vieille tradition

Dès ses origines, le sucre, préparé en masse, adopta pour apparence celle des pains ronds de la boulangerie. Les premiers raffineurs d'Europe, les Vénitiens, inventèrent le *pain de Venise* : dans des formes en cône, placées la pointe en bas, ils versaient le sirop en voie de cristallisation, l'eau-mère s'écoulant par un trou ménagé à la pointe, tenu bouché tout au long du remplissage. Ces formes *vergeoises* furent employées pendant des siècles ; d'abord en terre cuite, elles furent ensuite en tôle, en zinc ou en papier mâché avant d'être fabriquées en matière plastique. Elles donnaient des pains de tailles variées, pouvant atteindre jusqu'à 15 kg. Le sucre était débité à l'aide d'un couperet et d'un marteau réservés à cet usage et que tout foyer possédait.

Ces pains étaient encore, il y a quelques années, très appréciés des populations musulmanes et particulièrement des nomades. En France, leur usage s'est perdu et ils ont surtout pris rang d'objets de décoration (on les utilise pour décorer une table de fête). Certaines épiceries fines vendent des pains de 2 kg.

1811), et 500 licences furent instituées pour la fabrication du sucre de betterave. « Une grande révolution dans le commerce français est consommée », pouvait-on lire dans *le Moniteur universel.*

Après l'Empire, les importations de sucre de canne reprirent, accompagnées des protestations des producteurs coloniaux contre leur concurrent, le sucre de betterave, que l'on favorisait, en le protégeant, en dépit d'un prix de revient très élevé. Un projet de loi en interdisant la fabrication fut même déposé, mais il fut rejeté de quelques voix en 1843. Cinq ans plus tard, en 1848, l'abolition de l'esclavage eut pour conséquence d'augmenter le prix du sucre de canne et d'en réduire la production. À l'ère industrielle, la France allait jouer la carte de la betterave sucrière et devenir le premier producteur de sucre de betterave européen (450 000 t en 1875).

Devancée par la betterave, qui, à la fin du siècle dernier, couvrait les 3/5 de la consommation mondiale de sucre, la canne à sucre bénéficia des accords scellés, en 1903, par la Convention de Bruxelles et visant à réglementer les deux productions de sucre. La Grande Guerre lui permit, peu après, de reconquérir une partie du marché. Et elle assura les 2/3 de la consommation, une proportion qui ne devait plus se démentir...

Autrefois très employé, le pain de sucre a perdu de sa faveur. Phot. CEDUS.

La canne à sucre, le « roseau sucré » de l'Antiquité

Cette graminée, que les Anciens connurent à l'état sauvage *(Saccharum Spontaneum),* présente plusieurs espèces, de l'hybridation desquelles sont nées les variétés cultivées. Les zones intertropicales et subtropicales situées entre 35° de latitude Nord et 30° de latitude Sud, au sol assez riche, au climat chaud et humide, sont ses lieux de prédilection. Ainsi la trouve-t-on principalement au Brésil, en Inde, à Cuba, au Mexique, aux Philippines, en Afrique du Sud, en Thaïlande, aux États-Unis et en Australie.

La récolte des tiges, qui peuvent mesurer jusqu'à 5 m de hauteur, s'effectue environ un an après la plantation ou autant après la première coupe. La période de l'année où elle intervient et sa durée varient suivant les régions climatiques. Si la coupe est encore manuelle dans les plantations traditionnelles, elle est faite mécaniquement dans des pays tels que les États-Unis et l'Australie. Le rendement va de 40 t à l'hectare dans les premières jusqu'à 350 t dans les seconds, la richesse des cannes en sucre s'étalant, selon les zones, de 11 à 18 p. 100.

L'extraction du sucre est réalisée par broyage et pression. Transportées à l'usine, les cannes y sont soumises à différents traitements mécaniques :

- les coupe-cannes les débitent en petits morceaux ;
- le défibreur, moulin à deux cylindres, les broie et les défibre ;
- le schredder (hacheur) termine leur désintégration avant le passage aux moulins ;
- la batterie de moulins en exprime le jus, soit 92 à 96 p. 100 du saccharose qu'elles contiennent.

Le jus obtenu, trouble et coloré, contient de 80 à 85 p. 100 d'eau, 10 à 18 p. 100 de saccharose, de 0,3 à 3 p. 100 de sucres réducteurs (glucose et lévulose) et de 0,7 à 3 p. 100 d'impuretés diverses. Pour éliminer ces dernières, le jus passe sur un tamis (épulpeur) avant d'être filtré, puis traité. Quant au résidu ligneux de la canne, la bagasse, il est pressé dans des moulins de plus en plus puissants avant et après imprégnation d'eau et donne encore du jus ; pratiquement épuisée au terme de l'opération, la bagasse ne représente plus que 24 à 30 p. 100 du poids de la canne et présente un pouvoir calorifique très élevé.

L'extraction du sucre est particulièrement délicate du fait des impuretés que comporte le jus et du risque de transformation en un mélange de glucose et de lévulose qui empêcherait la cristallisation. Aussi le jus est-il chaulé, de façon que se forme un précipité qui entraîne les impuretés, puis porté à ébullition (105 °C) et décanté – les « boues » se déposent au fond, laissant un jus clair en surface. Ce jus, clarifié, est concentré par évaporation ; perdant 75 p. 100 de son eau, il devient un sirop de teinte chocolat. Les boues sont désucrées et leur résidu sert d'engrais.

À partir de ce stade, on utilise, pour la concentration et la cristallisation, les mêmes méthodes et les mêmes appareils que pour le sucre de betterave.

La betterave sucrière, plante des régions tempérées

Les variétés de cette plante de la famille des Chénopodiacées aujourd'hui cultivées sont à chair blanche et descendent de la « blanche de Silésie » sélectionnée par Achard à la fin du XVIIIe siècle. Leur richesse moyenne en sucre va de 16 à 18 p. 100. La betterave, végétal bisannuel, constitue, la première année, des réserves de sucre dans sa racine, utilisant ce sucre au cours de la seconde année pour sa phase reproductive. La récolte intervient donc la première année, fin septembre, et couvre 80 à 90 jours pour s'achever avant les grands froids. Elle est faite entièrement avec des machines. Le rendement dépend tant du sol, qui doit être riche, argilo-limoneux, légèrement alcalin et bien préparé, que des conditions climatiques, tempérées avec une relative humidité d'avril à septembre ; il oscille de 30 à 60 t de racines à l'hectare.

Aussitôt arrachées, les racines sont transportées à l'usine, installée à proximité du lieu de la récolte pour éviter toute déperdition de sucre, et traitées (lavage, épierrage, épaillage) afin d'être débarrassées des restes de terre, des pierres, des feuilles, herbes et radicelles accrochées à elles et ainsi être présentées propres à la pesée. Celle-ci s'effectue avant ou après le découpage des betteraves en fines lamelles (cossettes) par des coupe-racines.

L'extraction du sucre, qui se faisait autrefois par râpage et pression, est aujourd'hui réalisée par diffusion. Le sucre se diffuse des cellules des cossettes dans une circulation d'eau chaude (70-80 °C), dans un grand appareil (diffuseur) où celles-ci avancent lentement à contre-courant. Le jus sucré se concentre progressivement et sort à une extrémité alors que les cossettes épuisées (pulpes) sont récupérées à l'autre pour l'alimentation du bétail. Le jus recueilli, noir grisâtre, est composé de 13 à 14 p. 100 de sucre, de 1 à 2 p. 100 d'impuretés et d'eau pour le reste. L'élimination des impuretés s'opère par chaulage qui en précipite une partie, puis par carbonatation avec du dioxyde de carbone qui en entraîne encore, et enfin par filtration qui donne un jus clair. Lequel, soumis à une nouvelle carbonatation et une nouvelle filtration, se présente comme une solution sucrée limpide, de couleur jaune paille, composée d'environ 13 p. 100 de sucre, 1 p. 100 d'impuretés dissoutes et 87 p. 100 d'eau.

L'eau est alors éliminée par évaporation sous pression et sous vide. Le sirop obtenu, jaune-brun, contient de 60 à 75 p. 100 de saccharose.

Interviennent ensuite la cristallisation, le malaxage et l'essorage selon un processus qui s'apparente à celui de l'extraction de sucre de canne.

La betterave sucrière vint, au siècle dernier, révolutionner l'industrie du sucre. Coll. A.P.-R.

Le raffinage du sucre nous livre les différents produits que nous connaissons. Coll. A.P.-R.

LES PRÉSENTATIONS DE SUCRE

Type de présentation	Caractéristiques	Conditionnement	Utilisations
sucre cristallisé blanc ou **sucre cristal**	• sucre blanc obtenu après concentration et cristallisation des sirops de sucre ; • cristaux plus ou moins fins dont le degré de pureté détermine le classement commercial.	sacs de 5 kg et paquets d'1 kg.	*pâtes de fruits*, liqueurs, confitures, compotes. (Le confiseur attache la plus grande importance à sa qualité.)
sucre semoule ou **sucre en poudre**	• sucre cristallisé blanc broyé ou non, mais tamisé ; • poudre blanche fine, les fragments de cristaux avoisinant 0,4 mm.	sachets papier d'1 kg, étuis carton avec bec verseur d'1 kg ou 500 g, sachets de 10 g, boîtes verseuses-poudreuses d'1 kg ou de 500 g.	desserts et entremets, sucrage des laitages, fruits, etc., *enrobage* de certains produits de confiserie.
sucre glace ou **sucre farine** ou **sucre impalpable**	• sucre cristallisé blanc broyé très fin ; • poudre blanche impalpable ; la dimension des fragments étant inférieure à 0,15 mm ; • compte tenu de son état hygroscopique, il est, en général, additionné de 3 p. 100 d'amidon de maïs.	sachets polyéthylène de 500 g et 1 kg, boîtes verseuses-saupoudreuses de 500 g et 250 g.	desserts sans cuisson, décoration à sec des gâteaux, glaçages, *enrobage* de certains produits de confiserie et *élaboration des masses*, chocolaterie.
sucre en morceaux	• créé en 1854 par un épicier parisien, Eugène François ; • obtenu par moulage en lingots (ensuite cassé) ou par moulage individuel d'un sucre cristallisé humidifié à chaud puis séché ; • peut être de canne ou de betterave, blanc ou roux ; • morceaux irréguliers ou morceaux de forme géométrique (cubes, parallélépipèdes).	boîtes de 1 kg portant un chiffre qui indique poids et taille des morceaux, le chiffre étant d'autant plus faible que le poids est élevé : nº 4 = 5,5g ; nº 3 = 7 g ; nº 2 = gros cristaux brillants, réguliers ou irréguliers.	boissons chaudes, *sirops de sucre, caramel.*
sucre enveloppé en morceaux	• mêmes caractéristiques que le précédent ; • morceaux réguliers.	morceaux enveloppés par deux ou trois (5 à 11 g) ou individuellement, avec motifs divers sur le papier.	sucre des collectionneurs d'emballages.

Les dénominations du sucre

• ***Sucre mi-blanc*** : sucre de betterave ou de canne qui contient au moins 99,5 p. 100 de saccharose et dont la teneur en sucre inverti est inférieure à 0,10 p. 100.

• ***Sucre*** ou ***sucre blanc*** : sucre de betterave ou de canne qui contient au moins 99,7 p. 100 de saccharose et dont la teneur en sucre inverti est inférieure à 0,04 p. 100. Type de couleur : pas plus de 12 points *.

• ***Sucre raffiné*** ou ***sucre blanc raffiné*** : sucre de betterave ou de canne qui contient au moins 99,7 p. 100 de saccharose et dont la teneur en sucre inverti est inférieure à 0,04 p. 100. Pas plus de 8 points au total, parmi lesquels pas plus de 4 pour le type de couleur, pas plus de 6 pour la teneur en cendres, pas plus de 3 pour la coloration de la solution. Le produit répondant à ces caractéristiques peut être aussi désigné sous la dénomination précédente.

• ***Sucre roux, sucre de bas titrage*** : sucre de betterave ou de canne qui contient plus de 85 p. 100 et moins de 98 p. 100 de saccharose.

• ***Candi*** ou ***maillettes*** : saccharose obtenu en gros cristaux par cristallisation lente des dissolutions de sucre.

• ***Cassonade*** : sucre brut de canne.

• ***Vergeoise, bâtarde*** : produits inférieurs à l'état solide, provenant du raffinage du sucre.

* Pour fixer le type de couleur, la teneur en cendres et la coloration de la solution des catégories « Sucre » ou « Sucre blanc » et « Sucre raffiné » ou « Sucre blanc raffiné », on a recours à des « points » déterminés par le règlement de la C.E.E.

LES PRÉSENTATIONS DE SUCRE

Type de présentation	Caractéristiques	Conditionnement	Utilisations
sucre Adant	• obtenu par cristallisation de sirops purs de raffinerie dans des moules parallélépipédiques ; • morceaux de sucre de forme irrégulière résultant des lingots brisés.	n'est plus produit en France par suite de l'impossibilité d'automatiser sa fabrication.	
sucre en grains ou **casson**	• obtenu par concassage de lingot de sucre raffiné très pur ; • grains de forme arrondie.	pas en vente dans le commerce.	pâtissiers et industries.
sucre candi ou **sucre à la ficelle**	• obtenu par cristallisation de sirops de raffinerie très purs, concentrés et chauds, qui refroidissent dans des bacs où sont tendus des fils de coton ou de lin ; les cristaux sont d'autant plus gros que la cristallisation s'effectue plus lentement ; • *sucre candi blanc* : gros cristaux de sucre, incolore et transparent ; • *sucre candi brun* : résultat de la cristallisation, dans les mêmes conditions, d'un sirop coloré par caramélisation.	boîtes ou paquets.	boissons chaudes, fabrication familiale des fruits à l'eau-de-vie, fabrication du champagne (« liqueur d'expédition »).
cassonade	• sucre cristallisé brut extrait du jus de la canne à sucre, d'où sa couleur brune.	boîtes ou paquets d'1 kg.	recettes exotiques et anglo-saxonnes.
vergeoise	• provenant d'un sirop de betterave ou de canne ; • cristaux à grains fins enrobés d'un sirop coloré et parfumé par ses composants ; consistance moelleuse ; • vergeoise blonde ou brune.	paquets de 500 g et d'1 kg.	pâtisseries dans le Nord de la France et en Belgique.

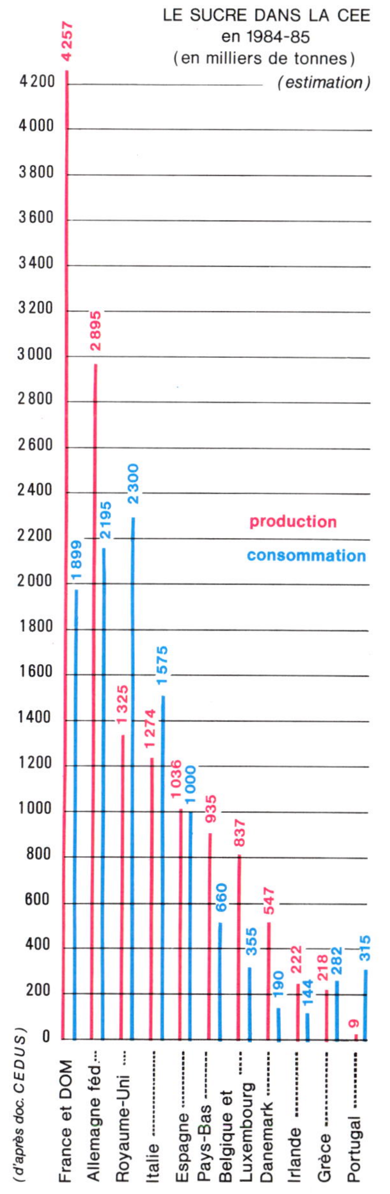

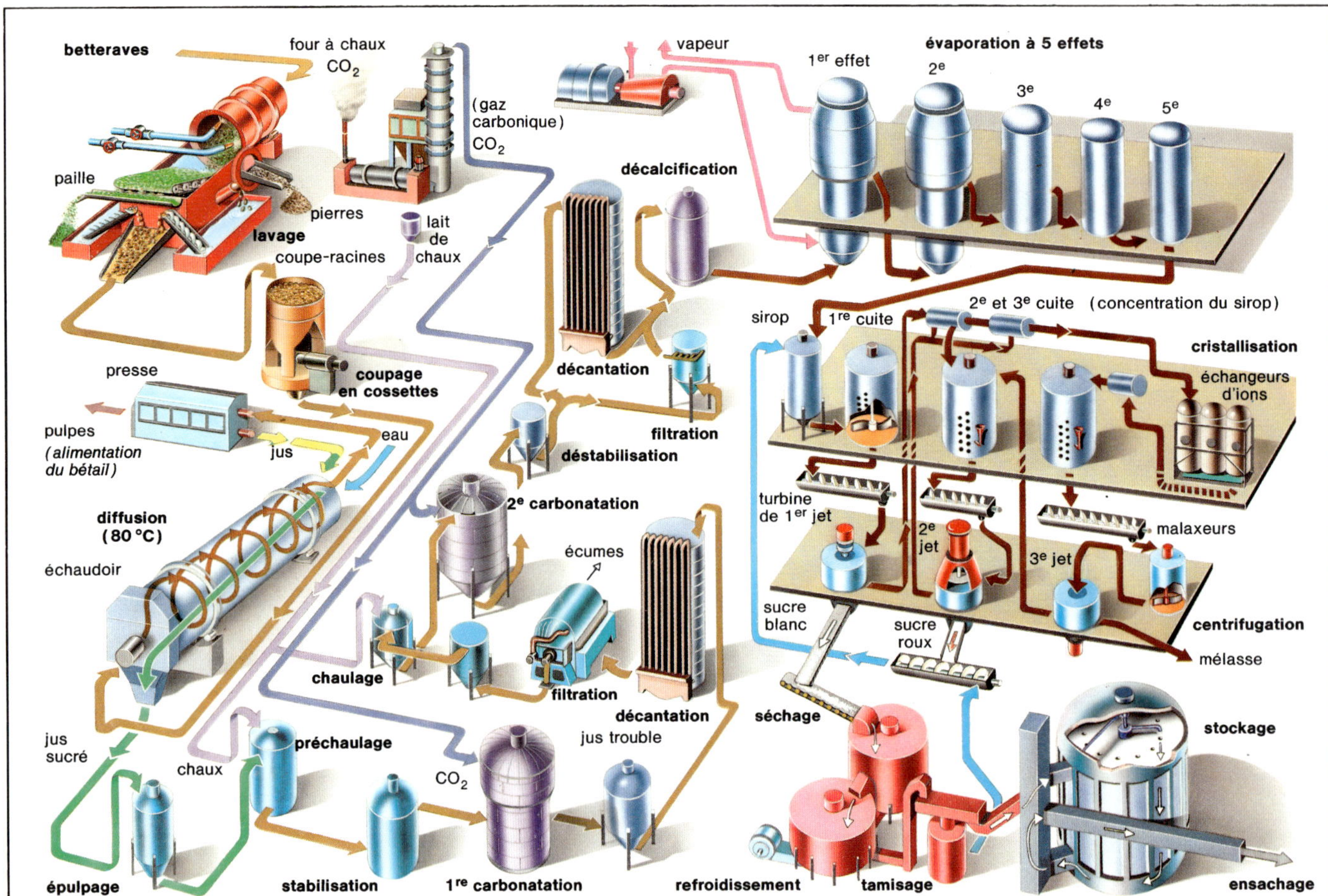

LA FABRICATION DU SUCRE DE BETTERAVE.

Pour le sucre de canne ou pour le sucre de betterave, le processus est, à peu de chose près, le même. Afin de cristalliser, le sirop doit être concentré au point de sursaturation dans des chaudières à « cuire » sous vide, pour éviter la caramélisation. Les cristaux de sucre apparaissent et se multiplient dans la « masse cuite », qui finit par être constituée d'un ensemble de petits cristaux enrobés dans le sirop sursaturé. La « masse cuite » poursuit sa cristallisation en se refroidissant dans les cuves de malaxage, puis elle passe dans des essoreuses où, débarrassée du sirop impur ou « eau mère », elle se présente sous forme de sucre cristallisé blanc, qui, lavé par une pulvérisation d'eau et de vapeur, est ensuite séché à l'air chaud dans des séchoirs rotatifs, avant d'être refroidi et stocké.

L'« eau mère » sortant de l'essoreuse, ou « égout de premier jet », est soumise, de nouveau, à une cuisson, un malaxage, un essorage et donne un sucre moins pur, plus teinté, dit « de deuxième jet ».

L'eau recueillie, « égout de deuxième jet », est traitée de même pour l'obtention d'un sucre dit « de troisième jet », de moindre qualité, dont l'eau, « égout de troisième jet », constitue la mélasse. Celle-ci contient 50 p. 100 de son poids en sucre incristallisable et est utilisée à diverses fins (alcools, levures, aliments pour animaux, etc.).

Phase ultime : le raffinage du sucre

Le raffinage, qui a pour but l'élimination des impuretés (matières organiques, sels minéraux, matières étrangères diverses [sable, fibres végétales, etc.]), est réalisé tant sur les sucres roux de canne que sur les sucres bruts de betterave et les sirops de sucrerie. Il procède par affinage, refonte et clarification du sucre affiné, filtration et décoloration des sirops de refonte, cristallisation de ces sirops épurés, pour aboutir à l'obtention de sucres très purs. Ces opérations, faites en raffineries, constituent une industrie complémentaire de la sucrerie et permettent de fabriquer, à partir d'un produit purifié, les différents sucres que l'on trouve dans le commerce.

Les sucres de la confiserie

Les différentes formes de présentation du sucre correspondent à des besoins précis du consommateur et des industries utilisatrices. *V. tableau.* La confiserie a surtout recours au sucre cristallisé, au sucre en poudre, au sucre glace et au sucre en morceaux. Mais elle fait aussi appel à des sucres travaillés que l'on trouve dans le commerce et qui entrent dans la fabrication de diverses friandises. Tels sont notamment :

• le *sucre inverti* ou *interverti,* mélange équimoléculaire de glucose et de fructose (ou lévulose), obtenu par hydrolyse du saccharose ; il se compose, généralement, de 80 p. 100 de matière sèche, dont 4 à 5 p. 100 de saccharose non transformé et se présente sous un aspect semi-pâteux, d'un blanc jaunâtre ; inhibiteur de la cristallisation du saccharose et rétenteur d'eau, il diminue la viscosité des masses et des intérieurs ; son pouvoir sucrant est supérieur d'environ 20 p. 100 à celui du saccharose. On l'emploie en confiserie de chocolat pour obtenir des intérieurs moelleux, mais sans que cet apport dépasse 4 p. 100, ainsi que pour la fabrication des fondants et des pâtes d'amandes ;

• le *sirop de sucre inverti* (ou *interverti*), solution aqueuse, éventuellement cristallisée, de saccharose partiellement inverti par hydrolyse, qui contient au moins 62 p. 100 de matière sèche – dont plus de 50 p. 100 de sucre inverti ;

• le *sucre fondant,* sirop épais et blanchâtre composé de cristaux de sucre que lie un sirop saturé ; il est le résultat de la cuisson d'un sirop de sucre cristallisé, d'eau de glucose et parfois de sucre inverti à une température de 110°-120 °C, et d'un malaxage pour obtenir la cristallisation. Il est vendu en boîtes métalliques de 250 g, 500 g et 1 kg ou en sachets en plastique. La confiserie l'utilise pour la confection des bonbons fondants candis, des papillotes lyonnaises et la fabrication du fourrage de certains chocolats.

La cuisson du sucre

Le sucre dissous dans de l'eau, plus facilement dans de l'eau chaude, constitue un sirop dont la concentration varie suivant l'emploi qui lui est destiné. Si l'on poursuit cette opération par la chaleur, on arrive à la cuisson du sucre qui provoque des états physiques successifs, correspondant chacun à des utilisations particulières en confiserie. D'où la nécessité d'un contrôle rigoureux des différents stades de la cuisson, à l'aide d'un pèse-sirop et, à partir du moment où le sucre est chaud et épais, grâce à un thermomètre à sirop, gradué en degrés Celsius, ou, d'une façon très approximative, par des constatations empiriques.

Le sucre utilisé pour la cuisson est le sucre le plus pur, du sucre raffiné, semoule ou en morceaux, auquel on ajoute parfois, pour éviter le grainage, une légère proportion de glucose, qui exige pour le même résultat une température plus élevée. La proportion est généralement de 200 à 250 g d'eau pour 1 kg de sucre. La cuisson du sucre requiert un matériel simple, mais exige certaines précautions de manipulations. En effet, les ustensiles doivent être très propres, la présence de cristal de sucre et de corps gras pouvant provoquer une cristallisation, faire « masser » le sirop et, par là, le rendre inutilisable.

L'emploi du thermomètre à sirop. Phot. Larousse.

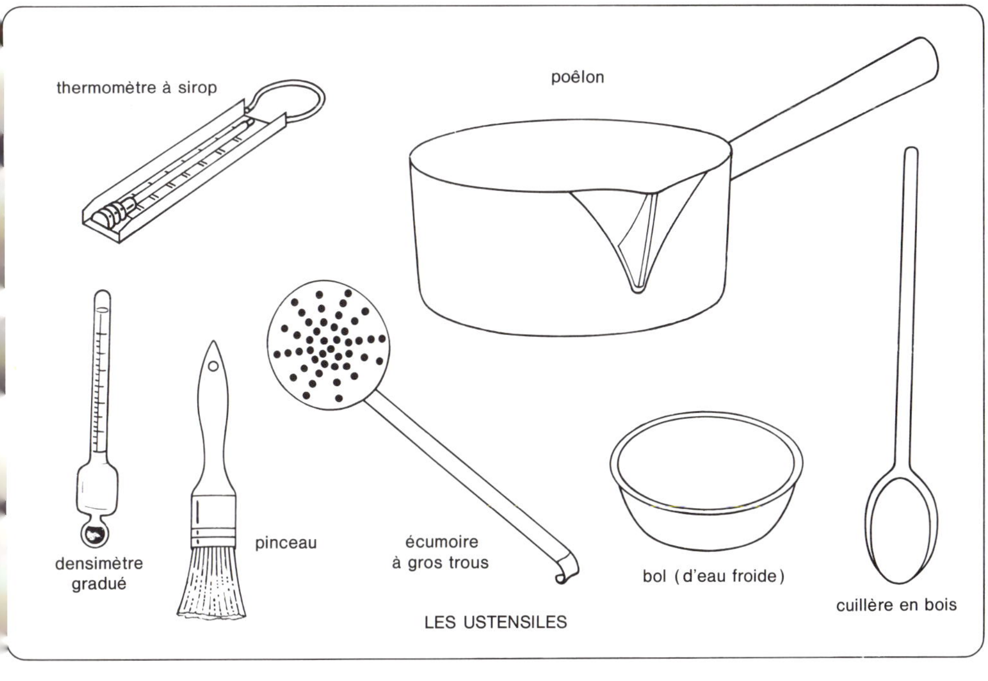

LA CUISSON DU SUCRE

Stade	**Température** (en degrés Celsius)	Densité	Degrés Baumé *	Caractéristiques	Emplois **
nappé	100 °C	1,240	28	Le sirop, translucide, entre en ébullition. Si l'on y trempe une écumoire, il s'étend en nappe à sa surface	
petit filet	101 °C	1,251	29	Si l'on plonge les doigts dans l'eau froide, puis dans le sirop, celui-ci forme un filament de sucre de 2 mm, très fin et très fragile, entre les doigts	pâte d'amandes
grand filet ou **lissé**	102 °C	1,262	30	Le filament obtenu est un peu plus résistant ; il a 0,5 cm de long. Ce stade correspond à la mention « sirop de sucre » apparaissant sans autre précision dans une recette	
petit perlé	103-105 °C	1,296	33	De grosses bulles rondes se forment à la surface du sirop. Le sirop recueilli sur la cuillère, puis sur les doigts forme un filet large et solide qui ne se rompt pas	touron
grand perlé ou **soufflé**	107 °C	1,319	35	Si l'on souffle sur l'écumoire après l'avoir trempée dans le sirop, il se forme des bulles solides. Le fil laissé sur les doigts s'étend si on écarte beaucoup les doigts	glaçage des marrons, cerises déguisées
petit boulé	109-116 °C	1,344	37	Le sirop a épaissi. Un peu de sirop versé avec la cuillère dans l'eau froide forme une boule molle très malléable	fondant
grand boulé	120-126 °C	1,357	38	La boule est plus dure. Si l'on souffle à travers l'écumoire, il se forme de gros flocons neigeux	décors en sucre, nougat, caramels mous

* Les degrés Baumé ne sont indiqués ici que pour mémoire. En effet, un décret du 3 mai 1961 a interdit la fabrication d'instruments de mesure gradués en degrés Baumé, qui se trouvent remplacés par un pèse-sirop gradué en densité.

** Pour ramener un sirop de sucre à la concentration indiquée par une recette, on ajoute soit de l'eau bouillie s'il est trop concentré, soit du sucre s'il ne l'est pas assez.

Une friandise populaire : la barbe à papa

Mondialement appréciée puisque les États-Unis, la Grande-Bretagne et le Japon en sont gros mangeurs, la barbe à papa est, en fait, d'origine française. Depuis son apparition, à l'Exposition universelle de 1900, elle est, en France, restée fidèle à un mode de fabrication artisanal. Et, s'il existe aujourd'hui des machines électriques à grand débit (200-250 barbes à l'heure), on recense deux fois plus de machines anciennes fonctionnant au gaz et de faible rendement. Ce matériel utilise annuellement 500 tonnes environ de sucre cristallisé (50 g suffisent pour une barbe), pour une consommation de quelque 10 millions de barbes. Plus ou moins grosse selon les pays, généralement rose, mais aussi verte, orange, jaune et même bleutée – surtout à l'étranger –, la barbe à papa (ou *Cotton candy* outre-Atlantique) est la friandise privilégiée des fêtes foraines. Ses cocons de sucre étiré comptent la majeure partie de leurs adeptes parmi les enfants qui aiment le goût simple de leurs boucles colorées accrochées à un bâton.

LA CUISSON DU SUCRE

Stade	Température (en degrés Celsius)	Densité	Degrés Baumé *	Caractéristiques	Emplois **
petit cassé	129-133 °C	à partir de ce stade, on ne peut plus utiliser le pèse-sirop		Une goutte de sirop versée dans l'eau froide durcit immédiatement, mais colle un peu aux dents	
grand cassé	145-150 °C			Plongées dans l'eau froide, les gouttes de sirop deviennent dures, cassantes comme du verre et ne sont plus du tout collantes ; elles sont encore incolores. Par sécurité, avant de commencer un glaçage, attendre que le sucre devienne très légèrement jaune paille sur les bords de la casserole	caramels durs, berlingots, pastilles, sucre d'orge, sucettes, barbe à papa, fruits fourrés, glaçage des fruits déguisés, sucre filé (décor)
caramel clair	151-160 °C			Le sirop ne contient à peu près plus d'eau ; il commence à se colorer et jaunit. En brunissant, il perd son pouvoir sucrant	bonbons, nougatine
caramel foncé	161-170 °C				arôme, caramel pour colorer
	190 °C			Stade de la carbonisation : le sucre noircit, dégage une fumée âcre et brûle	

1

2

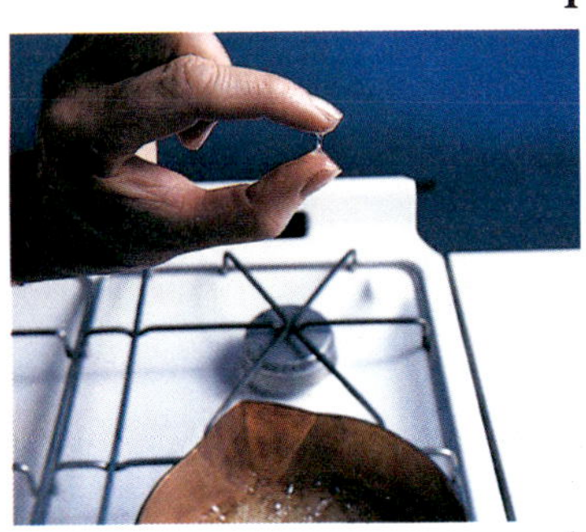
3

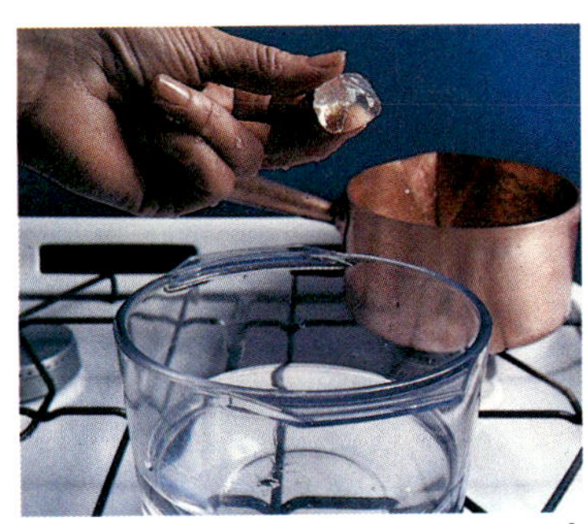
4

La ***cuisson du sucre****: après avoir versé la moitié de l'eau dans la casserole, on ajoute le sucre, puis le reste de l'eau, qui doit juste imbiber le sucre (1). On place le mélange sur feu doux, en ayant soin de ne jamais remuer le sucre avec un ustensile quelconque pour éviter de le faire « masser ». Dès que le sirop entre en ébullition, débute la série des différentes phases de concentration. Pour contrôler la transformation, on peut avoir recours à l'évaluation manuelle : on plonge une cuillère dans la casserole (2) ; puis on fait couler le sirop entre le pouce et l'index (3), en ayant bien veillé, avant l'opération, à tremper ses doigts dans de l'eau froide ; l'observation du sirop indique le stade de la cuisson* (v. tableau). *À partir du « petit boulé », le sirop forme une boule qui durcit peu à peu, en restant incolore, jusqu'au « grand cassé » (4).* Phot. CEDUS.

Les techniques du sucre

Le propos de cet ouvrage n'étant pas celui d'un manuel destiné à des professionnels, mais visant simplement à éclairer un domaine mal connu de l'amateur de friandises, les diverses techniques qu'emploie la confiserie artistique ne sauraient être étudiées dans le détail. Aussi nous limiterons-nous à un survol de ces méthodes, en mettant l'accent sur l'originalité de certaines d'entre elles.

Le matériel utilisé pour le sucre soufflé

- Un baromètre.
- Un hygromètre.
- Un thermomètre.
- Un réchaud à gaz butane.
- Trois casseroles (une petite et deux grandes).
- Trois spatules en bois.
- Deux cuvettes.
- Une table chauffante, facile à réaliser avec une boîte en tôle, un petit réchaud électrique que l'on place dessous, une feuille d'amiante que l'on place dessus, et un morceau de cuir (basane) que l'on a plongé pendant 48 h dans l'huile et que l'on place par-dessus le tout.
- Un marbre.
- Un ventilateur.
- Une paire de gants en caoutchouc.
- Une pipette en ivoire (en vente dans les maisons spécialisées dans l'ivoire).
- Du fil gutta et du laiton pour associer les pièces.

Le pastillage

C'est l'œuvre du pastilleur qui, ainsi que l'a écrit Grimod de La Reynière dans son *Almanach des gourmands,* « doit être tout à la fois un dessinateur, un graveur en bois, un sculpteur en ronde bosse comme en bas relief, car, s'il est obligé d'avoir recours à d'autres artistes pour son travail, il ne pourra jamais s'élever à la hauteur de son art ». Groupes de figures allégoriques, paysages, pièces décoratives diverses,... grâce à sa malléabilité, le pastillage se prête à d'innombrables décors. Préparé à partir de sucre glace, de gélatine, d'eau et de jus de citron, il a pour seul inconvénient de n'être pas comestible. Son séchage est délicat, car il est important d'éviter que des crevasses ne se forment.

La glace royale

Elle est utilisée pour coller entre elles des pièces en pastillage, pour exécuter des feuilles ou des fleurs. Additionnée d'un peu de sucre, ce qui la rend plus consistante, elle se façonne en roses ou autres fleurs à l'aide d'un cornet muni d'une douille spéciale.

Le sucre taillé

Le confiseur se fait sculpteur pour une technique des plus complexes, qui requiert une longue patience. Avec les outils traditionnels (scies, gouges, marteau, etc.), il travaille le bloc de sucre comme s'il s'agissait d'une pierre. La pièce obtenue se suffit à elle-même, véritable œuvre d'art en soi.

Le sucre coulé

Il sert à la confection de pièces à surface plane. Urbain Dubois nous en donne la recette : « Coupez en morceaux du beau sucre en pain ; mettez-le dans un poêlon avec moitié de son poids d'eau froide (...) ; laissez-le dissoudre à froid. Mêlez-lui ensuite quelques gouttes d'acide acétique. Couvrez-le, cuisez-le à la glu. À ce point, retirez-le du feu, mêlez-lui encore quelques gouttes d'acide ; azurez-le très légèrement, faites-le loucher en le frottant contre les parois du poêlon avec une cuiller en bois ; coulez-le aussitôt dans les moules.

On coule ordinairement ce sucre dans des moules en plâtre trempés à l'eau froide, puis bien égouttés, et fortement serrés avec une grosse ficelle, afin que le sucre ne s'échappe pas à travers les divisions mal jointes du moule.

Quand le moule est rempli, on attend que la surface du sucre se fige à l'ouverture par laquelle il a été versé dans le moule ; puis on brise cette mince croûte, et on renverse le moule pour en vider le sucre liquide dans le poêlon, afin d'obtenir le sujet creux. »

La technique reste aujourd'hui la même. Sucre, eau et glucose sont cuits au gros boulé, puis, après incorporation de carbonate de calcium, jusqu'au grand cassé, avant que la préparation puisse être coulée dans des moules.

Le sucre filé

Il permet de façonner les détails d'ornement des compositions artistiques. Les confiseurs du passé l'utilisèrent abondamment pour sultanes, aigrettes, pompons, voluptés et autres raffinements. Urbain Dubois en fait large cas dans son *Grand Livre des pâtissiers et des confiseurs,* où le sucre filé participe aux pièces les plus luxueuses.

De par son extrême fragilité, ce sucre requiert d'être préparé en dernier lieu, dans un endroit sec et abrité. On mélange dans un poêlon sucre, eau et glucose (1/5 du poids de sucre) et on fait cuire jusqu'au grand cassé (145 °C). On plonge alors le fond du poêlon dans l'eau froide pour arrêter la cuisson. Lorsque le sucre, légèrement refroidi, devient épais, on y trempe un fouet coupé à son extrémité et on le secoue en hauteur au-dessus de spatules en bois que l'on a pris soin de placer à intervalles réguliers au bord d'une table, en les laissant dépasser de 20 à 30 cm. Les fils de sucre se répartissent sur ces spatules et composent une gerbe brillante et légère. Lorsqu'on a obtenu le volume souhaité, on retire la gerbe, on la pose sur un marbre et on la modèle selon ses besoins.

Si l'on souhaite colorer le sucre filé, il suffit d'ajouter un colorant à mi-cuisson.

Le sucre soufflé

Il évoque l'art des maîtres verriers tel qu'il se pratique à Venise. Fruits, fleurs, animaux... il se prête à une multitude de compositions délicates et raffinées, qu'il soit employé seul ou associé à du sucre tiré, du sucre filé, du pastillage, etc. Sa réussite tient essentiellement à celle de la cuisson du sucre et celle-ci est d'autant plus complexe qu'elle varie selon l'atmosphère dans laquelle elle est effectuée. Le bon point de cuisson n'est pas le même à la mer qu'à la montagne, dans un endroit chaud que dans une région froide. Il est donc impératif de le préciser, à l'aide d'un hygromètre et d'un baromètre, pour obtenir un sucre cuit qui ne colle pas.

Une fois le degré défini, la recette se déroule ainsi, selon la méthode mise au point par Mme Marguerite Lapierre, la spécialiste du sucre soufflé.

Dans une casserole, on mélange du sucre (750 g) et de l'eau (2/3 d'un bol), en tournant avec une spatule. Puis on fait chauffer sur le réchaud. Lorsque le mélange commence à bouillir, on ajoute le glucose (1/4 du poids du sucre environ). La « cuite » se teinte en blond pâle (si le temps est sec) ou en blond jaune (si le temps est humide).

Dès que la température atteint 158 °C (hygromètre : 65 p. 100 et pression : 750 millibars), la variation possible pouvant aller de 135 °C à 170 °C, on verse sur le marbre un tiers de la « cuite ». On y incorpore un soupçon d'acide citrique, deux gouttes de parfum, une goutte de couleur et on malaxe. On pose ensuite le sucre cuit chaud sur la table chauffante et on en tire des morceaux pour façonner feuilles, pétales, etc.

On dépose le sucre, avec des gants, au bout de la pipette en le pressant bien sur les bords de celle-ci et on souffle lentement devant le ventilateur (pour refroidir le sucre et lui garder sa forme), en modelant avec la main la forme qu'on souhaite lui faire prendre. Il ne reste plus alors qu'à couper au ras de la pipette avec des ciseaux chauffés. Les finitions se font à la main.

Le sucre tiré

Cette technique, très délicate, est d'autant plus importante qu'outre le façonnage des rubans et nœuds, des corbeilles et paniers elle permet de reproduire toutes les fleurs que l'on trouve dans la nature, même les plus complexes. Sa pratique varie selon les confiseurs, chacun ayant sa propre méthode de graissage – c'est-à-dire l'ajout de glucose, de crème de tartre, de vinaigre blanc, etc. qui, en prévenant la cristallisation du sucre, favorise sa malléabilité. La température de cuisson dépend à la fois des ingrédients employés et des conditions de travail (celui-ci doit s'effectuer dans une pièce bien chauffée, à l'abri des courants d'air).

Mais, par-delà la préparation du sucre, interviennent la dextérité et l'expérience de l'« artiste ». Un sucre tiré avec excès est terne alors qu'il doit être très brillant et satiné. Les gestes doivent être précis et rapides, pendant que le sucre est encore chaud. La légèreté et la transparence des décors sont ici le résultat de manipulations sans défaillance.

Le sucre tourné

S'il ne présente pas la finesse d'aspect du sucre tiré, il a pour avantages de moins brûler les doigts (on le travaille tiède), de supporter plus de fantaisie dans la conception des formes et de se conserver beaucoup plus longtemps. Le qualificatif de « tourné » vient du fait qu'en modelant un carré de sucre à la forme voulue, après lui avoir incorporé de l'amidon coloré, le sucre « tourne » quand il prend partout la même couleur.

Le sucre massé

Un sirop de sucre cuit au gros boulé et massé avec une spatule en bois est coulé, ni trop chaud ni trop massé, dans des moules, en plâtre ou en acier. Les sujets obtenus doivent offrir une surface lisse, sans fissure.

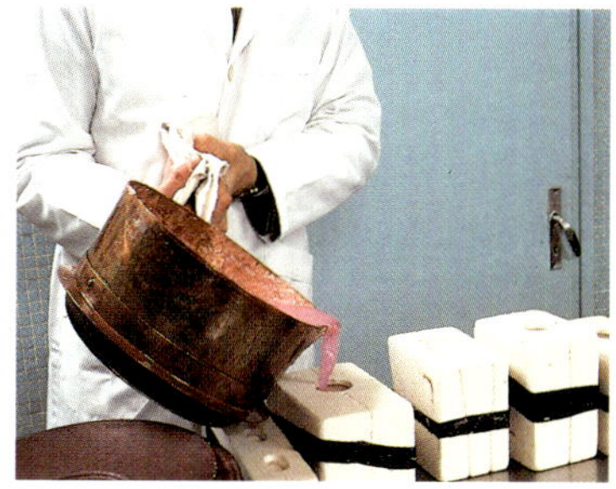

Moulage de sujets en sucre massé.
Phot. Larousse.

Le sucre d'art

Dès ses débuts, la confiserie a été associée à la notion de fête et de décor de table. Sans doute le doit-elle, en grande partie, à la noble tradition du compagnonnage, qui exigeait que chaque candidat fasse montre de son talent et de sa dextérité par la réalisation d'un « chef-d'œuvre », alliant la perfection de la technique à l'harmonie de l'architecture. Ainsi, après un Moyen Âge initié au goût des choses sucrées, la Renaissance s'essaya-t-elle aux sculptures de sucre, en les ordonnant selon des ensembles décoratifs d'inspiration essentiellement historique et de conception italianisante. Car la mode de ces « constructions » savantes, bâties pour l'éphémère, prit son essor en Italie où l'on attachait grande importance à l'ornementation des tables d'apparat. À telle enseigne que, dès la seconde moitié du XVIIe siècle, en un temps où la faveur allait aux compositions paysagées, faites en pastillage, pâte à biscuit et sucre coloré, on imagina de faire régner sur ces « parterres fleuris » des statuettes allégoriques, des dieux et déesses, modelées sur les statues de pierre des véritables jardins, et qu'à cette fin des artistes renommés se mirent à travailler le sucre suivant la méthode des maîtres verriers vénitiens.

Ces figurines (« trionfi ») connurent un grand succès en Allemagne et même en France où, toutefois, l'on appréciait davantage les pyramides comestibles, monumentaux édifices apparus vers 1650, qui sont, en quelque sorte, les ancêtres de nos croquembouches. Toute fête à la cour rehaussait son prestige de pyramides de confitures sèches, de massepains ou autres pâtes sucrées, dont l'équilibre était assuré par des fils de caramel. La coutume s'en perpétua jusque vers 1730, bien que le siècle des Lumières, tourné vers la nature, lui préférât les jardins habités d'oiseaux et d'animaux. Désormais, l'art de la confiserie n'avait plus de limites. Comme l'indique l'*Encyclopédie*, « la confiserie peut exécuter en sucre toutes sortes de dessins, de plans, de figures, et même des morceaux d'architecture considérable ». Abandonnant les statuettes de sucre au profit d'autres, en porcelaine, en argent ou en vermeil, telles que les aimaient les surtouts de table de l'époque, elle donna libre cours à une imagination des plus foisonnantes, pour atteindre, au XIXe siècle, sous l'égide d'Antonin Carême, praticien incomparable, le summum de ses possibilités.

Chalets, temples, ruines, paysages rocailleux rafraîchis de fontaines, autant que chariots, navires ou casques constituèrent alors les pièces ornementales des buffets de fête, posées sur un piédestal en pastillage ou en sucre taillé au couteau. De ce luxe de sujets, plus pittoresques les uns que les autres, Urbain Dubois fut l'un des maîtres, ainsi que l'atteste son *Grand Livre des pâtissiers et des confiseurs*, révélateur des rêves en sucre d'un siècle où les friandises n'étaient plus seulement le privilège des riches.

Aujourd'hui où le sucre ne semble plus avoir de secrets quant à la source de créativité qu'il peut représenter et où le dessert d'apparat a disparu – sous la forme élaborée que lui avaient donnée les siècles passés –, les maîtres confiseurs continuent à exprimer leur savoir-faire et leur sens artistique à travers des œuvres qui, pour être périssables du fait de la nature même de leur matériau, n'en demeurent pas moins les somptueuses manifestations d'un art en constante évolution.

Ainsi l'exige la législation...

L'étiquetage des produits de confiserie doit prendre en compte leur « composition » aromatique, selon les appellations définies par le Service de la répression des fraudes. Ainsi :

• « le mot ***naturel,*** les mentions telles que ***parfum*** ou ***arôme naturel, aux arômes naturels, pur fruit, purs fruits*** et autres expressions similaires faisant état d'une aromatisation naturelle demeurent réservés aux cas d'emploi exclusif de matières aromatiques naturelles » ;

• dans le cas d'utilisation de matières aromatiques renforcées, « l'étiquetage (...) pourra porter l'indication du nom du fruit ou sa représentation, ou les deux, sans que cette indication soit suivie du qualificatif ***artificiel*** » ;

• dans le cas où l'aromatisation est obtenue, même partiellement, avec un parfum synthétique, l'étiquetage doit faire apparaître la mention ***arôme artificiel,*** si le nom d'un arôme naturel ou d'un fruit parfumé figure dans la dénomination.

Les grandes familles de la confiserie de sucre

Ce survol des principales catégories de produits de confiserie ne prétend pas être une étude approfondie des techniques de fabrication. Il vise simplement à faire découvrir à l'amateur de friandises les coulisses méconnues de ce monde sucré, à l'informer de ce que recouvrent les dénominations officielles en matière de bonbons, pâtes, nougats et autres articles, et à l'initier à un choix plus judicieux en fonction de ce que sont les critères de qualité dans ce domaine particulier.

Les bonbons de sucre cuit

Pleins ou fourrés, satinés ou battus, acidulés ou non, colorés ou non, ils constituent l'une des principales familles de la confiserie, riche d'innombrables compositions autant que des formes les plus diverses. Mais ils ont en commun d'être obtenus par travail du sucre avec addition d'un sirop de glucose. Leur fabrication se fait à la main ou à l'aide de machines. Dans le premier cas, le sucre est cuit à feu nu dans une bassine ou un poêlon en cuivre non étamé. Dans le second cas, le sucre est cuit dans un vacuum, appareil à cuire dans le vide, chauffé à la vapeur.

S'il s'agit de *bonbons durs*, les variantes sont multiples selon l'aromatisation, l'adjonction ou non d'acides (ce qui les rend « acidulés »), la coloration et, enfin, selon que le sucre est « clair » (vitreux) ou « battu » (opaque), ce dernier étant obtenu en incorporant des bulles microscopiques d'air dans la masse de sucre cuit, encore chaude et plastique, par pétrissage avec une « machine à étirer le sucre ». Parmi les bonbons pleins, les *berlingots* allient sucre clair et sucre battu, répartis en bandes alternées qui deviennent filets à l'étirage. Quant aux *rocks*, bonbons cylindriques, décorés de dessins de couleurs, ils résultent de l'assemblage manuel de bandes et de boudins de sucres clairs ou battus différemment colorés, au gré de l'imagination du confiseur. Enfin, le *sucre tors* ou *retors* est un sucre d'orge étiré et travaillé jusqu'à ce qu'il se pare d'un aspect satiné ; il constitue l'une des spécialités des fêtes foraines.

Quant aux *bonbons fourrés*, ils associent au sucre cuit, utilisé ici comme enveloppe, un fourrage de composition et de contexture sans rapport avec celle-ci ; ce fourrage représente, pour un beau bonbon, près de 45 p. 100 de son poids total. Les recettes sont fort nombreuses, car, en matière de sucres cuits fourrés, l'imagination du confiseur a champ libre. Toutefois, le propos de ce livre n'est pas de les énumérer toutes. Il est seulement bon de savoir que les « fourrés » les plus courants, les *fourrés fruits*, doivent répondre à des critères fixés par le code d'usage professionnel. Ce dont le consommateur n'est malheureusement pas toujours informé. Et sa déception est souvent grande sur la qualité des sucreries qu'il a cru bien choisir !

Mention particulière doit être faite des bonbons *fourrés liquides*. L'intérieur est préparé

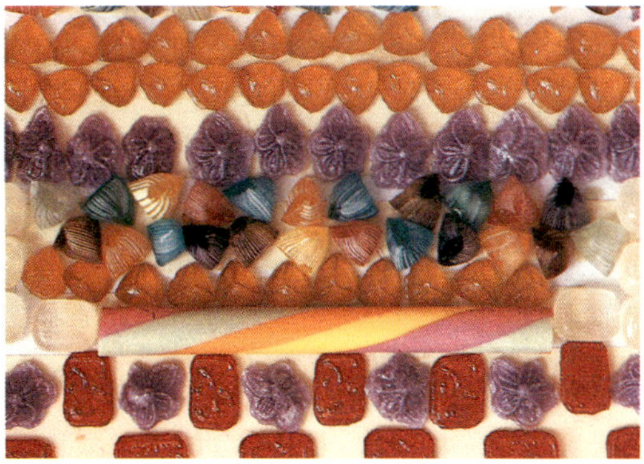

Bonbons durs ou bonbons fourrés... L'art de la composition avec des sucres cuits.

Phot. CEDUS et Jacques Verroust.

LES BONBONS DE SUCRE CUIT

Variétés	Caractéristiques	Présentation
bonbons durs ou **sucres cuits pleins**	• Ingrédients : sucre de première qualité, eau, sirop de glucose (30 à 40 p. 100), acide citrique, colorants alimentaires, arômes ; • Masse cuite utilisée telle et formée à l'aide de cylindres gravés (en bronze ou en acier), au pilulier (bonbons de forme ronde) ou à la presse (surtout système à couronne)	• Bonbons acidulés (aux fruits, aux fleurs, aux plantes, au miel, etc.) • Sucre d'orge *(v. p. 60)* • Sucre de pomme *(v. p. 60)* • Sucre tors ou retors : sucre d'orge étiré et travaillé jusqu'à ce qu'il se pare d'un aspect satiné ; c'est là l'une des spécialités des fêtes foraines • Berlingots : ils allient sucre clair et sucre battu répartis en bandes alternées qui deviennent filets à l'étirage *(v. p. 23)* • Rocks : bonbons cylindriques, décorés de dessins de couleurs, résultant de l'assemblage manuel de bandes et de boudins de sucres clairs ou battus différemment colorés, au gré de l'imagination du confiseur • Sucettes • Chiques • Bêtises de Cambrai *(v. p. 24)* • Nombreuses spécialités régionales • Fantaisies diverses
bonbons fourrés ou **sucres cuits fourrés**	• Extérieur de sucre cuit du type bonbon acidulé aromatisé et employé clair ou battu ou du type caramel au lait ; • Fourrage de composition très variée, préparé séparément et introduit dans la pâte grâce à une machine à fourrer ; • Le boudin fourré obtenu passe au formage comme les bonbons durs	• Fourrés fruits *(v. encadré)* • Fourrés liquides • Fourrés liqueurs *(v. p. 31)* • Fourrés caramel mou : sous une croûte de type sucre cuit caramel au lait, un fourrage fait de caramel très mou, composé exclusivement de sucre, de sirop de glucose, de lait entier concentré et de beurre, aromatisé après cuisson • Fourrés miel, café, pâte chocolatée, nougat, etc. Seuls, les bonbons fourrés miel sont, généralement, fourrés de miel pur, sans adjonction de sirop
bonbons pralinés	• Enveloppe de sucre cuit et fourrage de praliné	• *Fourrés pralinés :* dénomination réservée aux bonbons dont le fourrage est un noyau de praliné pur • *Feuilletés pralinés :* dénomination réservée aux bonbons dont le noyau est composé de couches parallèles très fines et intercalées de praliné et de sucre cuit

Savoir acheter les « fourrés fruits »

En ce domaine, la lecture des étiquettes est d'importance. En prenant la framboise pour exemple :

• bonbon ***fourré framboise pur fruit*** : fourrage fait de sucres et de pulpe de framboise, parfois avec des ajouts de jus de framboise et de matières aromatiques provenant exclusivement de ce fruit ;

• bonbon ***fourré framboise*** : fourrage fait de sucres et d'une ou plusieurs pulpes de fruits, sans que soit nécessairement employée la pulpe de framboise, parfois avec des ajouts de jus de framboise et de matières aromatiques provenant principalement de ce fruit ; la saveur dominante du bonbon doit être celle de la framboise ;

• bonbon ***fourré parfum framboise*** : fourrage – liquide, solide ou pâteux – fait d'un mélange de sucres, aromatisé avec du jus de framboise et/ou des matières aromatiques provenant principalement de ce fruit.

Cette distinction se retrouve lorsque à la vente des bonbons de plusieurs parfums sont réunis en une seule présentation : ***bonbons fourrés aux fruits assortis, bonbons fourrés fruits arômes assortis, bonbons fourrés arômes assortis.*** En outre, composition et pourcentage de pulpe doivent être mentionnés sur l'emballage.

à partir d'un mélange de sucres, aromatisé avec une essence naturelle de fruit ou un alcool, cuit jusqu'à bonne concentration, puis refroidi et introduit dans le boudin de sucre à l'aide de la machine à fourrer. Une grande partie de l'alcool s'évaporant au cours de la fabrication et du formage, qui sont faits à chaud, un bonbon fourré liqueur ne « titre » jamais plus de 10 à 12° d'alcool. Un seul inconvénient : l'alcool attaque la croûte du bonbon.

Les bonbons *fourrés caramel mou* renferment, sous leur croûte de type sucre cuit caramel au lait, un fourrage fait de caramel très mou, composé exclusivement de sucre, de sirop de glucose, de lait entier concentré et de beurre, aromatisé après cuisson.

Seuls les bonbons *fourrés miel* sont fourrés de miel pur, sans adjonction de sirop.

Enfin, une troisième catégorie de sucre cuit réunit les *pralinés,* constitués d'une enveloppe de sucre cuit parfumée à la vanille et d'un fourrage de praliné, qui consiste en une pâte faite d'un mélange d'amandes et de noisettes grillées et de sucre, le tout cuit et finement broyé.

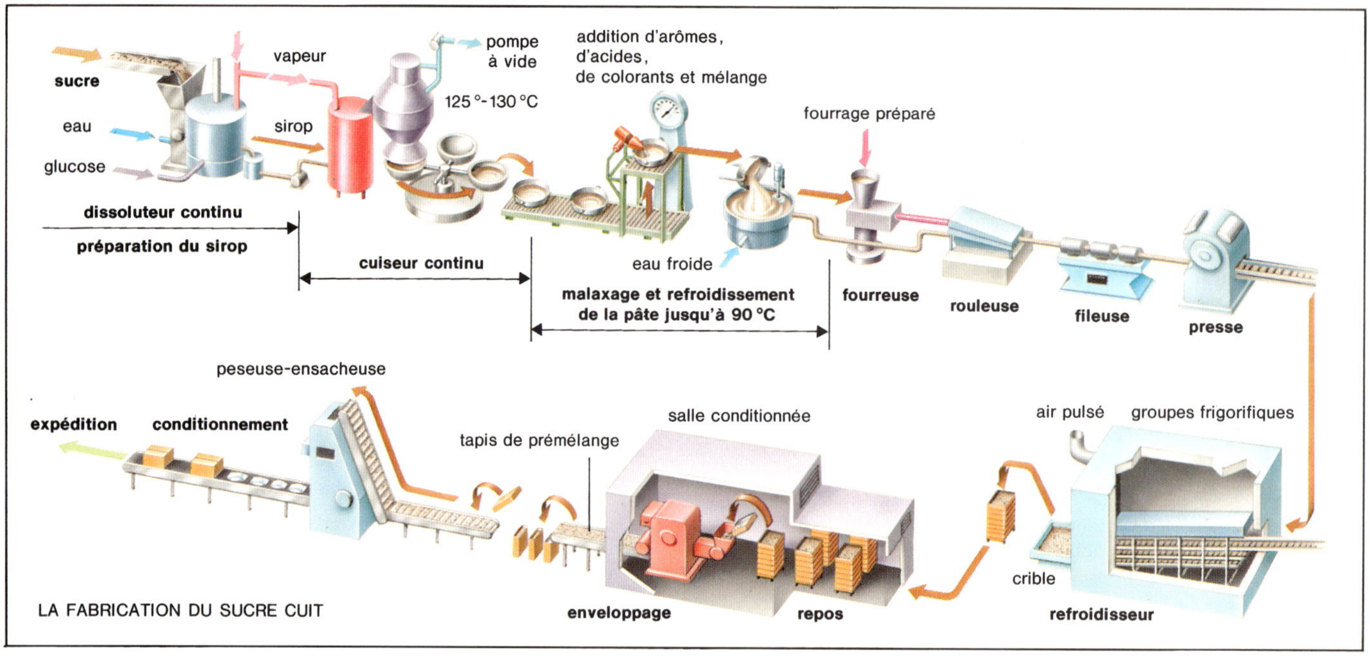

Alors que la fabrication industrielle fait appel à toute une chaîne de machines spécifiques (ci-dessus), *la formule artisanale consiste à dissoudre le sucre dans l'eau, jusqu'à éclaircissement de la solution, puis à y incorporer le sirop de glucose en proportion déterminée (généralement 8 g de glucose pour 10 g de sucre). Le mélange est alors cuit au grand cassé et, en fin de cuisson, versé sur un marbre froid, où il est aromatisé, coloré, acidifié, suivant les recettes. Le formage est réalisé, alors que la masse est encore souple.*

1

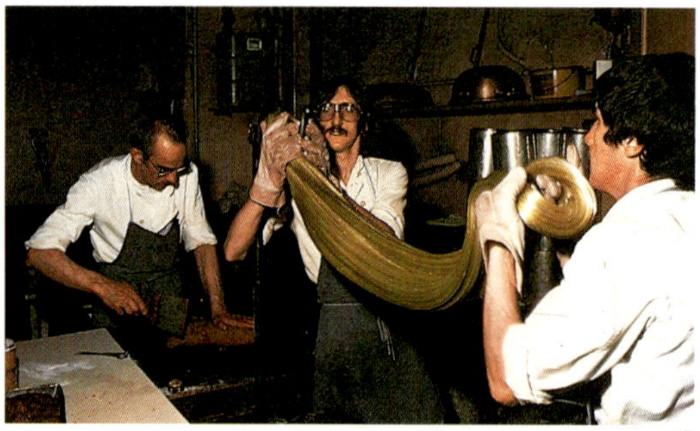
2

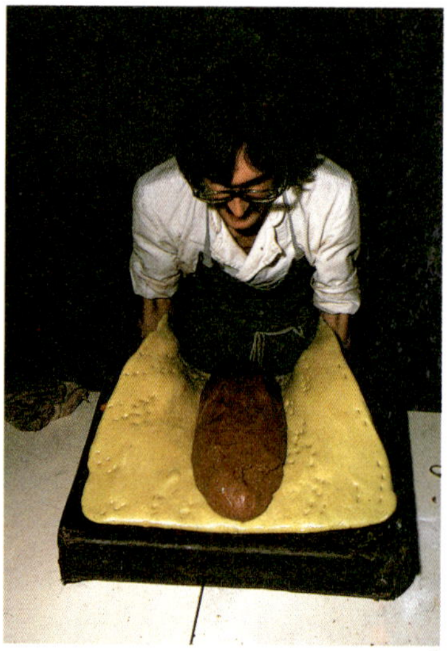
3

4

5

La fabrication des Forestines, *premiers des bonbons de sucre cuit fourrés : 1. Le sirop de sucre, consistant mais malléable, est versé sur la table froide pour refroidissement. 2. Après avoir été pétrie, la pâte est battue au crochet afin d'être aérée ; c'est le stade de la variation de la couleur et du satiné. 3. Sur l'abaisse de sucre, maintenue à température, on dispose le fourrage de praliné tiède, puis on « borde » la pâte. 4. Un énorme bonbon est ainsi étiré. 5. Il est découpé en un chapelet de* Forestines. Phot. Jacques Verroust.

Les pastilles

Si l'art du pastilleur a contribué à de nombreux chefs-d'œuvre *(v. p. 48),* il a aussi produit des bonbons fort appréciés des générations passées et que notre époque tend à redécouvrir. Il existe, en fait, trois types de pastilles :

• les *pastilles à la goutte,* obtenues avec du sucre blanc raffiné dissous dans de l'eau, souvent aromatisée, cuit à 112°-115 °C, additionné hors du feu de sucre glace tamisé, puis coloré, parfumé ; cette pâte est artisanalement coulée, à l'aide d'un poêlon à bec, argenté ou en cuivre, sur une plaque en fer, une aiguille en métal aidant à diriger les gouttes et à les isoler régulièrement, et, après un temps de refroidissement, les pastilles sont détachées de la plaque et étuvées. Aujourd'hui, la main de l'homme est souvent remplacée par une machine à trémies. Toutes couleurs et tous arômes sont possibles pour ces bonbons ;

• les *pastilles timbrées* ou *estampées*, dont la pâte est constituée de fins cristaux de sucre liés entre eux par un mucilage (gomme adragante ou gomme arabique) ; la gomme est plongée dans une quantité importante d'eau, puis le mélange est pilé, passé, additionné de sucre glace et parfois coloré et aromatisé ; enfin, la pâte obtenue est formée par estampage – des « timbres », poinçons verticaux couplés, la découpent en pastilles. Les pastilles de Vichy appartiennent à cette catégorie ;

• les *comprimés,* obtenus par compression de produits pulvérulents ; les poudres – car il s'agit souvent d'un mélange – sont mêlées à du sirop de sucre et ainsi transformées en une pâte que l'on passe à travers une plaque perforée pour obtenir des granulés, lesquels sont séchés en étuve, aromatisés et introduits dans une machine comprimeuse, pourvue de poinçons, qui « livre » à la sortie des comprimés.

Les bonbons à la liqueur

C'est vers 1815 qu'apparurent les premiers bonbons dits « à liqueur », les *Pastilles Flore* et les *Pastilles anglaises,* coulées sur du papier fort tendu entre des châssis. Le sucre était préparé, coloré, parfumé : pastilles blanches à la menthe, vertes à l'absinthe, roses au marasquin, lilas à l'esprit de vanille, etc. Mais c'est, en fait, six ans plus tard, en 1821, qu'un certain Gilé, contremaître chez le confiseur Lemoine de la rue des Lombards, découvrit l'étonnante propriété qu'avait le sirop de sucre de ne pas mouiller l'amidon. Ainsi que le rapporte Barbier-Duval, les circonstances de l'invention méritent d'être citées : « Un jour, ayant mis des bonbons au candi, un moule, qui était percé, avait laissé couler quelques gouttes de sucre dans une manne de sucre en poudre qui séchait pour le chocolatier. S'étant aperçu que le sucre s'était cristallisé

Ci-dessous, à gauche, *reflet d'une longue tradition, les cylindres servant à mouler les bonbons.*
Phot. CEDUS-Loucel.

À droite, *les moules, ou formes, utilisés pour le coulage à l'amidon sont le plus souvent en plâtre. On les colle sur des règles en bois, avec de la gomme et de la farine et on imprime, avec ces règles, dans l'amidon, en donnant une légère pression de façon que les empreintes soient bien nettes ; ce qui requiert une grande habileté. Pour prévenir toute déformation, il ne faut jamais imprimer longtemps à l'avance.*
Phot. CEDUS-Loucel.

Le miracle du sucre

Étonnante réalisation que celle des bonbons à intérieur liquide ! Ils résultent de peu de chose : un sirop... Mais ce sirop a ses exigences. Fait de sucre et d'eau parfaitement purs, soigneusement additionné d'arômes de façon à ne pas nuire à l'homogénéisation de la masse, il doit être sursaturé à point. Il est alors coulé, avec un entonnoir approprié ou un poêlon à pastilles, dans des empreintes formées dans de l'amidon de froment en poudre fine et bien sec. Les empreintes sont recouvertes d'une couche d'amidon et les coffrets en bois qui les contiennent déposés dans une étuve légèrement chauffée, à l'abri des trépidations, de façon que le refroidissement soit très lent et, de ce fait, la cristallisation régulière. Car, et tel est le miracle, le sirop rejette l'excédent de sucre sous forme de cristaux et constitue une solution saturée ou *liqueur.* Il est important que la paroi formée par les cristaux soit assez épaisse pour se prêter aux manipulations ultérieures.

Après quelque temps, les bonbons, souvent retournés, sont soumis à un second séjour en étuve. Puis, refroidis hors de l'étuve, ils sont séparés de l'amidon, dépoussiérés et, selon leur destination, soit candis – s'ils doivent être consommés directement ou être enrobés –, soit enrobés de chocolat, soit gommés (articles dragéifiés).

Sucre et amidon ont ici allié leurs plus surprenantes vertus pour l'une des friandises les plus savoureuses qui soient.

Les empreintes étant prêtes, il ne reste plus qu'à les remplir avec le sirop à l'aide d'un entonnoir à couler, en veillant à ce que la composition ne déborde pas. Phot. CEDUS.

sans être adhérent au sucre en poudre, il eut l'idée d'imprimer la clef du laboratoire dans du sucre en poudre et de couler dans l'empreinte du sucre au soufflé. Il obtint ainsi une clef en sucre qu'il mit au candi. (...) Gilé, qui connaissait parfaitement bien le dessin, fit alors toutes sortes de moules en plâtre, de formes arabesques et à jour, dans lesquels on coulait en couleur, puis après en blanc, des animaux, des fleurs, des fruits, des vases, des paniers, etc. On les peignait avec des couleurs gommées, puis on mettait au candi pendant 6 heures, à chaud. » Sucre en poudre, puis amidon..., la confiserie venait de s'enrichir d'une de ses principales techniques.

Aujourd'hui, le *coulage à l'amidon* est employé pour d'innombrables produits, dont certains datent de l'époque de Gilé, tels que les *grains de café,* les *rosolios,* les *bonbons fruits à la liqueur,* les *gimblettes à la liqueur* ou les *grains liqueur* (aromatisés aux alcools blancs ou bruns, aux liqueurs). Parmi eux, il faut noter les œufs liqueur, les intérieurs des dragées à la liqueur ainsi que des intérieurs de confiserie de chocolat (bouteilles liqueur, chardons, etc.). Le terme « liqueur » désigne le sirop aromatisé enfermé dans l'enveloppe faite de cristaux de sucre soudés les uns aux autres ; ce sirop est généralement alcoolisé, mais il peut ne pas l'être, la dénomination « liqueur » n'impliquant pas qu'il le soit obligatoirement.

Les caramels

Mous ou durs et quel que soit leur parfum, ils sont fabriqués à partir d'un mélange de sucre et de sirop de glucose, auquel sont apportés du lait, écrémé ou non, et des matières grasses, animales ou végétales. Toffees et caramels peuvent contenir divers éléments destinés soit à améliorer la qualité soit à les aromatiser, tels que fruits secs, chocolat, café, parfums, etc., selon la législation en vigueur. Car le vocable

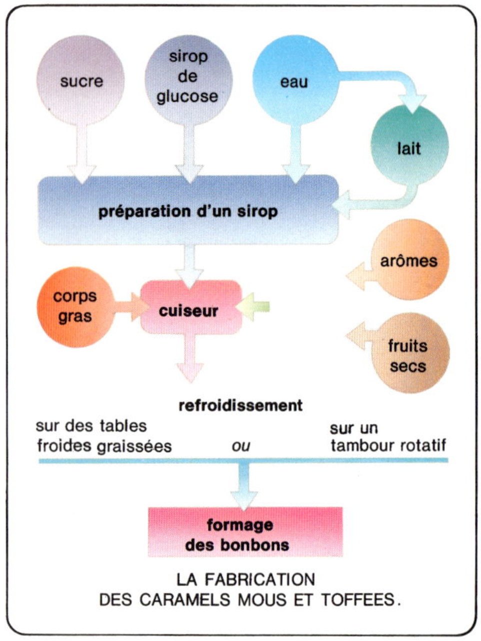

La technique de la fabrication en continu est aujourd'hui appliquée aux caramels « industriels ».

« caramel » recouvre, en fait, toute une catégorie de produits de confiserie : *caramels mous, caramels durs, toffees* et *hopjes*, ces friandises se différenciant les unes des autres par les proportions de composants, par leur forme et par leur texture – celle-ci tient au procédé de fabrication.

Les *caramels durs* sont des bonbons de sucre cuit, à texture lisse, qui, pour leur confection, utilisent le lait et parfois certains arômes (café, cacao, vanille, etc.). C'est la caramélisation du sucre et du lait, plus ou moins avancée, qui leur confère saveur et couleur. Le lait peut être frais, concentré ou en poudre ; dans le dernier cas, il est reconstitué avant emploi. Le mélange lait-sucre-sirop de glucose est soumis au même processus de fabrication que les sucres cuits *(v. p. 79)*. Les caramels sont pleins ou fourrés, selon les recettes.

Les *caramels mous* se composent de sucre, de sirop de glucose (en général, en quantité égale à celle du sucre), de lait et de graisses végétales ou de beurre et crème. Leur fabrication se fait par émulsion de la matière grasse et du lait, par dissolution et homogénéisation du sirop de glucose et du sirop de sucre dans l'émulsion, puis par cuisson de la masse pour que s'évapore l'excédent d'eau – la cuisson s'effectue à 120 °C environ afin d'éviter la caramélisation du sucre. Les arômes sont incorporés lorsque la cuisson est achevée, les fruits secs ajoutés en fin de parcours.

Après refroidissement, le formage est effectué soit par découpage de plaques préalablement marquées avec le découpoir à caramels, soit par passage de la masse sur une « mitrailleuse », machine qui forme, découpe, emballe.

Des appellations à connaître

Si le consommateur distingue les caramels selon leur consistance, molle ou dure, il en méconnaît souvent la composition. Pourtant celle-ci est strictement réglementée et n'importe quel caramel ne peut prétendre à telle ou telle appellation. Ainsi :

• les dénominations ***caramels*** et ***toffees,*** accompagnées ou non d'un qualificatif, sont réservées à des confiseries préparées par cuisson de sucre, de glucose (ou de sucre inverti), de matières grasses alimentaires et de lait écrémé ou non (au minimum 6 p. 100 de matières grasses alimentaires et 6 p. 100 de matières sèches provenant du lait dans le produit fini) ;

• les dénominations ***caramels au lait*** et ***toffees au lait,*** accompagnées ou non d'un qualificatif, sont réservées à des confiseries fabriquées avec du lait entier, à l'exception du lait écrémé (au minimum 6 p. 100 de matières sèches provenant du lait dans le produit fini) ;

• les dénominations ***caramels à la crème, caramels au beurre, toffees à la crème, toffees au beurre*** sont réservées à des confiseries préparées par cuisson de sucre, de glucose (ou de sucre inverti), de lait, de crème ou de beurre selon les règles qui régissent les produits laitiers (au minimum 3 p. 100 de matière grasse butyrique dans le produit fini, à l'exclusion de toute autre matière grasse ne provenant pas du lait).

Le fondant

Très utilisée en confiserie puisqu'elle sert à la confection de bonbons, à la préparation d'intérieurs pour bonbons de chocolat (« boules crème-confiseur ») et à la fabrication de noyaux destinés à être dragéifiés, la pâte de fondant est constituée de sucre, de sirop de glucose et parfois de sucre inverti (il n'est ajouté qu'au moment de la mise en condition, avant la « coulée », tout comme les arômes et les colorants). Elle est obtenue par cuisson au petit boulé ou au grand boulé, selon l'usage qui lui est réservé, avec agitation à l'aide d'une écumoire pour provoquer la cristallisation. Puis, après cuisson, versée sur un marbre humide et laissée ainsi à refroidir, elle est travaillée avec une pelle à fondant, en cuivre ou en fer, jusqu'au blanchiment. Le fondant devient alors blanc mat, se ramollit, puis durcit soudain. Il est recommandé de le laisser reposer 24 heures avant de l'utiliser pour permettre à la cristallisation d'être complète.

Quel que soit l'emploi, la pâte de fondant exige d'être réchauffée légèrement au bain-marie ou sur feu doux – la température ne doit pas dépasser 65 °C –, en remuant lentement avec une spatule en bois. Ayant acquis la fluidité nécessaire, elle peut alors être mise en forme. Voués aux formes les plus diverses, les bonbons fondants sont généralement coulés dans l'amidon *(v. p. 81)* ou dans des moules en caoutchouc ou en plâtre. Ils sont ensuite trempés dans le chocolat, le fondant ou le sucre candi. Mais le fondant est aussi utilisé pour enrober des intérieurs variés.

Du fait de l'importance des quantités employées en confiserie, le fondant fait aujourd'hui l'objet d'une fabrication industrielle et les confiseurs peuvent acheter le *fondant mère* ou pâte de fondant, tout prêt.

La pâte d'amandes

C'est l'un des matériaux de base de la confiserie et de la chocolaterie. Soit elle est utilisée telle quelle, moulée selon les formes les plus variées (fleurs, fruits, légumes, animaux, œufs de Pâques, etc.), puis colorée, décorée et le plus souvent candie. Soit elle sert pour la confection du fourrage de certains bonbons ou de fruits secs (dattes, pruneaux, etc.). Soit, enfin, elle forme, après aromatisation à l'alcool, l'intérieur de chocolats raffinés.

Elle est réalisée en broyant et en mélangeant ensemble des amandes douces (émondées et séchées) et du sucre, en proportion de deux tiers et d'un tiers, jusqu'à obtention d'une pâte consistante, de texture à se laisser modeler aisément. Rien que la ménagère ne puisse faire elle-même ! Toutefois, la pâte d'amandes la plus employée par les confiseurs comporte autant de sucre glace que d'amandes (on l'appelle « poids égal »). Et à la fabrication à l'ancienne est souvent préférée la pâte toute préparée fournie par des fabriques spécialisées...

À droite, *la* pâte de fondant, *colorée et aromatisée, se prête aux moulages les plus divers.* Phot. CEDAL.

À gauche, *fruits, légumes, coquillages... étonnants de réalité, la* pâte d'amandes *se prête à une multitude d'articles aussi amusants que délicieux.* Phot. CEDUS.

Mille formes, au fil des saisons

Les ***bonbons fondants,*** inventés vers 1830 lorsque l'on trouva le moyen de confectionner avec le sucre cette pâte onctueuse qu'est le *fondant*, se prêtèrent, dès leurs débuts, aux formes les plus variées. Le XIXe siècle fut très friand, comme l'indique Barbier-Duval dans son *Art du confiseur moderne* (1879), d'« arabesques, chapeaux de dames, pierrots, souliers, bottes, sabots, paniers, pots de fleurs, vases, coussins, tabourets, flacons, bouteilles... ». Sans oublier fruits, fleurs, animaux. Un univers aux mille et une facettes, riches de couleurs et d'arômes, réalisé grâce à la méthode du coulage à l'amidon.

Aujourd'hui, les fondants sont des bonbons de fête par excellence. Ils se modèlent selon les circonstances. À Noël, ils nous content la Nativité. À Pâques, ce sont œufs et cloches, fleurs et poussins. Et, le reste de l'année, ils se présentent sous des formes diverses : losanges, animaux, fleurs, etc. Simples, panachés ou fourrés, sobres ou décorés, tels, enrobés de chocolat ou dragéifiés, ils n'ont rien perdu de leur faveur auprès des gourmands.

De l'art du sculpteur

Plus que toute autre douceur, la pâte d'amandes permet au confiseur de se faire sculpteur, de donner libre cours à sa fantaisie et à son imagination. De fait, elle lui donne le choix entre plusieurs formules :

- la mise en abaisses de couleurs différentes, qu'il superpose et colle entre elles avec du sirop de sucre, de la gelée, du chocolat liquide... et qu'il découpe à l'emporte-pièce, avant de les candir ;
- le modelage à la main, qui, pour être facile, n'en requiert pas moins doigté et goût artistique – il colle les différentes pièces avec de la couverture ou de la gomme arabique très épaisse ;
- le moulage à l'aide de moules en plâtre en deux parties, dont l'empreinte est recouverte d'une fine couche de soufre fondu, les articles étant moulés par bourrage à la main dans les deux cavités ensuite assemblées. Mais le progrès empiète de plus en plus sur l'« art » : il existe aujourd'hui une machine qui assure ces moulages d'une manière semi-automatique !

Une contrainte....

Pour ce qui concerne la coloration de la pâte d'amandes, le choix des teintes ne manque pas. Il suffit de se reporter à la longue liste des colorants alimentaires en vigueur ! La seule contrainte tient à la dose maximale imposée, de même que, depuis 1982, l'addition d'acide sorbique ou de sorbate de calcium ou de potassium est autorisée jusqu'à 1 g par kilo de produit fini.

1

2

3

4

Une célèbre utilisation de la pâte d'amandes : les calissons. *1. Broyage des amandes émondées et des fruits confits. 2. Laminage de la pâte. 3. Desséchage de la pâte, dans laquelle est ajouté le sirop qui a servi à nourrir les fruits confits, au malaxeur. 4. Découpage des calissons (la pâte a été versée dans un moule tapissé au fond d'une feuille d'hostie).* Phot. G. Bicheron.

Le nougat

L'un des plus anciens produits de la confiserie française est aujourd'hui l'un des plus réglementés. Il existe, en effet, un code du nougat institué en 1963 par la profession et entériné par le Service de la répression des fraudes, qui en précise à la fois les constituants et les diverses dénominations correspondant aux différents dosages pratiqués. Ainsi « la pâte de nougat, de consistance dure ou tendre, généralement aérée, est constituée par du saccharose additionné de l'une ou de plusieurs des matières sucrantes suivantes : miel, sucre interverti, sirop de glucose massé, dextrose, lévulose ». Pour l'aération, les agents autorisés sont : le blanc d'œuf de poule, l'albumine d'œuf de poule, l'albumine de lait et la gélatine alimentaire. La garniture, composée d'amandes douces, de noisettes, de pistaches, peut comporter d'autres « ingrédients » : fruits confits ou séchés, kernels, noix, amandes de noyaux doux, pignons de pin, produits divers de confiserie, arachides, céréales gonflées.

Ces constituants participent donc à un certain nombre de compositions que la plupart des consommateurs méconnaissent parce qu'ils ne savent pas différencier les types d'appellations touchant à cette confiserie. Ce sont, d'abord, pour les *nougats à pâte aérée :*

- le *Nougat de Montélimar,* nougat dont la pâte est aérée au moyen d'un ou plusieurs des agents d'aération autorisés – sauf l'albumine de lait – et dont la garniture (au minimum 30 p. 100 du produit fini) est composée uniquement d'amandes douces d'amandier mondées et grillées (28 p. 100 au moins) et de pistaches (2 p. 100 au moins) ; le pourcentage d'amandes susceptibles d'être incorporées sous forme de pralines ne peut dépasser 3 p. 100 du produit fini ;
- le *Nougat* (avec indication ou non de la garniture), produit de confiserie dont la pâte, constituée dans les mêmes conditions que celle du « Nougat de Montélimar », est aérée à l'aide d'un ou plusieurs des agents autorisés – y compris l'albumine de lait – et dont la garniture (au minimum 15 p. 100 du produit fini) est composée uniquement d'un ou plusieurs des constituants suivants : amandes douces d'amandier mondées ou non, grillées ou non, noisettes en leur état naturel ou grillées, pistaches ;
- le *Nougat à ...,* produit de confiserie dont la pâte est constituée dans les mêmes conditions que celle du « Nougat » et dont la garniture (au minimum 20 p. 100 du produit fini) comporte un ou plusieurs des ingrédients autorisés ; la dénomination est complétée par le nom de l'élément de la garniture qui présente le poids le plus important, exception faite des amandes douces d'amandier, des noisettes et des pistaches ; elle doit, en outre, être complétée par la mention de la présence des arachides ou céréales gonflées, quelle que soit l'importance de leur apport ; si la garniture est composée uniquement de céréales gonflées, le pourcentage tombe de 20 p. 100 à 5 p. 100.

Il est à noter que la mention « au miel » ou toute autre mention évoquant la présence du miel dans le nougat peut apparaître dans la dénomination du produit si le miel représente 20 p. 100 au moins des matières sucrantes utilisées, sous réserve qu'un renforçateur du parfum du miel n'ait pas été incorporé. Par ailleurs, si des amandes et des noisettes sont incorporées sous forme de pralines, le pourcentage de la garniture ne prend pas en compte la charge en sucre des pralines ; il est déterminé à partir du poids des fruits seuls.

Quant aux *nougats à pâte non aérée,* ils se répartissent ainsi :

• le *Nougat de Provence,* nougat noir composé d'un sirop de sucres et de miel (sirop cuit, fortement caramélisé, de teinte brun foncé) et d'une garniture (au minimum 30 p. 100 du produit fini) d'amandes douces d'amandier ou de noisettes et, éventuellement, de grains de coriandre et/ou d'anis ; à la mise en œuvre, le miel représente au moins 20 p. 100 du poids des matières sucrantes ;

• le *Nougat noir,* le *Nougat rouge,* la *Croquante,* produits dont la garniture représente au moins 15 p. 100 du produit fini ; les dénominations sont obligatoirement complétées par l'indication de la nature de la garniture lorsque celle-ci comporte d'autres ingrédients qu'amandes et noisettes ; la Croquante prend aussi nom de *Nougat pâtissier* lorsque la garniture est uniquement composée d'amandes et de noisettes.

Enfin, on trouve aussi la *Bûche de nougat* et la *Truffe de nougat,* produits composés d'un nougat à pâte aérée enrobé de chocolat de couverture ou de poudre de cacao, sucrée ou non – la garniture peut ne représenter que 5 p. 100 du poids du nougat de fourrage –, ainsi que la *Pâte de nougat,* produit de confiserie comportant les mêmes constituants que les nougats mais dont la garniture représente moins de 15 p. 100 du produit fini en ce qui concerne le nougat et moins de 20 p. 100 en ce qui concerne le nougat à ... – aucune référence à la garniture ne peut être faite dans la dénomination.

Mais, si les appellations sont diverses, la fabrication répond à une méthode unique, qui correspond à celle employée pour le Nougat de Montélimar *(v. p. 46).* Une seule divergence dans le cas du nougat à pâte non aérée (Nougat noir, Nougat de Provence) : la pâte n'est alors pas battue. Le sirop, constitué par du sucre et du miel, est cuit jusqu'à obtention d'une légère caramélisation. Puis on ajoute les amandes et on homogénéise le mélange. Ce sont des produits de conservation plus délicate.

Le nougat *et ses ingrédients.* Phot. CEDUS-Yéru.

Les pâtes de fruits

Cette confiserie à base de sucre et de pulpes de fruits, aromatisée ou non, colorée ou non, mise en forme par coulage dans l'amidon ou par découpage, candie, glacée ou enrobée de sucre cristallisé, est aujourd'hui l'une des douceurs les plus appréciées. Sa fabrication se fait plus aisément avec certains fruits qu'avec d'autres. Ainsi les fruits qui conviennent le mieux sont-ils certaines variétés de pommes, les coings, les groseilles, les prunes, le cassis, les abricots peu mûrs, tous fruits acides et riches en pectine. Fraises, framboises et mûres s'y prêtent moins bien.

Les fruits doivent être à point : point trop mûrs pour avoir encore assez d'acidité, mais assez mûrs pour avoir du goût. À partir de ces fruits une marmelade est préparée. Mais il est à noter que nombre de confiseurs utilisent, pour obtenir une qualité régulière, de la pulpe de fruits, c'est-à-dire, selon le code d'usage, la partie comestible des fruits frais, nettoyés, parés, émouchetés, équeutés, dénoyautés, etc., qui a été réduite en purée, puis conservée par appertisation sans addition d'antiferments. Au sucre ordinaire il faut substituer partiellement du sirop de glucose ou sucre de fruit qui, à la différence du sucre de betterave, reste sirupeux. C'est lui qui donne aux pâtes de fruits leur moelleux et les empêche de se dessécher. Comme pour les confitures, on utilise environ 50 p. 100 de fruits et 50 p. 100 de sucre. D'ailleurs, selon la réglementation, le poids de pulpe employée doit représenter au moins 50 p. 100 du poids du produit final (40 p. 100 seulement pour les coings et les agrumes), alors que le poids total des sucres doit être au moins de 60 p. 100. Et on ajoute, pour faire prendre la pâte et la gélifier, de la pectine qui sert à pallier l'insuffisance ou la dégradation des pectines contenues dans les fruits.

À la fin de la cuisson, la pâte reçoit les extraits de fruits qui lui donnent son goût, ainsi que d'autres extraits, végétaux ceux-ci, qui la colorent (par exemple, jus de betterave rouge, chlorophylle, extraits de peaux de raisins noirs, à l'exclusion de tout produit chimique). Encore chaude et liquide, la pâte est coulée dans des plateaux de 1,5 cm de profondeur où elle se refroidit et se solidifie. Quand la gélification est bien faite, les plaques sont démoulées et découpées en carrés qui sont passés dans le sucre et légèrement étuvés, ce qui durcit la surface extérieure. Cette croûte facilite la manipulation des pâtes de fruits et leur assure une meilleure conservation en les isolant de l'air ambiant.

Une vieille tradition : le pain azyme

Le pain azyme (du grec *a,* privatif, et *zumê,* « levain ») est aussi connu sous le nom d'*hostie* dans la terminologie industrielle qui désigne, par ce terme, les feuilles minces utilisées notamment dans la fabrication du nougat. Minces ou épaisses, les hosties doivent être assez souples pour ne pas se casser pendant leur manipulation. D'où leur conservation à l'abri d'une chaleur excessive, loin de tout appareil de chauffage. Les feuilles minces sont confectionnées à partir de fécule de pomme de terre et laminées entre des cylindres creux chauffés intérieurement. Elles sont transparentes et très malléables. Les feuilles épaisses sont obtenues à partir de farine et cuites entre des plateaux de bronze, chauffés dans un four à chaleur régulière.

Les pâtes de fruits à la liqueur

Pour la fabrication des pâtes qui renferment, en leur cœur, un bonbon liqueur, on coule d'abord la quantité de pâte qui suffit à remplir la moitié de l'empreinte, puis on place un bonbon liqueur dans chaque alvéole et on achève le remplissage avec de la pâte. Ensuite, comme pour les pâtes traditionnelles, après gélification (entre 2 et 12 heures), les articles sont retirés de l'amidon, brossés, enrobés de sucre ou glacés.

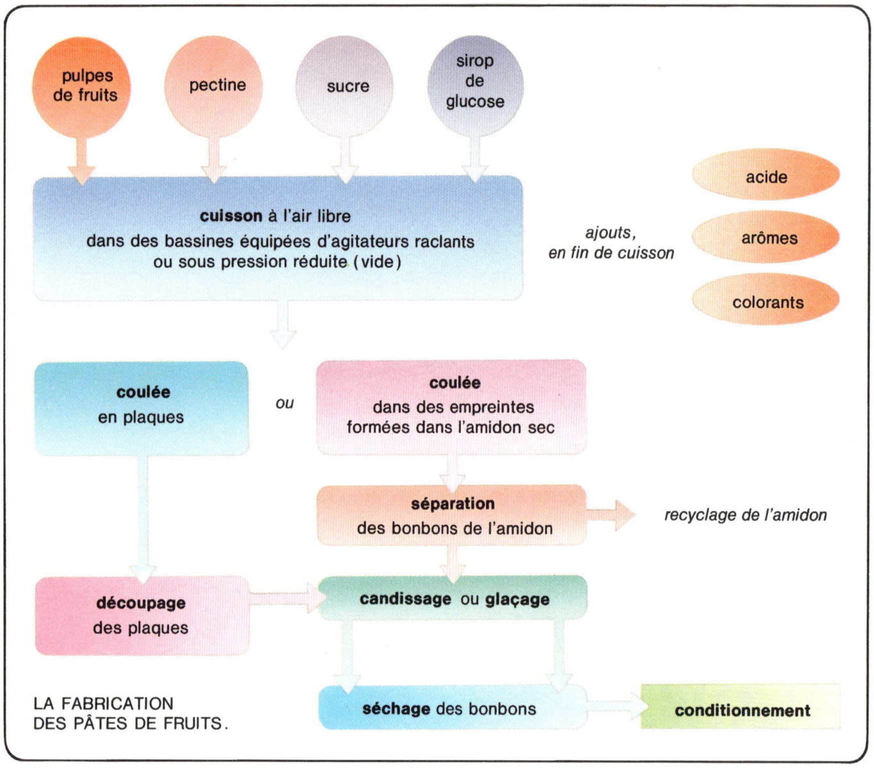

La fabrication industrielle comporte les mêmes opérations que la confection artisanale. Au lieu d'opérer la cuisson par « cuites » successives, on utilise des cuiseurs continus, la pâte de fruits étant transportée par des tuyauteries chauffées à la vapeur. La coulée se fait dans une machine, d'où les pâtes sortent toutes prêtes. Les articles sont ensuite enrobés de sucre ou glacés, cette opération s'effectuant par trempage des pâtes à la main dans la glace royale. Placés sur des plaques métalliques, ils sont étuvés.

Pour l'appréciation de la qualité des pâtes de fruits, il y a tout d'abord les critères techniques :

• la richesse en matière sèche : légalement, les pâtes de fruits, pour avoir droit à cette appellation, doivent contenir au minimum 75 p. 100 d'extrait sec ; ce pourcentage correspond à une bonne cuisson, à point, ainsi qu'à la consistance la plus agréable des pâtes de fruits ; il se mesure facilement avec un réfractomètre ;

• l'acidité, qui conditionne une bonne gélification ; on peut l'apprécier au cours de la fabrication par la vitesse de prise de la pâte ; elle se mesure au pH, avec un pH-mètre, qui est déjà un appareil de laboratoire plus sophistiqué ; le pH optimal des pâtes de fruits se situe entre 3,2 et 3,45 ;

• la richesse en sucres réducteurs : ce sont les sucres de la catégorie du sucre de fruit du sirop de glucose ; ils assurent une bonne conservation ; s'il y en a moins de 22 p. 100, danger de dessèchement, alors que, au-delà de 30 p. 100, tendance au remouillage.

Mais il est plus important encore d'apprécier les pâtes de fruits en les dégustant. Il y a, en premier lieu, le goût lui-même, qui doit être celui du fruit avec toutes ses nuances. Il convient de remarquer que les arômes chimiques se font sentir fortement dès que la pâte de fruits est dans

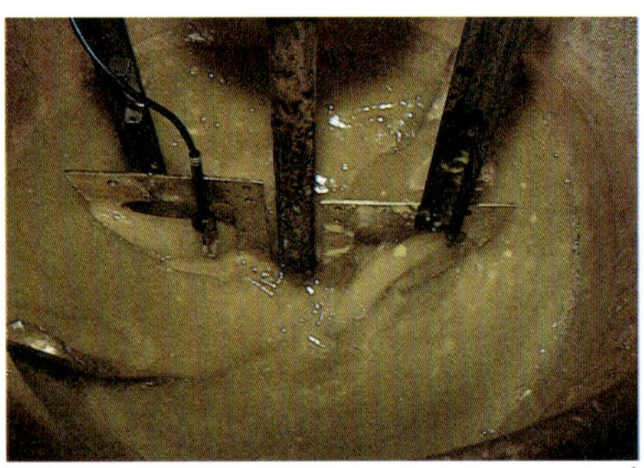
1

2

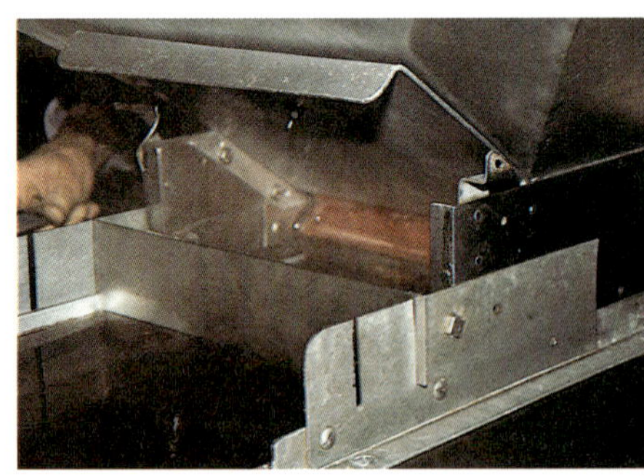
3

4

5

6

La fabrication artisanale des pâtes de fruits *telle qu'elle se fait encore à l'abbaye de la Trappe, à Soligny, dans l'Orne.*
1. La cuisson de la pulpe à feu nu, dans une bassine pourvue d'un agitateur. 2. et 3. Le coulage de la pâte dans des moules en fer-blanc, avant son dessèchement à l'étuve. 4. La pâte, sèche, est saupoudrée de sucre. 5. Puis, elle est découpée en carrés... 6. Avant d'être soumise au conditionnement.
Phot. Pierre Ferré.

la bouche et qu'ensuite ils laissent une impression peu agréable. En revanche, les arômes naturels ne se développent qu'au fur et à mesure que fond dans la bouche la pulpe à laquelle ils sont intimement liés ; il y a donc un temps mort. Mais, après, la saveur du fruit emplit la bouche et s'y conserve longuement. En deuxième lieu, il faut tenir compte de la consistance de la pâte : elle doit être moelleuse et fondante, tout en gardant une certaine tenue, sans s'écraser en grumeaux comme de la mauvaise confiture, ni empâter la bouche comme du mastic collant.

Les fruits confits

Ils ne sont pas une invention de la gourmandise, mais de la conservation. Le sucre rend le même service pour les fruits que le sel pour les viandes. Et, dans ce domaine de la confiserie fruitière, la région méditerranéenne maintient une production artisanale, œuvre de soins multiples et d'infinie patience.

Le temps du confisage varie selon les fruits. Il est de quelques jours pour les bigarreaux, mais peut atteindre 10 à 12 jours pour les gros fruits comme les cédrats et jusqu'à deux mois pour les mandarines. Temps au cours duquel le fruit est soumis à des bains de sirop successifs, la concentration en sucre étant graduellement accrue. Et ainsi, au terme du traitement, le liquide cellulaire du fruit (85 à 90 p. 100 d'eau) se trouve-t-il remplacé par le sirop, la richesse en sucre devant être suffisante pour permettre la conservation du fruit.

Cette fabrication délicate, qui requiert maintes manipulations, est la même pour tous les fruits. Aussi nous l'expliquerons à travers celle de poires confites et à travers la recette qu'a bien voulu nous en donner M. Henri Auer, confiseur à Nice. Tout d'abord, toutes les variétés de poires ne peuvent être confites. Il convient de connaître, pour les bien choisir, celles qui supportent sans problème les nombreuses façons – le terme de « façon » désigne un « bouillon sur le feu ».

À l'arrivée, les poires sont placées sur des clayons ajourés, dans une armoire spéciale où du soufre en poudre est allumé. Ces vapeurs stérilisent les fruits et arrêtent leur maturité. Puis, au moyen d'une sonde, on enlève les graines des poires, ainsi que leur milieu, avant de les éplucher et de les découper en de belles tranches régulières. Ensuite, on les pique, de part en part, avec une aiguille en acier inoxydable, ce qui permet au sirop de circuler à l'intérieur du fruit et, par osmose, de substituer le sirop à l'eau qu'il contient.

Intervient alors la phase du blanchiment, extrêmement difficile, car elle dépend du degré de maturité du fruit et aucun appareil ne peut mesurer le blanchiment – seule la main du maître confiseur le détermine. Il faut donc blanchir les fruits, c'est-à-dire les faire bouillir, comme pour

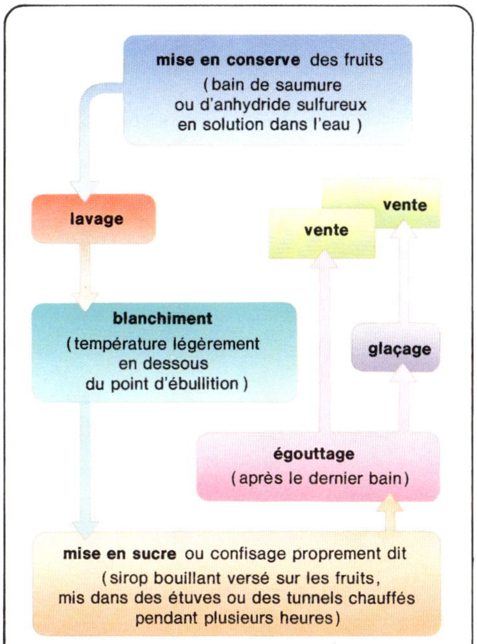

LA FABRICATION DES FRUITS CONFITS.

les légumes, dans l'eau. Dans le cas des poires, selon les variétés, l'opération dure de 20 min à 1h 30. Mais, attention ! Trop blanchi, le fruit s'écrase ; pas assez blanchi, il se contracte au cours des bains de sirop, devient dur, se ratatine et diminue de volume.

Le choix des fruits est le facteur premier de la réussite du confisage. Phot. Henri Auer.

Premier objectif : la qualité

Les dénominations imposées par la réglementation ne peuvent qu'aider le consommateur à choisir ses pâtes de fruits. En prenant pour exemple l'abricot, celles-ci sont les suivantes :

- la pâte de fruits contenant une seule pulpe de fruit est désignée par le nom de ce fruit : ***pâte d'abricot*** ;
- la pâte de fruits contenant plusieurs pulpes est désignée par la mention : ***pâte de fruits abricot*** ou par celle : ***pâte de fruits parfum abricot***, le nom du fruit étant celui de la pulpe dominante ou qui aromatise le produit.

Ainsi ne risque-t-on pas de confondre avec des confiseries fabriquées à base de gélifiants et qui ne sont, en fait, que des produits parfumés aux arômes de fruits.

Le secret des pâtes de fruits

Extraite des agrumes et des pommes, la pectine se gélifie en milieu acide et donne un gel transparent et brillant. Le seul inconvénient est qu'elle est sensible à la chaleur et que son emploi requiert quelques précautions (température, pH, dispersion parfaite dans la masse, etc.).

On trouve dans le commerce des pectines spéciales pour confiserie, toutes normalisées, qui comportent des sels retardateurs de gélification (généralement constitués de lactose et de dextrose).

Bons à confire ?

Presque tous les fruits peuvent être confits. Ce n'est qu'au niveau des variétés que se situe l'impossibilité de les soumettre à ce traitement. Ainsi ne peut-on confire la poire Williams ou l'abricot de Perpignan. Alors que la plupart des fruits ont été confits dès le Moyen Âge, ananas, mandarine, chinois, cédrat, kumquat, écorces d'agrumes ont été introduits plus récemment dans cette fabrication. Mais, dans le cas du chinois, petite orange verte cultivée en Italie, il est déjà mentionné par Machet dans son *Confiseur moderne* au début du XIXe siècle, sous le nom d'« orange de Chine ». Ce fruit, assez ancien donc, n'est confit qu'après un long séjour dans l'eau fraîche, destiné à lui ôter son amertume.

Quant à l'angélique, aux mille vertus, elle est sans doute notre plus vieux « fruit confit ». (*V. angélique confite, p. 17.*)

Les marrons italiens

L'insuffisance de la production française de marrons – les départements de l'Ardèche, de l'Hérault et du Var fournissent des marrons de belle qualité, mais souvent trop petits – a entraîné l'importation de marrons italiens qui, aujourd'hui, constituent la quasi-totalité de la confiserie en marrons glacés et sont de deux sortes, que souvent le consommateur ne sait pas différencier :

- le plus recherché et le meilleur est le ***Turin***, dont la forme se rapproche d'un ovale et qui se caractérise par sa finesse de chair et de goût ; on en compte cinq ou six par 100 g ;
- plus gros et de forme triangulaire, rappelant celle de la figue, avec une face plate et l'autre bombée, marquée de grosses veines, le ***Naples*** présente une chair moins fine et un goût moins affirmé que le précédent ; on en compte trois ou quatre par 100 g.

Les poires, piquées et blanchies, sont mises dans des terrines en terre vernissée avec de l'eau que l'on change plusieurs fois. Puis, on les égoutte et on remplace l'eau par du sirop de sucre au taux de 20° à 25° Baumé (1.160 à 1.209 de densité) suivant maturité. Le contenu de chaque terrine est ensuite versé dans une façonneuse en cuivre. Un bouillon est donné. On empile les terrines et on laisse reposer jusqu'au lendemain.

Le lendemain, l'eau contenue dans le fruit a fait descendre le degré du sirop à 17°-18° Baumé (1.133-1.142 de densité). Il faut alors ajouter du sucre, faire bouillir. Et le sirop remonte à 20° Baumé (1.160 de densité). Le jour suivant, même opération, mais pour atteindre 22° Baumé (1.179 de densité). Le quatrième jour, de même, de façon à obtenir 24° (1.199 de densité). Le cinquième jour, on vise 26° (1.219 de densité). Le septième jour, on laisse reposer. Le huitième jour, par la même opération (ajout de sucre et bouillon), le sirop doit titrer 28° (1.240 de densité). Cette fois, on laisse reposer pendant deux jours. Le onzième jour, après une nouvelle façon, le sirop atteint 30° (1.262 de densité). Puis trois jours de repos. À partir de là, il faut traiter l'augmentation de sucre avec du sirop de glucose, pour éviter la recristallisation du sucre. Les façons suivantes se succèdent ainsi : 32° (1.285 de densité) avec quatre jours de repos, 34° (1.308 de densité) avec cinq jours de repos, 36° (1.331 de densité) avec huit jours de repos, et enfin 36° (1.308 de densité) ou 37° (1.344 de densité), selon les fruits, avec dix jours de repos. À ce stade, l'eau est entièrement éliminée du fruit et celui-ci est de très bonne conservation, ce qui n'est pas le cas si on brûle les étapes.

Les marrons glacés

Friandise recherchée entre toutes et qu'au fil des temps on a parée de l'aura des fêtes de fin d'année, les marrons glacés, présentés en robe d'or ou d'argent, sont, en fait, des *marrons confits et glacés,* résultat d'une fabrication minutieuse et délicate qui, aujourd'hui encore, reste rigoureusement fidèle aux règles d'une très vieille tradition.

Le marron à confire, fruit d'un châtaignier greffé et cultivé, dont la bogue ne contient qu'un ou deux marrons, à la différence des châtaigniers sauvages, fait l'objet d'un tri attentif, puis d'un calibrage non moins sévère. Il doit être lourd, brillant, d'un beau roux foncé et de bonne taille – trop gros, il risque d'être farineux, trop petit, il est impropre à la fabrication. En outre, il faut éviter les fruits très cloisonnés, gravés de veines profondes, trop fragiles ou trop durs. Ce n'est qu'après ce choix essentiel que peut débuter le travail du marron. Celui-ci se décompose en de nombreuses phases, au cours desquelles l'expérience et le talent du confiseur jouent un rôle qu'aucune machine ne pourra jamais assumer.

- Le marron est d'abord libéré de sa première écorce à l'aide d'un petit couteau en forme de serpe, en veillant bien à ne pas entamer sa pulpe.
- Puis il est soumis à une cuisson à l'eau lente et continue, en évitant la moindre ébullition violente qui mettrait le fruit en bouillie ; cette opération dure plusieurs heures et conditionne la réussite du confisage. Si sa durée est insuffisante, il sera impossible de confire correctement le marron.
- Après cuisson, le fruit est débarrassé de sa seconde pelure ; cet épluchage, qui se fait également à la main, est d'autant plus délicat que les veines « coriaces » qui marquent la peau doivent disparaître ; aussi, à ce stade, le déchet est-il considérable, malgré d'infinies précautions.
- Les fruits intacts, triés, sont placés dans des paniers perforés, en cuivre ou en acier chromé, superposés dans des autoclaves chauffés à la vapeur ou autrement.
- Les appareils sont remplis de sirop de sucre chaud, parfumé à la vanille (Bourbon, de préférence), dans lequel vont baigner les marrons. Selon le principe de fabrication en vigueur pour les fruits confits, on procède à plusieurs chauffes correspondant à un recyclage permanent du sirop, chaque fois remonté en degré, et entrecoupées de temps de refroidissement. Au fil de cette opération, qui requiert jusqu'à trois semaines pour être parfaitement menée, le sirop prend peu à peu la place, dans le fruit, de l'eau que celui-ci a absorbée au cours de la cuisson. Le confisage est achevé lorsque le marron a absorbé le sucre à saturation.
- Les fruits sont alors égouttés, puis jetés dans un sirop bouillant cuit au soufflé (environ 114 °C) et chauffés un instant dans ce sirop. Avant de les en ressortir, on frotte une spatule en bois le long du bord de la bassine dans le sirop, que ce brassage rend « louche » et qui prend alors le nom de « glace ». Les marrons sont ensuite retirés au moyen d'une fourchette spéciale et posés sur des grilles où ils refroidissent tandis que sèche la couche de glaçage, pellicule très fine qui leur donne leur vernis sans en masquer les stries.
- Après un ultime triage, les marrons sont prêts à être enveloppés et rangés dans des boîtes ou tamis.

Cette série d'opérations s'étant accompagnée d'un déchet constant, qui atteint parfois 80 p. 100, certains enveloppent les marrons dans des sachets de gaze ou de papier perforé, pour éviter les brisures. Ce qui, par ailleurs, tend à réduire l'absorption du sirop par le fruit et révolte les puristes. D'autre part, le goût des consommateurs se portant préférablement vers les couleurs claires, d'aucuns blondissent les marrons par addition, dans l'eau de cuisson et dans les bains successifs de sirop, d'un composé sulfureux. Ce soufrage ne peut être accepté que s'il est très léger, car, alors, il ne nuit pas à la qualité des fruits ; en revanche, s'il est excessif, il se devine à leur couleur uniforme.

Les pralines

Constituées par un noyau solide, enrobé d'une couche de sucre cuit, les pralines se caractérisent par leur surface irrégulière, faite de bosses et de creux. Aspect qui tient à une technique particulière de fabrication, le *sablage*.

Les amandes douces, bien mondées, sont placées dans une bassine avec un sirop de sucre à peine glucosé et portées à grand feu jusqu'à la température de 145 °C environ. Elles sont alors ôtées du feu et sablées : en remuant le sirop avec une spatule, on le ramène à l'état de cassonade ; le sucre cristallise autour des amandes et ce sont ces cristaux de sucre qui, après grossissage, donneront aux pralines les aspérités requises. Elles sont ensuite criblées pour retirer l'excès de sucre (opération qui s'effectue avec un tamis). Puis les pralines subissent, dans des turbines, plusieurs enrobages successifs de sirop de sucre *(charges)*. La qualité du bonbon dépend du nombre de « charges » de sucre reçues, six ou sept pour un bon produit, la dernière étant faite d'un sirop coloré et aromatisé. Il est à noter que, dans chaque charge, on introduit la « sablure » de la charge antérieure, c'est-à-dire les débris de sucre tombés des amandes après criblage.

L'ultime étape de la fabrication des pralines contribue à finir leur apparence ; c'est le *glaçage* : les bonbons sont enrobés de la « glace » faite avec le sucre attaché aux parois de la bassine, un peu de sablure et de la gomme arabique. D'aucuns préfèrent les candir en les passant dans un sirop de sucre sursaturé. Il ne reste plus alors qu'à sécher les pralines en étuve avant de les livrer à la consommation.

Les variétés de pralines sont nombreuses. Si celles de Montargis *(v. p. 28)* demeurent fidèles à l'amande et à la recette de leur créateur, toutes les formules possibles semblent avoir été expérimentées. Ainsi l'intérieur peut-il être un noyau d'abricot désamérisé et traité, une noisette, une noix de cajou, une pistache, du fruit confit ou de la pâte de fruits, du chocolat, du sucre cuit, etc.

Quant aux couleurs, elles sont multiples. Les pralines ordinaires, souvent parfumées à la vanille ou à l'eau de rose, sont grises. Les blanches, généralement aromatisées à la fleur d'oranger, sont dues au fait que l'on a évité de faire caraméliser le sucre. Et on en trouve des roses (souvent parfumées à l'eau de rose), orange (parfumées au zeste d'orange), violettes (parfumées à l'essence de violette), jaunes (parfumées à l'esprit de citron), framboise (parfumées à l'extrait de framboise), café (parfumées avec une infusion de café), chocolat (parfumées avec du cacao non sucré), etc.

Les dragées

Leur fabrication est le résultat d'une longue histoire, des amandes enrobées de miel de l'Antiquité aux « épices de chambre » des débuts de la confiserie, de l'« espèce de confiture sèche, faite de petits fruits, ou de graines, ou de petits morceaux d'écorce, ou de racines odoriférantes et aromatiques, etc., recouverte d'un sucre fort dur, ordinairement très blanc », que décrit, à la fin du XVIIIe siècle, le *Dictionnaire universel du commerce,* à la friandise d'aujourd'hui, constituée, selon la règlementation en vigueur, « d'une amande colorée enrobée de sucre au moyen d'un peu de gomme ». Mais quelle que soit l'apparence qu'elles aient pu prendre au fil des siècles, les dragées sont toujours restées fidèles au principe d'un « noyau » enveloppé d'une couche de sucre. Seule l'évolution des techniques a permis d'en faire la sucrerie que nous connaissons, à la robe régulière et lisse et à l'intérieur raffiné *(v. p. 34)*.

Il n'est de véritable dragée sans amande de qualité. En effet, les amandes doivent être choisies avec soin et rigoureusement triées. Le consommateur s'étonne souvent des différences de prix qu'il rencontre lors de l'achat de dragées et, parce qu'il n'est pas toujours informé,

La turbine à dragées reste fidèle au procédé de ses débuts (au milieu du XIXe siècle). Phot. Patrice Delatouche.

Il est essentiel de savoir distinguer...

• les ***Avolas,*** originaires du sud de la Sicile : elles sont de forme très régulière, allongée et plate ; en outre, très sèches, elles se conservent fort bien ; leur saveur est agréable. On les trie une à une pour que soit respecté le calibre ;

• les ***Planetas,*** moins coûteuses que les précédentes et qui viennent d'Espagne, de la région d'Alicante : d'un aspect moins flatteur, moins régulier, elles sont courtes, quelque peu triangulaires, et se conservent moins facilement ; toutefois, leur goût est excellent ;

• les ***Longuettes,*** produites en Espagne dans la région de Valence : comme les *Planetas,* elles sont plus grasses que les *Avolas ;* longues et rondes, elles évoquent, par leur forme, le noyau de datte ; moins belles que les précédentes, elles se conservent très bien ; leur goût est relativement bon mais moins prononcé.

n'imagine pas qu'elles correspondent à des différences au niveau des noyaux. Car il existe une hiérarchie au sein des amandes, qui prend en compte tant leur apparence que leur saveur, toutes devant répondre à des critères de fraîcheur, de texture (elles doivent être croquantes) et de goût (elles ne doivent ni être amères ni sentir l'huile). Ainsi doit-on différencier les *Avolas,* les *Planetas* et les *Longuettes.* Dans chaque catégorie, les amandes se distinguent par leurs dimensions, dont la principale est la largeur *(calibre).* Les variations en largeur et en épaisseur doivent être refusées. L'homogénéité des noyaux est primordiale pour une haute qualité.

La même rigueur s'impose quant au sucre et à son utilisation. S'il est important de n'employer que du sucre raffiné, il est aussi essentiel, pour la réussite de l'enrobage, de veiller à ce que le sirop de sucre soit parfaitement concentré, qu'il ne soit pas en contact avec l'air pendant la dissolution du sucre dans l'eau (d'où l'intérêt des appareils sous vide) et qu'il cristallise sous une forme « amorphe », c'est-à-dire que la couche de sucre déposée ne recèle aucune trace de cristaux. Aujourd'hui effectuée dans des turbines qui peuvent produire, chacune, jusqu'à 110 kg de produit fini, la fabrication des dragées évolue, au stade industriel, vers des turbines programmées par ordinateur et, par-là, vers une production accélérée.

Si l'on s'en tient à un processus plus artisanal, celui-ci se déroule ainsi :

• au cours de la phase de *séchage,* les amandes sont introduites dans une étuve ventilée pour éliminer toute humidité susceptible de ressortir au travers de la dragée et provoquer des taches brunâtres ;

• puis, placées dans la turbine mise en mouvement, elles sont mouillées d'un sirop de *gommage,* composé de gomme arabique en poudre ou de sucre glace, qui les recouvre d'une enveloppe régulière et imperméable, en même temps que légèrement élastique car épousant parfaitement la forme des noyaux ;

• séchés et gommés, les noyaux, toujours dans la turbine en mouvement – qui a été nettoyée et débarrassée des éventuels résidus du sirop –, sont alors arrosés par dispersion d'un sirop de sucre de concentration relativement élevée, qui se répartit uniformément sur leur surface, puis ils sont soumis à un courant d'air chaud qui fait s'évaporer l'eau de cette solution ; la durée de la phase de *grossissage* varie selon l'épaisseur de sucre à déposer sur les noyaux, elle s'étale généralement sur une journée et comporte de 30 à 60 charges ;

• reprises dans une autre turbine, les dragées sont arrosées d'un sirop de sucre coloré et aromatisé (le plus souvent à la vanille) de faible concentration, l'évaporation étant provoquée cette fois-ci par un courant d'air froid *(lissage à froid) ;* le lissage donne aux dragées leur aspect de porcelaine et leur surface extrêmement lisse ;

• puis intervient le *tri* destiné à rejeter les dragées défectueuses.

Ces opérations traditionnelles de fabrication requièrent, de la part des dragistes, soin et habileté, pour que la couche de sucre soit à la fois craquante et tendre, peu épaisse, parfaitement aromatisée, également répartie et bien lisse. Quant au consommateur, qui vient en bout de chaîne, il doit savoir, pour choisir ses dragées, que :

• moins il y a de sucre, plus la dragée est de qualité ;

• plus la dragée est longue, meilleure est l'amande ;

• la couleur, bien unie, ne doit être ni piquée, ni tachetée, ni délavée ;

• la surface ne doit pas être rugueuse.

D'autres variétés de dragées

Si les ***dragées amandes*** demeurent le produit noble par excellence, la confiserie fournit aussi toute une gamme d'articles fabriqués selon la même méthode et qui ne manquent pas de délicatesse. Le noyau peut être composé de produits divers. Les plus courants sont des fruits secs : noisettes, pistaches. Mais on trouve aussi du chocolat, de la liqueur, de la nougatine (mélange de sucre cuit et d'amandes concassées), du fondant, de la pâte d'amandes, ces ***dragées fantaisie*** étant formées à partir d'intérieurs coulés et moulés avant de faire l'objet du gommage et de la dragéification. Ainsi en va-t-il d'un certain nombre de spécialités régionales, du type « cailloux », « olives », « coquillages », etc.

Parmi les autres sucreries dragéifiées, il faut également citer :

• les ***dragées argentées,*** recouvertes d'une couche d'argent (argent pur en feuilles) ; traitées dans une solution agglutinante à base de gélatine, les dragées sont argentées dans des turbines en verre ;

• les ***non-pareilles,*** employées pour garnir des pâtisseries ou des boîtes de dragées ; elles sont faites d'un cristal de sucre très fin dragéifié et se présentent en tout petits grains colorés ; on dragéifie aussi, à ces mêmes fins, des graines de céleri (sans lissage) ;

• les ***dragées tendres*** ou ***dragées à froid,*** dragées dont la couche est obtenue par du sucre glace collé sur le noyau à l'aide de sirop de glucose dilué ; faite dans une turbine sans chauffage, avec des noyaux en sucre cuit – clair ou battu –, cette *julienne* (en terme de métier) se présente sous forme de haricots, d'œufs, de graines, etc. ; elle doit son brillant à un lustrage.

Les pâtes à mâcher

Elles s'apparentent aux caramels et n'ont aucun rapport avec la gomme à mâcher (ou chewing-gum) à laquelle on les assimile parfois par erreur. De texture différente de celle des caramels – elles sont plus élastiques et plus légères –, elles fondent lentement dans la bouche sans perdre leur parfum. Elles sont fabriquées à partir de sucre, de sirop de glucose, de matières grasses alimentaires et d'un agent aérateur, qui peut être soit de l'albumine d'œuf, soit de la gélatine d'origine animale, soit de la caséine de lait.

On cuit le mélange sucre-sirop de glucose jusqu'à obtention de la texture souhaitée, puis on ajoute la matière grasse, l'agent aérateur, l'arôme (le plus courant est la menthe poivrée, mais on utilise aussi la réglisse, l'anis, les parfums de fruits) et les colorants. Une fois refroidie sur table froide, la pâte à mâcher, ayant pris la consistance voulue, est battue sur une machine à étirer le sucre. Elle est ensuite formée, découpée, pliée sur machine continue.

Les gommes

De tous parfums et de toutes couleurs, elles représentent l'un des secteurs traditionnels de la confiserie de sucre. L'ingrédient principal en est la gomme arabique, associée à du sucre et du sirop de glucose.

Le processus de fabrication est relativement simple. Plus délicat est le traitement des gommes qui requièrent d'abord d'être débarrassées de leurs impuretés et qui, à cette fin, sont triées, criblées et dépoussiérées avant d'être broyées, mises en dilution dans de l'eau et épurées. La gomme concassée ainsi obtenue est dissoute dans de l'eau par chauffage. Au terme de l'opération, sucre cristallisé et sirop de glucose lui sont ajoutés. Chauffée, écumée, filtrée, la solution est ensuite colorée et aromatisée. C'est alors qu'intervient le formage des bonbons. Celui-ci se fait par coulage dans l'amidon *(v. p. 81).* Après séchage en étuve, les gommes sont démoulées, brossées et nettoyées par air pulsé, afin d'éliminer la moindre trace d'amidon. L'ultime phase dépend du type de produit. Les *gommes lisses* ou *gommes lavées* sont soumises à un jet de vapeur ; elles sont généralement de consistance plus dure. Certaines gommes sont rendues brillantes par un léger huilage. D'autres subissent un candissage au sucre semoule. D'autres enfin sont enrobées de sucre cristallisé.

Les pâtes pectorales

Si leurs composants sont les mêmes que pour les gommes, elles se différencient des précédentes par leur texture aérée, obtenue par battage, avec adjonction ou non d'un agent aérateur, du type albumine d'œuf. Leur fabrication, analogue à celle des gommes, prend donc en compte ce battage, dans des bassines équipées d'agitateurs, puis, après épaississement de la pâte, l'ajout de l'agent. Le formage se fait aussi par coulage dans l'amidon.

En lanières, en carrés, en losanges, etc., lisses ou candies, les pâtes pectorales correspondent à des recettes fort anciennes, qui apparaissaient autrefois dans le Codex pharmaceutique. Mais les temps ont changé... et il est aujourd'hui bon de savoir que si la *pâte de réglisse* est bien aromatisée avec du suc de réglisse et que, si les *pâtes de lichen* et *de jujube* doivent leur nom à une infusion de lichen ou de jujube, la *pâte de guimauve* ne s'appelle ainsi que pour son aspect. En effet, la guimauve n'entre pas dans sa composition. Elle est simplement obtenue par battage d'une dissolution de gomme avec du blanc d'œuf.

Les réglisses

Le terme de *réglisse* recouvre toute une gamme de produits, très divers et qui résultent de techniques de fabrication différentes. Le suc de réglisse y entre soit comme composant soit comme parfum. Et, selon les termes d'une réglementation fixée par décret, de la teneur en glycyrrhizine dépend l'appellation du produit. Ainsi distingue-t-on :

- le *suc de réglisse* proprement dit, obtenu par addition au suc de réglisse pur (ici, composant) de sucres et (ou) de gommes, ainsi que d'arômes, et qui doit contenir, au moins, 6 p. 100 de glycyrrhizine – le qualificatif *pur* disparaît dès qu'il y a addition de matières sucrées alimentaires ou de gomme ;
- la *réglisse féculée,* obtenue par addition au suc de réglisse pur de sucres et de farines, ou de fécules alimentaires, et qui doit contenir, au

Pour alléger les pâtes...

L'***agent aérateur*** ou ***agent de battage*** est une substance qui, par fouettage, a la propriété de constituer une « neige », c'est-à-dire un ensemble de bulles d'air liées par l'eau les unes aux autres, et qui, incorporée à une masse, réduit sa densité. À l'agent aérateur on associe souvent de la gélatine.

Un chatoyant assortiment de gommes *et de* réglisses... Phot. CEDAL.

moins, 1 p. 100 de glycyrrhizine – ce sont les « réglisses souples » ;

• les *confiseries à la réglisse,* produits pour lesquels le suc de réglisse pur est employé comme parfum, à une dose minimale de 4 p. 100 ; cette appellation regroupe ainsi les gommes et pâtes à la réglisse, les sucres cuits à la réglisse, les caramels, toffees et pâtes à mâcher à la réglisse, les chewing-gums à la réglisse, les pastilles et tablettes à la réglisse, les confiseries gélifiées à la réglisse, les dragéifiés à intérieur réglisse, et les « souples », qui, outre les composants habituels, comportent des farines (blé, sagou, tapioca) ou des amidons.

Pour la fabrication du suc de réglisse et de la réglisse féculée, soit des réglisses dures et souples, *v. p. 55.* Quant à la confection des confiseries à la réglisse, le suc n'étant utilisé que comme arôme, elle varie avec les différentes catégories d'articles.

ADDITIFS UTILISÉS EN CONFISERIE

Catégorie	Code CEE	Nom usuel	Dose maximale dans le produit fini
antioxygènes	E 300	acide L ascorbique	300 mg/kg exprimés en acide ascorbique, seuls ou en mélange
	E 301	ascorbate de sodium	*id.*
	E 304	acide palmityl 6 – L ascorbique	*id.*
agents émulsifiants ; stabilisants ; épaississants ; gélifiants ;	E 401	alginate de sodium	
	E 402	alginate de potassium	
	E 403	alginate d'ammonium	
	E 406	agar-agar (extraite d'algues marines)	
	E 407	carraghénanes	
	E 410	farine de graines de caroube	
	E 412	farine de graines de guar	
	E 413	gomme adragante	
	E 414	gomme arabique	
	E 440	a/pectine b/pectine amidée	
	E 473	sucroesters	5 g/kg seuls ou en mélange
	E 474	sucroglycérides	50 g/kg seuls ou en mélange
	E 420	sorbitol	*id.*
	E 422	glycérol	*id.*
amidons modifiés		tous ceux autorisés	
acidifiants	E 270	acide lactique	
	E 325	lactates de sodium	
	E 326	lactates de potassium	
	E 327	lactates de calcium	
	E 330	acide citrique	
	E 331	citrates de sodium	
	E 332	citrates de potassium	
	E 334	acide tartrique	
	E 335	tartrates de sodium	
	E 336	tartrates de potassium	
	E 337	tartrate double de sodium et de potassium	
agents d'enrobage		silicate de magnésium (talc)	1 g/kg

Les confiseries à base de gélifiants

Elles sont très en faveur en France, auprès des enfants, et plus encore à l'étranger d'où nous parvient une partie importante de cette consommation. Le gélifiant le plus souvent utilisé est le gel d'amidon. Sucre et sirop de glucose sont cuits dans un malaxeur. Puis est incorporé au mélange le lait obtenu par suspension de l'amidon dans l'eau. Lorsque la gélatinisation s'est effectuée, on ajoute successivement l'acide citrique, les colorants et les parfums. Le formage se fait par coulage dans l'amidon.

Mais il est aussi un bon nombre d'articles qui emploient la pectine comme gélifiant. De ce fait, ils présentent une belle transparence. Fruits, fleurs, animaux, etc., ces confiseries, composées de pectine, d'eau et de sucres, et également coulées dans l'amidon, sont des plus tentantes pour les jeunes gourmands !

Le même souci de diversité dans les formes préside à la fabrication de la *guimauve molle* ou *guimauve fantaisie,* faite d'un mélange de sucres et d'un agent aérateur, à celle des *marschmallows,* sorte de guimauve molle enrobée de sucre glace et d'amidon, à celle des *têtes de nègres,* « neige » sucrée dressée sur un biscuit et enrobée de chocolat, et enfin à celle des *meringages,* autre sorte de guimauve molle à la texture craquante.

Le glossaire du confiseur

acides, *v. p. 93.*

additifs, produits d'addition. Ce sont, généralement, des *agents de texture* (lécithine, agar-agar, sorbitol, pectine, gélatine, etc.), des *exhausteurs de goût* (acides, *v. p. 93*), des *arômes* naturels ou artificiels, des *colorants* naturels ou synthétiques, des *auxiliaires technologiques* (talc, cire, huile végétale, paraffine, etc.), destinés à préparer les surfaces de fabrication en contact avec les produits.

agent aérateur, *v. p. 91*

albumine, substance contenue dans le blanc d'œuf, employée pour la fabrication des pâtes allégées. Les blancs d'œufs, utilisés soit congelés soit déshydratés (dans ce cas, leur dissolution préalable dans l'eau s'impose), sont soumis à un fouettage en « neige ferme », qui s'effectue à froid.

amidon, fécule de céréales (blé, riz, maïs, etc.) qui se présente sous forme d'une poudre fine et blanche et qui est utilisée pour la préparation du sirop de glucose, mais aussi pour le coulage de certains bonbons *(v. p. 81).*

arômes, produits employés pour l'aromatisation des articles de confiserie de sucre, des masses et intérieurs en confiserie de chocolat. Ce sont soit des matières premières comme le miel, le suc de réglisse, le cacao, le café en grains, soit des alcools ou des liqueurs (Grand Marnier, Cointreau, rhum, alcools blancs, etc.), ou enfin des substances aromatiques et, dans ce dernier cas, l'opération est strictement réglementée. Tous les arômes naturels sont autorisés ainsi que certains arômes artificiels « dont un long usage a permis de reconnaître l'innocuité ». Il est, en outre, permis de renforcer la plupart des arômes naturels avec des arômes de synthèse à condition de ne pas dépasser le taux de 4 p. 100. Les arômes ne pouvant faire l'objet d'aucun renforcement artificiel sont ceux de vanille et d'agrumes.

Les *arômes naturels,* qui proviennent des fruits, des fleurs et des plantes, se présentent sous forme d'huiles essentielles (ou essences), de jus concentrés, d'alcoolats et d'infusions (ou eaux distillées). Toutes matières aromatiques extrêmement sensibles et qui craignent la chaleur et l'oxydation, ce qui implique une grande vigilance au niveau de leur manipulation. Les *arômes artificiels,* réalisés par synthèse, ont, pour eux, d'être plus stables, mais leur goût est moins fin que celui des précédents.

colorants, substances employées pour colorer les articles de confiserie.

En France, l'arrêté du 15 octobre 1964, modifié en mars 1967, février 1970 et septembre 1976 a fixé, sous les directives de la Communauté européenne, la liste des colorants autorisés dans les produits alimentaires : *colorants de synthèse* et *colorants naturels.* Les premiers, chimiques, ont l'avantage de pouvoir être mélangés et de permettre un large éventail de couleurs ; quelques gouttes suffisent. Les seconds, extraits de plantes et de fruits, parmi lesquels ceux jadis employés, ne supportent pas de trop fortes chaleurs et ne peuvent donc pas être utilisés pour les bonbons qui se solidifient très vite. À tous ces colorants, retenus pour leur innocuité, un numéro a été attribué, que précède la mention « E », symbole de la caution donnée par la CEE.

Ne sont pas touchés par cette réglementation les produits naturels dotés de propriétés colorantes, lorsque cet effet colorant est secondaire dans l'obtention du produit final.

dextrose, glucose pur cristallisé que les confiseurs utilisent pour la fabrication du nougat, du chewing-gum ou pour le confisage des fruits. L'emploi du dextrose dans une proportion supérieure à 5 p. 100 et inférieure à 20 p. 100 du poids total du produit implique que la dénomination de ce produit soit accompagnée de la mention « avec glucose cristallisé » ou « avec dextrose ».

fécules, substances provenant essentiellement de la pomme de terre et des racines de manioc et se présentant sous la forme d'une poudre blanche, de grains plus gros que ceux de l'amidon. Si elles interviennent dans la fabrication du sirop de glucose, on les utilise aussi pour le pastillage et, à l'état d'empois, pour la confection de certaines pâtes de réglisse.

gélatine, produit de l'hydrolyse partielle du collagène contenu dans la peau, les tissus conjonctifs et les os des animaux. Elle se présente sous forme de feuilles minces, de grains ou de poudre. Son extrême sensibilité à la chaleur, à certaines bactéries et aux agents chimiques implique des précautions d'utilisation, notamment de ne jamais la faire cuire. Son principal emploi consiste dans la fabrication des articles à la gélatine coulés dans l'amidon. Mais on fait aussi appel à elle comme agent aérateur pour la confection des pâtes allégées.

glucose (sirop de), « sirop de fécule » obtenu par hydrolyse des amidons et des fécules alimentaires. Substance visqueuse et transparente, constituée de divers sucres (glucose, maltose, fructose, etc.), il est soluble dans l'eau et dans les masses, et a la propriété de fondre à 145 °C.

La confiserie l'emploie beaucoup, car il freine la cristallisation du saccharose et assure ainsi à la fois une meilleure qualité et une plus longue conservation. En favorisant l'accroissement de la production, il a contribué largement à l'industrialisation de ce secteur alimentaire.

Par ailleurs, la chocolaterie y a constamment recours pour la fabrication des masses et des intérieurs, auxquels il donne moelleux et onctuosité.

gomme arabique, *v. p. 94.*

lait, entier ou écrémé selon les recettes, utilisé concentré ou en poudre (c'est-à-dire déshydraté), le lait frais n'est guère employé à cause de l'eau qu'il contient. Tous ses composants jouent un rôle en confiserie : albumine, caséine, lactose, graisse. Parmi les « douceurs » auxquelles il

Autrefois, tel un peintre,...

... le confiseur fabriquait ses « couleurs » lui-même. Pour le jaune, il faisait macérer des fleurs de souci pilées pour en extraire une « liqueur », ou avait recours à des fleurs de safran, des étamines de lis, etc. Le jus de betterave lui donnait un rouge, tout comme la cochenille. Il obtenait le brun avec du caramel foncé. Et le vert lui était fourni par une macération d'épinards, de blettes ou d'orties... Des recettes qui font aujourd'hui rêver, car le fabricant n'a désormais ni le temps ni le pouvoir de confectionner ses mélanges. En effet, la législation est intervenue avec rigueur dans ce domaine où la couleur participe grandement à l'attrait du produit.

Saveur et arôme en plus

Les acides sont employés pour donner aux bonbons une saveur acide en même temps que pour exalter l'arôme, notamment lorsqu'il s'agit d'arômes de fruits.

L'***acide citrique***, que l'on trouve dans le suc du citron ou que l'on obtient par fermentation dirigée des mélasses de sucrerie, donne un goût « acidulé » très fin.

L'***acide lactique***, acide organique naturel, se trouve dans le pain, le lait, le fromage.

Quant à l'***acide tartrique***, que l'on trouve dans nombre de fruits, mais que l'on extrait, pour son utilisation alimentaire, des résidus de la fermentation des vins (tartres et lies), il donne un goût très accentué.

La législation française étant très rigoureuse, il est à noter que « la substitution totale ou partielle de gélatine, de gélose, d'empois de fécule ou d'amidon, à la gomme ou au blanc d'œuf, dans les produits fabriqués habituellement avec de la gomme ou du blanc d'œuf » ne peut être considérée comme une falsification « à la condition que la dénomination des produits ainsi préparés ne contienne pas le mot ***gomme*** et soit suivie immédiatement du qualificatif ***fantaisie.*** »

La gomme du Sénégal

Plus connue sous le nom de gomme arabique, elle sert surtout pour la fabrication des gommes, des pâtes pectorales et des produits à base de réglisse, en tant qu'agent de texture et, plus précisément, d'épaississant. Il s'agit de l'exsudation gommeuse séchée obtenue à partir des branches de l'*Acacia senegal (L) Willd.* ou d'espèces d'acacias apparentées, tous arbres qui poussent spontanément dans le bassin méditerranéen, au Soudan, en basse Égypte et au Sénégal. Soluble dans l'eau et sans saveur, elle se présente sous forme de larmes arrondies, blanches, blanc jaunâtre ou rose pâle, de taille variable.

Les gommes les plus recherchées sont les gommes « Kordofan » et « Sénégal bas du fleuve ».

participe, caramels et toffees lui doivent leur arôme et leur texture caractéristiques.

pectine, *v. p. 92.*

sorbitol, à l'origine, extrait des baies du sorbier, aujourd'hui, stabilisateur hydrophile et anticristallisant, obtenu par hydrolyse enzymatique à partir d'amidon de maïs.

La confiserie l'emploie sous forme de solution, incolore et de saveur sucrée, en respectant les deux conditions régissant son usage, à savoir qu'il soit chimiquement pur et que la proportion pondérale ne dépasse pas 5 p. 100.

COLORANTS AUTORISÉS DANS LA COMMUNAUTÉ EUROPÉENNE *

Couleur	Code	Nom usuel	Origine	Dose maximale dans le produit fini
jaune	E 100	curcumine	végétale	50 mg/kg
	E 101	riboflavine	végétale synthétique	50 mg/kg
	E 104	jaune de quinoléine	chimique	50 mg/kg
orange	E 110	jaune orangé S	chimique	100 mg/kg
rouge	E 120	cochenille, acide carminique	végétale	50 mg/kg
	E 122	azorubine	chimique	20 mg/kg
	E 124	rouge cochenille A.	synthétique	50 mg/kg
	E 127	érythrosine	chimique	50 mg/kg
bleu	E 131	bleu parenté V.	chimique	50 mg/kg
	E 132	indigotine	végétale synthétique	100 mg/kg
vert	E 140	chlorophylles	alimentaire (fruits, légumes)	500 mg/kg
	E 141	complexes cuivriques des chlorophylles et des chlorophyllines	*id.*	200 mg/kg
	E 142	vert brillant BS	chimique	100 mg/kg
brun	E 150	caramel	alimentaire (fruits, légumes)	500 mg/kg
noir	E 151	noir brillant BN	chimique	50 mg/kg
	E 153	*Carbo medicinalis vegetalis*	végétale	1 500 mg/kg
	E 160	caroténoïdes	synthétique et alimentaire	100 mg/kg
nuances diverses	E 161	xanthophylles	synthétique et alimentaire	500 mg/kg
	E 162	rouge de betterave	alimentaire	2 500 mg/kg
	E 163	anthocyanes	*id.*	500 mg/kg
colorants de surface	E 170	carbonate de calcium	minérale	
	E 171	dioxyde de titane	minérale	
	E 172	oxydes et hydroxydes de fer	minérale	
	E 173	aluminium	minérale	
	E 174	argent	minérale	
	E 175	or	minérale	

* En cas d'emploi simultané de plusieurs colorants, « la somme des pourcentages respectifs de chaque colorant par rapport à la dose maximale autorisée pour chacun d'eux ne doit pas dépasser 100 p. 100 ».

Le chocolat

Les traces les plus lointaines d'une utilisation du fruit du cacaoyer remontent aux civilisations précolombiennes qui, croit-on, n'employaient que la pulpe, jusqu'au jour où un jeune Indien eut l'idée de faire griller les graines et, s'étant aperçu qu'il s'en dégageait un parfum suave, en conclut que le goût devait être tout aussi agréable. D'ailleurs, les animaux des forêts de l'Amérique centrale (singes, écureuils, perroquets, etc.) n'en faisaient-ils pas grande consommation, essaimant les fèves sur de grandes distances et favorisant ainsi la propagation de l'arbre ?

De cet arbre, connu sous le nom de *cacahuaquahitl,* la légende s'était très tôt emparée pour lui conférer une aura divine. Quetzalcóatl, dieu protecteur des Toltèques, en aurait rapporté des semences de l'Éden perdu où vécurent les premiers fils du Soleil et l'aurait cultivé dans ses jardins de Talzitepec, aux alentours de la fabuleuse cité de Tula. Ce jardinier prophète, pourvu de la science universelle, était devenu le chef du peuple de l'Anahnac. Toutefois, son ambition démesurée lui fut fatale. Désireux de devenir immortel, il fit appel à un magicien qui, jaloux de sa puissance, prétendit accepter de réaliser son vœu et lui donna un breuvage à boire. Quetzalcóatl y laissa sa raison. Devenu fou, il disparut au bord de l'Océan, enlevé par le Grand Esprit qui fit de lui le génie de la Pluie et de la Rosée. Mais ses disciples, détenteurs des secrets de la culture du cacaoyer, allaient les transmettre à leurs descendants.

Les fèves de cacao : une monnaie d'échange

La culture du cacaoyer doit son développement aux Mayas qui en utilisaient les fèves comme monnaie dans leurs échanges commerciaux et pour le paiement des impôts. Cette dernière coutume semble avoir survécu à l'effondrement de la capitale Mayapán, au milieu du XVe siècle. C'est toutefois avec les Aztèques, dont la souveraineté s'exerçait sur tout le territoire où ce végétal était cultivé, que le cacao s'imposa véritablement. En effet, s'il conserva son rôle de monnaie courante et continua à faire l'objet d'un tribut (quelque 120 tonnes au total), il prit aussi rang d'aliment, apprécié pour ses propriétés nutritives et fortifiantes. Grillées, pilées au mortier, puis broyées finement sur des pierres chauffées par-dessous *(métatl),* les fèves donnaient une pâte qui était colorée avec de l'achiote, ou rocou, épicée au *chile* (poivre du Mexique) et aromatisée à la vanille, à la cannelle, au miel, etc., avant d'être mélangée à de l'eau, chauffée et enfin battue. À cette boisson que l'on

Feuilles et fleurs du cacaoyer. Gravure du XIXe siècle. Coll. A. P.-R.

Cabosse et fèves du cacaoyer. Gravure du XIXe siècle. Coll. A.P.-R.

Au début, le chocolat était importé en Europe sous la forme d'une pâte fabriquée dans le pays de sa récolte. Phot. Union des Chocolatiers et Confiseurs de France.

consommait fraîche, le peuple incorporait, pour lui donner plus de consistance, une bouillie de farine de maïs *(atolle).* Dans cette optique alimentaire, le marché du cacao s'organisa considérablement. Les fèves étaient désormais triées et n'étaient gardées que celles de bonne qualité.

Mais l'« Ancien Monde » ignorait tout de cet arbre miraculeux. Christophe Colomb, faisant halte en 1502 dans l'île de Guanaga, découvrit les étranges « amandes » qui faisaient office à la fois de monnaie et d'ingrédient pour la confection d'une délicieuse boisson. Il ne perçut toutefois pas l'intérêt qu'elles pouvaient présenter pour ses compatriotes. Et il fallut attendre l'expédition d'Hernán Cortés pour que les Espagnols fussent séduits par le cacao. Débarquant en 1519 sur la côte mexicaine de la province de Tabasco (qui produisait annuellement environ 25 000 kg d'amandes), le conquistador se vit offrir, par l'empereur aztèque Montezuma, de ce breuvage que le souverain se faisait servir à toute heure du jour dans des vases d'or. À cette seule fin, d'ailleurs, ses palais abritaient d'énormes réserves de fèves ; les soldats de Cortés allaient en trouver près de 20 000 tonnes après sa défaite.

L'apparition du chocolat en Europe

C'est à partir de 1524, année où Charles Quint reçut de Cortés toute une cargaison de fèves, que l'Espagne s'engoua pour la boisson venue d'Amérique. D'abord importé sous forme de pâte, jalousement fabriquée par les Espagnols établis outre-Atlantique – qui, d'autre part, continuèrent longtemps à user des amandes comme agent de circulation –, le chocolat fut ensuite préparé dans la péninsule où la recette avait tant allure de secret que les autres nations européennes n'en eurent connaissance que plus d'un demi-siècle après. La formule avait légèrement évolué consécutivement aux plantations de canne à sucre dans les Canaries, à Saint-Domingue et au Mexique. Associé au sucre, aromatisé à la vanille ou à la cannelle, le chocolat se fit d'innombrables adeptes à la Cour, dans le clergé – les moines furent, semble-t-il, les premiers chocolatiers – ainsi que parmi les médecins qui lui prêtèrent d'emblée de multiples vertus thérapeutiques.

Malgré la mainmise de l'Espagne sur le commerce du cacao, ledit « médicament » gagna l'Italie au début du XVIIe siècle, grâce à un voyageur, Francesco Carletti, qui avait effectué un long séjour aux Antilles et qui, de retour dans son pays, répandit la recette à Florence. Un savant de Nuremberg allait la rapporter de Naples en Allemagne en 1641. Et l'Angleterre l'adopta en 1657, lui réservant un tel accueil que, moins d'un siècle plus tard, allait être créé le « Cocoa Tree Club » autour de cette inestimable matière première.

Quant à son introduction en France, on la doit à Anne d'Autriche, fille de Philippe III d'Espagne, qui, à la suite de son mariage avec le roi Louis XIII, en 1615, initia la Cour à la consommation du chocolat. Son premier grand amateur aurait été le frère du cardinal de Richelieu, Alphonse-Louis du Plessis, archevêque de Lyon, qui, comme l'affirme Bonaventure d'Argonne, « s'en servoit pour modifier les vapeurs de sa rate » et « tenoit ce secret de quelques religieux espagnols ». Mais cette « drogue estrangère » – tel était considéré le chocolat au XVIIe siècle – était d'un coût fort élevé et rares étaient ceux qui savaient la préparer. Aussi son usage se propagea-t-il lentement.

Opération manuelle, l'écabossage se faisait alors exclusivement sur le lieu de la récolte. Coll. A.P.-R.

Des lettres de noblesse

Pour s'assurer une composition réussie, certains grands seigneurs firent appel à de précieux talents étrangers, experts en l'art de confectionner le chocolat. Ainsi le cardinal de Mazarin et le maréchal de Gramont firent venir d'Italie deux habiles cuisiniers en vue de cette préparation dont ils étaient très gourmands.

Mais, le chocolat suscitant un engouement grandissant, vint l'heure d'officialiser son emploi dans le royaume. Et, le 28 mai 1659, Louis XIV accorda au sieur David Chaliou, officier de la Reine, le privilège exclusif, pour une durée de vingt-neuf ans, « de faire, faire vendre et débiter, dans toutes les villes et autres lieux de ce royaume que bon luy semblera, ledit chocolat, soit en liqueur ou pastilles ou en boettes, ou en telle autre manière qu'il luy plaira, et faire venir pour cet effect des pays estrangers les choses

En souvenir du temps où le chocolat faisait les délices de la cour de France...
Affiche de 1926, coll. A.P.-R.

nécessaires pour la composition dudit chocolat, sans que personne l'en puisse empescher ». L'ère du chocolat était inaugurée, avec l'institution d'une nouvelle activité, celle de « chocolatier ». Le monopole détenu par Chaliou, dont la boutique était sise à Paris, à l'angle de la rue de l'Arbre-Sec et de la rue Saint-Honoré, fut réduit par le parlement à quinze années, au cours desquelles son commerce ne fit que prospérer. Il est vrai que la position prise, en 1661, par la faculté de médecine en faveur du chocolat contribua largement à en répandre l'usage.

Dès lors, celui-ci ne connut plus que des inconditionnels, du moins à Paris et à Versailles, car la province ne fut « contaminée » que tardivement. Au premier rang d'entre eux : la reine, Marie-Thérèse d'Autriche, qui lui vouait une passion aussi intense que l'aversion de son royal époux, Louis XIV, pour cet aliment était forte. Mademoiselle de Montpensier n'indique-t-elle pas qu'« elle en prenoit en cachette et ne vouloit pas que l'on sût qu'elle en prît » ? Toutefois, il semble que le roi finit par y prendre goût. De toute manière, il en mettait à la disposition de ses invités les jours de réception à Versailles et fit cultiver le cacaoyer dans les possessions des Antilles. D'où, en 1679, l'arrivée à Brest du premier cacao produit par une colonie française.

Boisson, aliment ou drogue ?

Très goûté par les plus illustres personnages de l'époque, telle Madame de Maintenon, et longtemps méconnu du peuple en dépit des efforts de Colbert pour développer la production coloniale de cacao, le chocolat fit une curieuse carrière. Était-il un remède ? La Faculté le soutint. D'aucuns, comme Théophile Dufour, prétendaient qu'il était très utile pour ceux qui avaient « l'estomac affoibli par la colique, la diarrhée, les vents et les évacuations copieuses ». D'autres le préconisaient contre rhumes et fluxions de poitrine, contre l'insomnie, contre coliques bilieuses et maladies vénériennes. D'autres encore le recommandaient pour fortifier la mémoire. Enfin, il n'était de maux auxquels il n'apportait réparation ! Ce qui ne l'empêcha pas, d'ailleurs, d'avoir de nombreux détracteurs. Ainsi Madame de Sévigné, qui avait été l'une de ses plus ferventes adeptes, passa-t-elle, pour un temps, dans le camp de ses ennemis. « Le chocolat n'est plus avec moi comme il étoit : la mode m'a entraînée, comme elle fait toujours. Tous ceux qui m'en disoient du bien m'en disent du mal ; on le maudit, on l'accuse de tous les maux qu'on a ; il est la source des vapeurs et des palpitations ; il vous flatte pour un temps, et puis vous allume tout d'un coup une fièvre continue, qui vous conduit à la mort... » (lettre à Madame de Grignan, 15 avril 1671).

Mais le chocolat n'était-il pas, en fait, plutôt un aliment ? Telle était l'opinion de beaucoup, qui convenaient qu'il était très nourrissant. On peut lire sous la plume du docteur Hecquet, doyen de la faculté : « On refuseroit presque au chocolat le titre ou la qualité de boisson, et on le rangeroit plus volontiers parmy les bouillons ou les consommez, tant il est (...) capable de soûtenir les personnes les plus robustes » (1712). L'hypothèse que le chocolat pouvait être une véritable nourriture suffit à engendrer toute une controverse. Rompait-il le jeûne ou non ? Canonistes et médecins s'affrontèrent avec ardeur. Et le problème finit par être résolu : le chocolat à l'eau avait simple valeur de boisson. On en but donc sans lasse pendant les carêmes...

Des tablettes, des dragées et des pastilles

Exclusivement importé d'Amérique centrale, le cacao fit peu à peu l'objet d'un intérêt accru. La Cour continua à être l'un de ses hauts lieux. Les courtisans affluaient « au chocolat de Son Altesse Royale » ; le Régent, Philippe d'Orléans, avait, en effet, remplacé le « petit lever » par une tasse de chocolat qu'il prenait dans une pièce où on venait le saluer. Louis XV, quant à lui, préférait le café et n'usait du chocolat que les jours de jeûne. Néanmoins, l'usage se maintint. Sous son règne, la charge de Chocolatier de la Reine, créée en 1705 par Louis XIV, était un titre très envié. Et il était alors à la mode, pour les seigneurs, de porter sur soi une bonbonnière contenant des pastilles à base de cacao et de sucre.

Par ailleurs, le commerce du chocolat s'élargit. Après expiration du monopole de David Chaliou, d'autres marchands parisiens furent renommés pour la qualité de leur produit : le sieur Rere, établi rue Dauphine, le sieur Renaud, puis, dans la seconde moitié du XVIIIe siècle, le sieur Labastide et le sieur Onfroy. Les chocolats d'Espagne, d'Italie et du Portugal, longtemps considérés comme les meilleurs, étaient désormais supplantés par ceux de Paris, fabriqués par apothicaires et marchands d'épices selon une méthode qui s'apparentait fort à celle des Mexicains. Ainsi que l'explique Alfred Franklin (*la Vie privée d'autrefois,* 1893), « on commençait à faire griller dans une bassine le cacao, qu'il fallait ensuite réduire en pâte ; on obtenait ce résultat soit en le pilant dans un mortier, soit en l'écrasant avec un rouleau de fer sur une pierre très dure : pierre et rouleau devaient être tenus chauds pendant l'opération. Cela fait, on mêlait à la pâte du sucre pulvérisé, et, lorsque l'incorporation semblait parfaite, le moment était venu d'ajouter au mélange les parfums ordinaires, vanille et cannelle, ambre et musc, tous pulvérisés à part ».

Friandise, le chocolat le devenait lentement. Mais la médecine entendait conserver les privilèges qu'elle avait sur lui. Pour rehausser ses vertus, on fabriquait des chocolats médicamenteux, qui se présentaient sous forme de pastilles, de dragées, de pâtes, de tablettes, etc. Ainsi, vers 1772, un épicier de la rue des Lombards, le sieur Delondres, créa le *chocolat homogène, stomachique et pectoral* et le *chocolat purgatif.* Tandis que le sieur Roussel, marchand épicier dans l'abbaye de Saint-Germain-des-Prés, se faisait une réputation avec ses pains de *chocolat de santé.* Il suffisait d'ajouter à la pâte simple du cacao divers ingrédients. Du musc, de la civette donnaient un *chocolat aphrodisiaque.* De l'extrait de quinquina, de la gentiane, de la centaurée, du houblon, etc., un *chocolat stomachique* ou *tonique.* De la mousse de Corse, de la racine de fougère, etc., un *chocolat anthelminthique.* Et ainsi de suite au gré des besoins et... au gré d'un certain nombre de charlatans qui exploitèrent la crédulité de l'époque.

Le chocolat se conservait difficilement, guère plus de trois mois. Et il était conseillé de « le tenir enveloppé avec du papier gris dans une boëte et dans un lieu sec ». Mais sa conservation allait rapidement s'améliorer avec les progrès d'une technique qui se cherchait.

Les débuts de la chocolaterie

Ce n'est qu'à partir de 1780 que la chocolaterie prit réellement son essor. « À cette époque, les amandes de cacao ayant été demandées avec empressement par les armateurs français aux habitans de la Martinique, ils estimèrent que la récolte pourrait devenir un objet de leur commerce, et ils ne furent pas trompés » (É. Delcher, 1837). En effet, initialement approvisionnée par l'Espagne, puis par les Portugais et les Hollandais qui se partageaient la concurrence, la France ne tarda pas à bénéficier des produits d'une culture qu'elle avait vivement encouragée dans ses colonies. La Martinique, la Guadeloupe, Sainte-Lucie, Saint-Domingue, la Guyane devinrent donc ses fournisseurs attitrés. Ce qui lui valut d'être alors le premier pays importateur d'Europe.

Cette importance commerciale s'accompagna d'un développement technique non moins considérable. Le métier de chocolatier était très pénible. Certes, en 1732, Buisson avait tenté de porter remède aux conditions de travail – les ouvriers étaient agenouillés pour broyer la pâte – en instaurant le système d'une table chauffée au charbon de bois devant laquelle les ouvriers étaient debout. Mais l'atmosphère était étouffante et le rendement ne dépassait pas 6 kg par jour par travailleur. À une époque qui voyait fleurir les fabriques de chocolat (Fry & Sons en Angleterre, 1728 ; Von Der Lippe en Allemagne, 1765 ; Compagnie des chocolats et thés Pelletier en France, 1770 ; Walter Barke & Co dans le Massachusetts, 1780), les méthodes ne pouvaient que se moderniser. Et la première invention d'importance fut celle de la machine hydraulique par Doret. Approuvé en 1778 par la faculté de médecine, ce procédé permettait d'effectuer mécaniquement à la fois le broyage du cacao pour le réduire en pâte et le mélange des diverses matières premières en les agglomérant. Il eut un succès considérable et conféra à son auteur la possibilité de donner à sa manufacture le titre de « Fabrique royale ».

Freinée par la Révolution, entravée par le Blocus continental, l'industrie du chocolat traversa ensuite une période de vicissitudes qui ne prit véritablement fin qu'à la chute de l'Empire. Mais les progrès qui suivirent furent fulgurants et le chocolat connut une vogue sans précédent. En 1819, François Pelletier mit la vapeur au service de cette fabrication dans l'usine qu'il exploitait sous l'enseigne « À l'Américain », à l'angle de la rue Richelieu et de la rue Neuve-des-Petits-Champs, à Paris. Six ans plus tard, Jean-Antoine-Brutus Menier, propriétaire d'une firme depuis 1816, fit l'acquisition du moulin de Noisiel, dépendant de l'abbaye de Chelles, dans la vallée de la Marne, et y installa la première chocolaterie industrielle du monde.

Jusque-là vendu en pains et tablettes que l'on faisait fondre pour préparer la « nourriture des dieux », cette boisson tant appréciée depuis des siècles, le chocolat acquit progressivement son rôle de « douceur ». En 1828, le Hollandais Conrad Johannès Van Houten, établi à Amsterdam depuis 1815, prit brevet pour un système qui, en pressant fortement la pâte liquide dans une presse à vis, permettait d'ôter à celle-ci une partie de sa matière grasse et donc de pulvériser finement le produit. Ainsi obtenait-il du cacao pur et une poudre dégraissée, sombre, comme celle que nous connaissons, la *poudre de cacao.*

Le mélange des composants, première phase de la fabrication du chocolat, tel qu'il se pratiquait à la fin du siècle dernier. Coll. A.P.-R.

CHOCOLATS DE FRANCE

Cette signature vous garantit que ces chocolats

- *sont fabriqués en France*
- *dans la tradition de la gastronomie française*
- *avec des produits nobles de haute qualité*

Club-association en même temps que label de qualité, créé par des chocolatiers français pour assurer et défendre le prestige de la production française, avec le concours de Promosuc, qui a pour objet social la promotion des articles de confiserie et de chocolaterie. Tout fabricant détenteur de cette « image signature » certifie que ses chocolats sont : fabriqués en France, dans la tradition de la gastronomie française, avec des produits nobles de haute qualité.

Et quand le chocolat se fit bonbon... Phot. CEDUS.

Et presque vingt ans après, en 1847, les Anglais Fry & Sons pensèrent à incorporer du sucre à cette poudre, y ajouter du beurre de cacao et vendre ce chocolat en tablettes pour la boisson et pour croquer. La confiserie chocolat était née.

Le temps des perfectionnements

Les inventions de Hermann (machine à broyer, 1841) et de Devinck (torréfacteur, mélangeur, peseuse, 1850) favorisèrent l'extension d'une industrie à laquelle s'intéressait désormais le monde entier, mais qui allait devoir une grande part de sa prodigieuse impulsion à la Suisse. Ce pays comptait déjà plusieurs chocolateries, la première ayant été fondée à Vevey en 1819 par François-Louis Cailler. Philippe Suchard avait créé la sienne à Neuchâtel en 1824. Charles-Amédée Kohler s'était établi à Lausanne en 1831. Puis avaient suivi Daniel Peter, Rodolphe Lindt, Jean Tobler. C'est à ce dernier que revient la recette du chocolat au lait. De fait, ayant observé que son voisin à Vevey, Henri Nestlé, mélangeait lait et farine, il imagina d'associer lait et chocolat. Expérience qu'il mit au point au terme de huit ans de recherches, en 1870. Quant à Rodolphe Lindt, dont la fabrique zurichoise allait être reprise, en 1899, par Johann Rodolphe Sprüngli, fils d'un chocolatier de Zurich, pour devenir la société Lindt & Sprüngli, il créa en 1879 le premier chocolat fondant, qui venait révolutionner le domaine du chocolat en tablettes. À la pâte sablonneuse et plutôt amère à laquelle aboutissait la fabrication traditionnelle, il substitua une nouvelle formule reposant sur l'adjonction de beurre de cacao à la masse de chocolat en même temps qu'il inaugurait une machine de son invention, appelée à un emploi généralisé dans la profession, la *conche*.

Parallèlement, l'Allemagne et la Hollande développaient leur chocolaterie dans le sens d'une production à « manger » plus qu'à boire. En France, à côté de la maison Menier, qui ne cessait de se développer, de la maison Guérin-Boutron frères, née en 1786 et qui occupait l'une des premières places au sein de cette industrie, ainsi que de la chocolaterie Saintoin à Orléans, et de bien d'autres, une petite entreprise fondée en 1848 dans le Val de Loire, à Blois, prenait une importance croissante. Son créateur, Auguste Poulain, ancien commis du « Mortier d'argent », riche épicerie parisienne du quartier de l'Odéon, avait choisi le retour au pays natal pour y implanter une usine de chocolat. Celle-ci, sise à proximité d'une fonderie dont elle utilisait la force motrice pour la torréfaction et le broyage de la pâte, prit une telle extension que de 22 ouvriers en 1873 elle en comptait 240 vingt ans après.

Un marché en plein essor

Au début du XXe siècle, la France tenait encore le premier rang pour les importations de cacao (17 667 tonnes en 1899), suivie d'assez près par l'Angleterre, l'Allemagne et les États-Unis. Mais la Suisse fournissait des produits parmi les plus estimés. Ainsi que le rapporte le compte rendu de l'Exposition universelle de 1900 : « La production des chocolats suisses a presque doublé depuis dix ans ; obtenant, par suite de l'utilisation des nombreuses chutes d'eau du pays, la force motrice dans des conditions particulières de bon marché, les fabricants poussent très loin le broyage des chocolats, et cette méthode paraît leur assurer certains avantages, surtout au point de vue de l'utilisation de sortes ordinaires de cacao, qui ne donneraient que des produits inférieurs avec les procédés courants de broyage. » Mais peut-être était-ce aussi cet emploi de fèves de qualité inférieure qui allait permettre à d'autres producteurs de chocolat de la rattraper et de la dépasser.

Aujourd'hui, quatrième producteur mondial de chocolat et huitième pays consommateur, la France impose sa suprématie au niveau de la qualité des produits. Sa confiserie de chocolat est universellement réputée. Marques, symboles de prestige, une longue tradition artisanale se perpétue, qui ne laisse place à aucune facilité et s'attache à préserver le souci de perfection de ses origines. La réglementation précise et rigoureuse qui régit la profession (décret du 13 juillet 1976) et définit la composition des divers produits contribue sans nul doute à une fabrication sans défaillance, à laquelle, dans ce pays gastronomique par excellence, le talent des maîtres chocolatiers ne peut qu'apporter originalité et finesse, en prenant en compte la mode du moment. Car les goûts évoluent et les Français se détournent sensiblement du chocolat au lait pour lui préférer un chocolat pur, fortement chargé en cacao, donc plus corsé et moins sucré, le plus difficile à obtenir parce qu'il requiert des fèves à l'arôme exceptionnel et ne permet aucun déguisement. D'où la défaveur de certains chocolats étrangers jugés trop gras et douceâtres du fait d'une utilisation excessive de lait.

Des fèves de cacao au chocolat

Originaire de la forêt de l'Orénoque, entre la Colombie et le Venezuela, le cacaoyer *(Theobroma Cacao L.),* de la famille des Sterculiacées, est un arbre de faible hauteur (5 à 7 m) qui n'atteint sa taille adulte qu'au bout de 10 à 12 ans et dont la durée de vie ne dépasse guère 30 ans. Son tronc est irrégulier et noueux ; ses feuilles, alternes, sont larges et épaisses. Les fleurs poussent à même le tronc et les branches maîtresses, très petites et nombreuses. Les fruits *(cabosses)* arrivent à maturité quatre mois après la floraison, baies volumineuses dont la couleur, la taille et la forme dépendent des variétés (de 15 à 25 cm de longueur, de 7 à 10 cm de diamètre, de 400 à 600 g). À l'intérieur de la cabosse, les fèves, entourées d'une pulpe molle, sont disposées en rangées ; on en compte de 20 à 50. Chaque fève de cacao est constituée d'une amande, d'un germe et d'un tégument fait de deux enveloppes, l'une étant une mince pellicule et l'autre, extérieure, la *coque.*

Arbre délicat, du fait de ses grands besoins en eau, le cacaoyer se plaît à une température moyenne de 25 °C, dans les régions à pluies relativement abondantes sises entre 10° de latitude Nord et 10° de latitude Sud, cette zone optimale pouvant être élargie jusqu'à 20° et même au-delà. L'essor des *Forasteros,* aux cultivars vigoureux, et le déclin des *Criollos,* très fragiles en raison de leur faible résistance à la maladie, ont considérablement modifié la carte de la production, d'autant qu'est apparue une autre famille, de choix, celle des *Trinitarios (v. tableau).* En effet, si, en 1900, l'Amérique latine était le plus gros producteur (80 p. 100) face à l'Afrique, qui n'en fournissait que 16 p. 100, les rôles sont aujourd'hui inversés, avec 70 p. 100 pour l'Afrique qui bénéficie de ses efforts dans la lutte contre les parasites et les maladies ainsi que de sa persévérance à développer des espèces à rendement tout en conservant la qualité.

« Le bon cacao doit avoir la peau fort brune et assez unie, et, quand on l'a enlevée, l'amande doit se montrer pleine, lisse, de couleur de noisette, fort obscure au-dehors, un peu plus rougeâtre en dedans, d'un goût un peu amer mais agréable et astringent, elle ne doit pas sentir le vert ni le moisi ; en un mot, elle doit être sans odeur et non piquée des vers », écrivait Émile Delcher en 1837.

LES CACAOYERS

Groupe	Lieux de culture	Caractéristiques	Cacaos obtenus
Les Criollos 	Venezuela, Sri Lanka, Java, Madagascar, Comores, Nicaragua, Mexique, Colombie	• cabosses rouges ou vertes avant maturité, de forme allongée plus ou moins en pointe, à écorce verruqueuse de consistance molle (facile à couper), gravée de dix sillons profonds. • fèves grasses et rondes aux cotylédons frais, blancs	• cacaos les plus fins, les plus aromatiques, de saveur plutôt douce malgré une légère amertume • cacaos à *casse claire,* de couleur cannelle claire après fermentation et séchage • 5 à 8 p. 100 de la production mondiale de cacao
Les Forasteros 	Ghana, Nigéria, Côte-d'Ivoire, Brésil, Costa Rica, République Dominicaine, Colombie, Venezuela, Équateur	• cabosses vertes, jaunes à maturité, de forme variable, généralement arrondie, à écorce lisse, peu ou pas sillonnée, et épaisse (difficile à fendre) • fèvres plus ou moins plates aux cotylédons frais, pourpre foncé.	• cacaos les plus courants, de saveur amère et à arômes acides • cacaos *ordinaires,* de couleur brun foncé après fermentation et séchage • plus de 70 p. 100 de la production mondiale de cacao
Les Trinitarios 	dans le monde entier ; cultivés là où poussaient précédemment les Criollos, ils tendent aujourd'hui à remplacer aussi les Forasteros	• hybrides obtenus par croisement à partir des Criollos et des Forasteros • tous les types intermédiaires entre Criollos et Forasteros pour ce qui est de la forme des cabosses, de la forme et de la couleur des fèves	• flaveur plus fine, que celle des Forasteros ; teneur en matière grasse élevée • cacaos *fins* de teinte plus claire que les Forasteros • 20 p. 100 de la production mondiale de cacao

L'industrie du chocolat prit son plein essor dans la seconde moitié du XIXe siècle. Coll. A.P.-R.

LA CHOCOLATERIE DANS LE MONDE

Pays	**Production** (en milliers de tonnes)	**Consommation** (par habitant par an)
États-Unis	989,2	4,20
Royaume-Uni	456,5	7,80
Allemagne R.F.	403,6	7,10
France	263,5	4,92
Japon	148,5	1,30
Pays-Bas	138	4,40
Belgique	80,6	7,20
Suisse	76,8	10
Italie	70,4	1,40
Suède	52,3	5,50
Autriche	41,6	6,90
Norvège (ch. de 1980)	23,4	N.D.
Irlande	20,7	5,60
Grèce (chiffres estim.)	13,9	1,40

(Source : Comité des statistiques OICC/AIFC/CAOBISCO.)

LA PRODUCTION DE CACAO EN FÈVES

Pays	Production (en milliers de tonnes)				
	1980-81	**1981-82**	**1982-83**	**1983-84** (estimation)	**1984-85** (prévision)
Côte-d'Ivoire	403	457	355	405	505
Brésil	349	314	336	302	396
Ghana	258	225	178	159	170
Nigéria	155	181	156	115	150
Cameroun	120	122	106	108	114
Malaisie	43	60	65	80	100
Autres pays	330	362	338	347	368
Total mondial	1 658	1 721	1 534	1 516	1 803

(Source : *Cocoa Market Report*, Gill and Duffus, mars 1985.)

LES DIFFÉRENTS CHOCOLATS

Constituants de base	Proportions utilisées (en pourcentages)				
	chocolat (1)	chocolat de ménage (1)	chocolat au lait (1)	chocolat de ménage au lait (1)	chocolat blanc (1)
matière sèche totale de cacao	35 min.	30 min.	25 min.	20 min.	–
cacao sec dégraissé	14 min.	12 min.	2,5 min.	2,5 min.	–
beurre de cacao	18	18	(2)	(2)	20 min.
matière sèche totale d'origine lactique	–	–	14 min.	20 min.	14 min.
graisse butyrique	–	–	3,5 min.	5 min.	3,5 min.
matières grasses totales	—	—	25 min.	25 min.	—
saccharose	(2)	(2)	55 max.	55 max.	55 max.
matières aromatiques	autorisées, à l'exception des compositions rappelant la saveur du chocolat naturel ou de la matière grasse du lait				
lécithine	0,5 max.			1 max.	0,5 max.
matières comestibles	de 5 à 10 (en morceaux apparents et séparables)			plus de 30 (si sous une forme pratiquement indiscernable)	

(1) Ces pourcentages sont calculés après déduction du poids des additions prévues : matières aromatiques, lécithine et matières comestibles.
(2) La législation ne précise pas la proportion.

De l'origine du cacao et du chocolat

Si le terme ***cacao*** trouve son origine dans la langue maya, il n'a été employé que tardivement par la littérature botanique qui l'a adopté en 1605. En effet, le cacaoyer était auparavant désigné par l'expression *amygdala pecunaria,* « amande monétaire ». Et ce n'est qu'en 1637 que Linné lui a adjoint le noble qualificatif de *Theobroma* (du grec *theos,* dieu, et *broma,* nourriture), soit de « nourriture des dieux », en souvenir de l'origine divine que prêtaient à cet arbre ses premiers « utilisateurs », les Aztèques.

Quant au ***chocolat,*** il aurait pour étymologie les mots aztèques *tchoco,* bruit, et *latté,* eau, parce que, comme l'explique É. Delcher (1837), « les Mexicains faisaient fortement mousser cette substance dans l'eau avant de la prendre » et ce avec un batteur qui faisait du bruit. De là l'appellation *tchotcolatl* que les Indiens avaient donnée à leur boisson favorite.

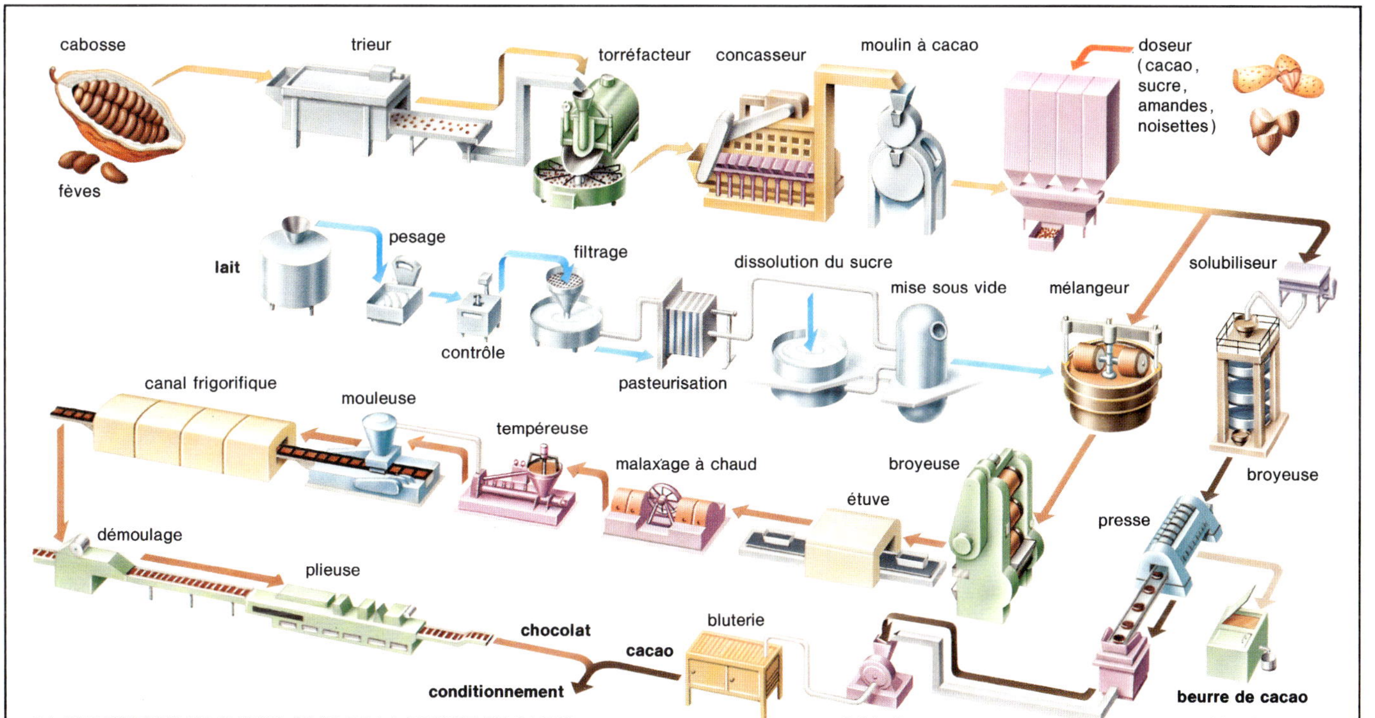

LA FABRICATION DU CHOCOLAT ET DE LA POUDRE DE CACAO

Les critères de qualité, pour varier selon les plants, n'en demeurent pas moins les mêmes quant à l'essentiel, c'est-à-dire la « santé » des fèves et l'absence d'altérations. Des normes internationales sont, d'ailleurs, intervenues pour classer les défauts possibles et instaurer une hiérarchie après traitement. Hiérarchie qui sert de référence au chocolatier dans le choix qu'il est amené à faire.

Fermentation et séchage : les secrets d'un bon cacao

Car il est bien évident que les fèves de cacao ne lui sont pas livrées telles, au sortir de la récolte. Quels que soient le soin apporté à la plantation et les précautions prises au moment de la récolte, les fèves sont soumises à une préparation dont dépend, en grande partie, leur qualité.

Une fois récoltées, les cabosses sont fendues pour en extraire les fèves. L'*écabossage* peut être effectué dans les trois à quatre jours qui suivent la récolte. Puis, au plus tard 24 heures après cette opération, les fèves sont mises à fermenter, soit placées en tas (comme au Ghana), soit disposées dans des paniers tressés (comme au Nigeria), soit déposées dans des caisses ou des bacs (comme en Amérique latine et dans certains pays d'Afrique). Et cela durant cinq à sept jours, avec un brassage périodique des fèves. La *fermentation* a pour but de débarrasser les fèves de la pulpe molle, de goût amer, qui les enveloppe autant que de favoriser le développement de l'arôme caractéristique du cacao, par suite des

De la fève de cacao au produit fini. Phot. CEDUS.

transformations biologiques qu'elle entraîne. Parallèlement, elle donne aux fèves leur couleur brune spécifique. Toutefois, elle ne suffit pas à éliminer toute l'humidité contenue dans les fèves, laquelle doit tomber à 5-6 p. 100 pour leur assurer une bonne conservation. D'où le *séchage,* qui consiste à étaler les fèves sur des claies, des nattes, etc., et à les laisser ainsi au soleil pendant huit à quinze jours. Là où l'insolation est insuffisante, on pratique le séchage artificiel dans des installations appropriées ; cette formule a contre elle d'être onéreuse et de ne pas donner d'aussi bons résultats que le séchage solaire. Enfin, les fèves sont prêtes à la commercialisation. Mises en sacs de jute ou en conteneurs aérés, elles sont rapidement embarquées vers les principaux ports importateurs (New York, Londres, Amsterdam, Hambourg, Le Havre), car on tend à éviter leur stockage dans les zones chaudes et humides.

LE CACAO EN POUDRE

Dénominations	Caractéristiques
Cacao en poudre ou **cacao**	au moins 20 p. 100 de beurre de cacao et au plus 9 p. 100 d'eau
Cacao maigre en poudre ou **cacao maigre** ou **cacao fortement dégraissé en poudre** ou **cacao fortement dégraissé**	au moins 8 p. 100 de beurre de cacao
Cacao sucré en poudre ou **cacao sucré** ou **chocolat en poudre**	mélange de cacao en poudre (au minimum 25 g par 100 g de produit) et de saccharose
Cacao maigre sucré en poudre ou **cacao maigre sucré** ou **cacao fortement dégraissé sucré en poudre** ou **cacao fortement dégraissé sucré**	mélange de cacao maigre en poudre (au minimum 32 g par 100 g de produit) et de saccharose

LES DIFFÉRENTES COUVERTURES

Opération	Type de couverture	Caractéristiques
trempage	• couvertures fines, de viscosité normale • on mélange parfois des couvertures spéciales fluides, selon la viscosité souhaitée	• jusqu'à 40 p. 100 de beurre de cacao • bonbons de chocolat
moulage	• couvertures fines spéciales fluides	• 30 à 32 p. 100 de beurre de cacao • articles fantaisie (poissons, œufs, etc.)
enrobage	• couvertures extra-liquides	• plus de 50 p. 100 de beurre de cacao • enrobage des crèmes glacées
confection des intérieurs	• couvertures courantes	

La température d'emploi varie selon que la couverture est noire ou au lait.

À chaque « cru » ses qualités

Outre les impératifs fondamentaux auxquels se trouve confronté le fabricant, à savoir que le cacao soit le plus sec possible (pour réduire les risques de pertes), le plus riche possible en matière grasse (pour limiter l'ajout de beurre de cacao) et le plus homogène possible (pour faciliter son traitement et n'avoir que peu de déchets), le choix des fèves répond à des paramètres qui ressortissent uniquement à la qualité et au goût souhaités pour le produit fini. Et il en va comme des vins ; les « crus » ont leur importance dans les critères de sélection. Les Antilles, l'Amérique centrale, les pays situés au nord de l'Amérique du Sud, notamment l'Équateur, continuent, malgré une production en régression, à fournir les grands crus, alors que l'Afrique s'est imposée dans les crus courants. D'une grande finesse d'arôme, jusqu'à ce jour inégalée, les fèves sud-américaines ne peuvent, cependant, être utilisées seules : elles sont trop fruitées et trop corsées. Aussi les mélange-t-on avec des fèves africaines. Le pourcentage qui leur est réservé décide en quelque sorte de la catégorie du chocolat.

La pâte de cacao, à la base de la chocolaterie

Triées – pour un regroupement par tailles et pour un rejet de celles qui sont en mauvais état –, puis débarrassées de toutes les impuretés qui subsistent – par vannage dans un tamis fortement ventilé –, les fèves de cacao sont ensuite torréfiées, pendant 20 à 40 min, dans des sécheurs à air surchauffé, à une température qui peut aller de 100° à 150 °C. Cette torréfaction, à laquelle succède un refroidissement brutal, à l'aide de ventilateurs, a pour principaux rôles de rendre la coque friable, donc de faciliter le décorticage, et de dégager l'arôme du cacao. C'est alors que s'effectue le concassage dans des concasseurs-tarares (ou casse-cacao) : en faisant éclater les fèves, ces cylindres séparent coques, germes et déchets des amandes, qui sont seules utilisées pour la fabrication de la pâte de cacao. Les amandes concassées *(nibs)* sont, en effet, broyées dans des moulins à cacao à une température de 50° à 70 °C. Et, sous l'action de

Les grandes firmes chocolatières eurent très tôt recours à l'imagerie pour imposer leurs produits. Phot. Chocolat Poulain.

Conçue par le célèbre affichiste Cappiello en 1905, une image de marque vouée au succès. Phot. Chocolat Poulain.

la chaleur et du broyage, par choc et cisaillement, la matière grasse du cacao *(beurre de cacao),* contenue dans les graines en une proportion de 50 à 57 p. 100, se liquéfie. D'où la formation d'une pâte grasse, fluide, affinée au maximum, sur laquelle repose toute la confiserie de chocolat : la *pâte de cacao* ou *cacao en pâte.*

Le beurre de cacao : matière première importante

Régi, comme tous les produits de cacao et de chocolat, par des décrets rigoureux, le beurre de cacao est obtenu à partir des fèves de cacao ou de parties de fèves. Il répond à diverses dénominations selon son mode d'extraction : *beurre de cacao de pression* ou *beurre de cacao, beurre de cacao d'expeller, beurre de cacao raffiné.* Pour nous en tenir au processus par pression, la pure pâte de cacao est envoyée dans des presses hydrauliques où s'exerce une pression de 300 à 600 kg/cm^2. Le beurre qui en sort est filtré puis raffiné – c'est-à-dire décoloré, désodorisé –, avant d'être refroidi et moulé. Il se présente alors comme un produit jaune pâle, ayant l'odeur et la saveur du chocolat, très stable et qui fond à 34°-35 °C environ. Le beurre de cacao joue un rôle primordial dans la confection du chocolat pour parvenir à des qualités de plus en plus fines. À la différence de certains pays tels que la Hollande ou la Grande-Bretagne, la législation française l'impose pur dans le chocolat de couverture *(v. p. 107).* La plupart des chocolatiers ont recours à des beurres au goût neutre (lavés sous vide).

Quant aux résidus de matière sèche mis au jour par la pression *(tourteau),* ils sont concassés, broyés, tamisés pour donner une poudre la plus fine possible : le *cacao en poudre* ou *cacao*, qui, au niveau de la confiserie de chocolat, est employé comme matière aromatisée et colorante dans les fourrages et pour les glaçages. En fonction de la pression, il contient plus ou moins de matière grasse.

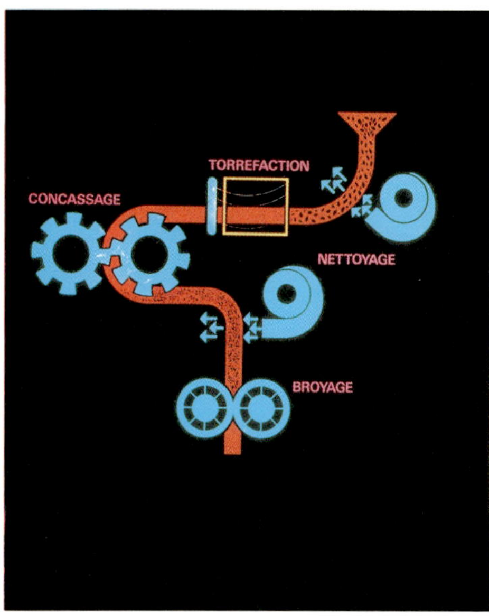

En haut, *l'intérieur d'une grande chocolaterie industrielle, véritable laboratoire à l'échelle de notre époque.* Ci-dessus, *le traitement des fèves à l'ère des machines.* Phot. Chocolat Poulain.

La fabrication du chocolat : pâte de cacao et sucre

Si le chocolat est le résultat d'un mélange réussi de pâte et de sucre, il est également le produit du choix de cacaos effectué par le chocolatier. Car des fèves elles-mêmes et de leur torréfaction dépendent son arôme et sa saveur. De même qu'intervient la qualité des autres ingrédients susceptibles d'entrer dans sa composition : lait, noisettes, amandes, etc.

Ainsi que le précise la législation, certains composants sont constants : le chocolat est « le produit obtenu à partir de cacao en grains (les fèves de cacao, torréfiées ou non, lorsqu'elles ont été nettoyées, décortiquées et dégermées), de cacao en pâte, de cacao en poudre ou de cacao maigre et de saccharose, avec ou sans addition de beurre de cacao, et contenant au moins 35 p. 100 de matière sèche totale de cacao, au moins 14 p. 100 de cacao sec dégraissé et 18 p. 100 de beurre de cacao, ces pourcentages étant calculés après déduction du poids des additions prévues : substances aromatiques, lécithine végétale et matières comestibles ».

Le sucre, généralement cristallisé, est broyé avant d'être associé à la pâte de cacao (maintenue par la chaleur à l'état liquide), au beurre de cacao ainsi qu'aux autres matières premières. Le mélange se fait dans des pétrins ou des mélangeurs. La masse devient grasse et molle tout en prenant un goût onctueux. Raffinée dans des broyeuses pour améliorer sa texture, qui laisse encore apparaître une granulation assez grossière, elle est ensuite soumise à un traitement d'importance, le *conchage,* qui va jouer sur son velouté et sur son moelleux, sur son aspect fluide et brillant, et va affiner ses qualités, tout en abaissant encore son taux d'humidité. Dans des cuves munies d'un agitateur à mouvement circulaire, lent et constant, la pâte est pétrie, étirée, comprimée, pendant une durée qui varie de 24 à 72 heures selon la qualité de chocolat souhaitée. L'opération est réalisée à une température qui, située à 50°-60 °C au départ, est portée, au bout de quelques heures, à 80 °C, puis progressivement abaissée jusqu'à la fin du conchage. Quant à la ventilation, son réglage est

À gauche, *affiche de Bouisset, pour le chocolat Menier en 1892. Bibliothèque Forney, Paris.* Phot. Larousse.
© by SPADEM 1986.

Ci-dessus, *chocolats au lait ou chocolats fondants, les présentations des chocolatiers sont toujours une incitation à la gourmandise.* Phot. Burdin, *à gauche ;* Fouquet *ci-dessus.*

d'autant plus délicat qu'elle doit être inexistante, intense ou moyenne suivant que l'on veut développer le moelleux, l'arôme ou le goût.

L'adjonction de la plus grande partie du beurre de cacao et de la lécithine prévue intervient à la fin du conchage.

Le tempérage, phase ultime

Il est essentiel pour obtenir un chocolat brillant et stable. En un temps donné (30 à 40 min), le mélange est ramené à la température où le beurre de cacao cristallise (31 °C environ), puis refroidi rapidement (jusqu'à 27°-28 °C) et réchauffé, sans toutefois dépasser la température de cristallisation (31 °C). Cette courbe est destinée à éviter les formes instables qui, ultérieurement, perturbent la conservation du chocolat.

Le chocolat, qui a alors retrouvé sa fluidité, est prêt à être dressé. Dans la chaîne industrielle, une machine (peseuse ou doseuse) le travaille pour éliminer les bulles d'air, tout en le maintenant à la température optimale. Coulé ensuite dans des moules, soumis à une trépidation continue qui répartit parfaitement la pâte, ou nappé autour d'intérieurs à enrober, il passe dans un tunnel frigorifique (7 °C environ), ce qui accélère son refroidissement et permet sa prise à cœur. Il ne reste plus qu'à procéder au démoulage, à l'emballage et au conditionnement.

Ainsi se font les *tablettes,* qui constituent le produit de chocolaterie le plus consommé, du moins en France, où, du fait que les bonbons de chocolat sont réservés, par une tradition inébranlable, aux fêtes de fin d'année, elles sont appréciées tout au fil des saisons.

Le chocolat au lait

Pour reprendre la composition légale, il est obtenu « à partir de cacao en grains, de cacao en pâte, de cacao en poudre, de cacao maigre en poudre et de saccharose, avec ou sans addition de beurre de cacao, ainsi qu'à partir de lait ou de matières provenant de la déshydratation partielle ou entière du lait entier ou du lait partiellement ou entièrement écrémé et éventuellement de crème, de crème partiellement ou entièrement déshydratée, de beurre ou de graisse butyrique ». Le mélange de ces ingrédients se fait dans un mélangeur, pétrin à vacuum qui travaille à une température de 40 °C environ pour garder au lait tout son arôme. Car le point délicat de cette fabrication est de préserver les composants volatils du lait et donc de ne pas trop chauffer. D'où la nécessité d'effectuer ensuite un conchage modéré (65 °C) et prolongé. Comme dans le cas du chocolat fondant (ou chocolat noir), le reste de beurre de cacao est ajouté à la pâte à la fin de cette opération.

Le chocolat de couverture : l'ingrédient de choix de la confiserie de chocolat

C'est « le chocolat dont la teneur minimale en beurre de cacao est de 31 p. 100 et celle de cacao sec dégraissé de 2,5 p. 100 », cette teneur minimale en cacao sec dégraissé s'élevant à

« Cacao fin »

L'Accord international sur le cacao, conclu en 1980 et approuvé par la loi du 30 juin 1982, a désigné par l'expression ***cacao fin*** (*fine* ou *flavour*) le cacao produit dans les pays suivants :

- pays exportateurs produisant exclusivement du cacao fin : République Dominicaine, Équateur, Grenade, Indonésie, Jamaïque, Madagascar, Panama, Sainte-Lucie, Saint-Vincent et les Grenadines, Samoa, Sri Lanka, Surinam, Trinité et Tobago, Venezuela ;
- pays producteurs exportant, mais non exclusivement, du cacao fin : Costa Rica (25 p. 100), Sao Tomé et Príncipe (50 p. 100), Papouasie-Nouvelle-Guinée (75 p. 100).

La fabrication de chocolats fourrés de qualité ne peut se faire que manuellement, l'opération de trempage étant très délicate, exigeant, en outre, un certain nombre de conditions d'ambiance qui seules peuvent assurer un réel brillant aux bonbons. Phot. Larousse.

16 p. 100 s'il s'agit d'un « chocolat de couverture de couleur foncée ». Il doit sa fluidité à l'adjonction de beurre de cacao au cours de la fabrication de la pâte de chocolat. Du contrôle attentif de sa viscosité dépend, en grande partie, sa qualité. Celle-ci est le premier souci du confiseur-chocolatier qui se trouve confronté à un choix difficile et d'autant plus important que sa production en sera influencée. La couleur de la couverture, la finesse de sa texture, son arôme (qui doit être en harmonie avec celui des intérieurs à tremper ou à enrober), autant que son degré d'écoulement entrent en ligne de compte. D'où un prix qui semble souvent très élevé au consommateur, lequel oublie, par ailleurs, qu'il faut aussi prendre en considération l'origine des fèves, le pourcentage en beurre de cacao, le temps de conchage, etc.

Vendu en blocs ou en pains, qui requièrent d'être conservés dans un endroit sec, à l'abri du soleil et à une température régulière (18-20 °C) – il ne supporte pas les variations brutales de température –, le chocolat de couverture se prête, selon sa nature, à l'une ou l'autre technique : trempage, enrobage ou moulage *(v. tableau).* Mais quelle que soit sa destination il fait l'objet d'un travail initial extrêmement délicat, qui consiste à le tempérer, pour permettre son emploi. Cassé en morceaux, le bloc de couverture est mis à fondre dans une étuve à une température de 40-45 °C, mais jamais supérieure car une chaleur excessive dessèche et granule le chocolat en nuisant, en outre, à son brillant. La couverture, une fois fondue, est mélangée avec une spatule. Puis on verse les deux tiers sur un marbre, sans cesser de remuer jusqu'à ce que la pâte prenne une certaine consistance, qui n'est pas sans rappeler celle de la mayonnaise. Lorsque ce résultat est obtenu, on la réincorpore au tiers contenu dans le récipient ; on brasse le tout pour éviter l'introduction de bulles d'air dans la masse et on chauffe légèrement pour atteindre la température de 30-32 °C, nécessaire pour tremper ou enrober et que l'on maintient tout au long de l'opération.

Une autre méthode de tempérage, « thermocyclique », implique de fondre la couverture à 45-50 °C, de la refroidir jusqu'à 29 °C, puis de remonter sa température à 33 °C avant de la faire descendre à 29 °C et de la remonter finalement à 33 °C.

À droite, *les moules s'adaptent aux fêtes que le chocolat célèbre : Saint-Nicolas, Noël, Pâques, etc.* Phot. CEDUS.
Ci-dessous, *un moule, du chocolat, un brin de décor, ... et une jolie poule est née.* Phot. CEDUS.

Trempage et moulage

Technique ancienne, le *trempage* donne des bonbons d'un beau brillant, à condition toutefois que cette pratique, exclusivement manuelle, suive scrupuleusement les règles suivantes :

- elle doit s'effectuer dans un local dont la température est de 22-23 °C ;
- la couverture ne doit pas être au contact de l'humidité (vapeur, bain-marie, etc.), son principal ennemi ;
- les intérieurs à tremper doivent présenter une surface régulière et propre ;
- ils doivent également être à une température compatible avec celle de la couverture ; le détempérage peut entraîner un blanchiment gras et des risques de fissures ;
- après trempage, les bonbons doivent être placés dans un local tempéré (15 à 18 °C environ) jusqu'à complet refroidissement.

Ces précautions étant observées, le trempage est relativement simple puisqu'il s'agit, en fait, de prendre un intérieur préparé à l'avance et, en le tenant avec une fourchette ou une pince, de le rouler dans la couverture à bonne température, puis de le déposer sur une plaque.

Quant au *moulage,* il produit des bonbons très réguliers, tous de même dessin et de même format. Les moules sont soit, traditionnellement, en fer étamé argenté, soit en plastique, soit en Plexiglas... Il est important qu'ils soient bien propres, bien secs et qu'ils aient été réchauffés avant moulage (24-26 °C). On utilise souvent deux couches de couverture : une première, fine et très brillante, faite de couverture « spécial enrobage », et une seconde, moins brillante, faite de couverture « moulage ». La première couche est appliquée, de préférence, au pinceau, pour éviter les bulles d'air et permettre une belle régularité. Il est recommandé d'ôter les pinces des moules avant que la couverture n'ait complètement durci et de ne faire refroidir ni trop bas (risque de condensation) ni trop vite (risque de fissure).

D'autres techniques...

Si le trempage convient particulièrement pour les intérieurs qui risquent, du fait de leur moindre résistance, de mal supporter un enrobage mécanique, et le moulage pour les intérieurs onctueux (crème, etc.), il existe d'autres procédés auxquels peut recourir le chocolatier. Lorsque l'intérieur se suffit à lui-même, parce que, de par sa composition, la pâte est riche, l'enveloppe de chocolat s'avère superflue et le bonbon sera fait *à la poche,* avec une poche conique en toile, pourvue d'un bec à son extrémité – on remplit la poche et on presse. Lorsque des amandes, des

1

2

3

4

Le moulage : *1. Lorsque la couverture est à point, on s'assure que les moules sont parfaitement propres et bien secs ; leur température doit être la plus proche possible de celle de la couverture. 2. On remplit les moules à ras bord, puis on les vide dans la trempeuse, et on arase les bords des moules avec une palette en acier.*
L'opération est renouvelée autant de fois qu'il y a de couches prévues (leur nombre varie selon la fragilité des articles), mais, entre chaque couche, il faut attendre que la précédente ait suffisamment durci. 3. Lorsque les moules sont entièrement refroidis (soit à l'air frais, soit dans un réfrigérateur bien ventilé, à 10-14 °C), le chocolat s'étant rétracté et ayant laissé un vide entre le moule et la couverture, le démoulage est extrêmement facile. 4. Il ne reste plus qu'à procéder à la décoration des œufs.
Phot. CEDUS.

Le moulage peut devenir, en quelque sorte, chef-d'œuvre. Ici une Jeanne d'Arc dans une confiserie d'Orléans. Phot. Chavanette.

Face à l'industrie, la confiserie de chocolat traditionnelle n'a rien perdu de son prestige. Phot. Bonnat. En bas, à gauche. Coll. A. P.-R.

D'où viennent les œufs de Pâques ?

La coutume d'offrir des œufs à ce moment de l'année remonte à la plus haute antiquité. Bien avant l'ère chrétienne, l'œuf était déjà le symbole de la vie, de la fécondité et de la fidélité. Les Romains lui prêtaient d'heureux effets sur la nature (n'en cassait-on pas une centaine le jour du printemps pour purifier l'atmosphère ?) et y voyaient même de bons augures. À l'œuf de poule l'ancienne Gaule préféra l'œuf de serpent, qu'elle vénéra tout autant. Puis, aux premiers siècles de la chrétienté, fêté au renouveau de la vie, au printemps, au mois de mars qui devait correspondre à la Pâque chrétienne, l'œuf, de poule généralement, était offert, colorié et décoré de devises ou de dessins qui avaient valeur symbolique. Mais il servait aussi à régler des redevances seigneuriales ou ecclésiastiques. Au XIIIe siècle, à Paris, le jour de Pâques, les clercs des églises et les étudiants de l'Université formaient cortège sur le parvis de Notre-Dame, avec bannières et trompettes, avant de parcourir les rues de la capitale pour y récolter des œufs.

À partir de la Renaissance, à côté de l'œuf du peuple, apparut l'œuf peint en or, enrichi de placages de métaux précieux, de pierreries et même de peintures d'artistes célèbres (tel Watteau), et contenant des sculptures ou, sur sa paroi interne, des scènes peintes d'une extrême finesse, réalisées et visibles par une ouverture faite dans la coquille. Le XVIIIe siècle raffola de ces créations de grande valeur, dont la mode disparut au XIXe siècle.

Aujourd'hui, les œufs offerts à Pâques sont en confiserie (chocolat, sucre, nougatine). On utilise encore des œufs durs teintés, que l'on cache, surtout dans les campagnes, pour donner aux enfants la joie de les trouver.

noisettes ou du nougat forment les intérieurs, il est possible de les dragéifier. La *dragéification* s'effectue dans une turbine dans laquelle sont placés les intérieurs et où l'on verse, peu à peu, de la couverture de chocolat.

Enfin, l'*enrobage* réalisé mécaniquement : les intérieurs sont disposés sur un tapis roulant et passent sous une enrobeuse qui déverse sur eux du chocolat liquide. Au terme de la « chaîne », la décoration des bonbons se fait manuellement.

Là où se cache le talent du confiseur-chocolatier

Tout intérieur est fabriqué à la seule fin d'être enveloppé de chocolat. Si l'art du chocolatier tient moins qu'autrefois à la confection de la couverture – rares sont ceux qui aujourd'hui en sont les « créateurs » ; la plupart l'achètent à des industriels qui la leur préparent sur mesure, en fonction de la finesse et de l'arôme souhaités –, le talent de l'artiste peut s'exprimer librement dans les confiseries que sont les *intérieurs.* Que ceux-ci soient simples, comme ceux à base de fondant, ou « crème » *(v. p. 83),* ou riches, tels ceux faits de pâte d'amandes *(v. p. 83),* de caramel *(v. p. 82),* de nougat *(v. p. 84),* de liqueur ou de fruits à l'alcool, ils sont le reflet d'un savoir-faire autant que d'une imagination qui joue avec les ingrédients.

Parmi les intérieurs les plus appréciés, il convient de mentionner :

- le *praliné,* composé de pralin (mélange de sucre et d'amandes ou de noisettes, broyées très finement, et de cacao ou de beurre de cacao) ;
- le *gianduja,* qui allie en une pâte molle des noisettes ou des amandes grillées et du sucre à glacer, le tout broyé finement, ainsi que du chocolat de couverture ; cet intérieur est très délicat et sensible à la chaleur ;
- et la *ganache,* faite de lait frais et de chocolat de couverture.

Quant aux intérieurs à la liqueur, leur fabrication se fait par coulage dans l'amidon *(v. p. 81).* Un sirop de sucre cuit additionné de liqueur ou d'alcool est coulé dans des empreintes. La concentration du sucre, bien déterminée, provoque la cristallisation du sucre au contact de l'amidon, donc la formation d'un intérieur à croûte de sucre prêt à être enrobé de chocolat.

Ci-dessus, *les œufs de Pâques.* Phot. CEDUS.
Ci-contre, *les truffes sont l'un des bonbons de chocolat les plus goûtés.* Phot. Marnier-Lapostolle.

Le glossaire du chocolatier

bouchée, article qui se différencie du bonbon par son volume, plus important, et par sa forme, sa composition étant à peu près la même que celle des bonbons.

chocolat blanc, « produit exempt de matières colorantes, obtenu à partir de beurre de cacao et de saccharose, ainsi qu'à partir de lait ou de matières provenant de la déshydratation partielle ou entière du lait entier ou du lait partiellement ou entièrement écrémé et éventuellement de crème, de crème partiellement ou entièrement déshydratée, de beurre ou de graisse butyrique ».

chocolaterie, dénomination regroupant quatre types de produits, qui sont les suivants :

- les *tablettes,* faites de chocolat à cuire, de chocolat fondant, de chocolat au lait, parfumés aux noisettes, au café, etc. ;
- les *tablettes fourrées,* dont le fourrage peut être composé de praliné, de pâte de fruits, de crème, de fruits à l'alcool, etc. ;
- les *articles de fantaisie,* c'est-à-dire les bouchées, rochers, croquettes, napolitaines, langues de chat et moulages, tous articles pouvant être faits de pâte de chocolat au lait ou non, de praliné ou non, avec ou non ajout de fruits, amandes, noisettes, fruits à l'alcool, caramel, nougat, crème, etc. ;
- les *bonbons de chocolat* ou *chocolats,* dont la législation en vigueur précise la taille (celle d'une bouchée) et la composition. Celle-ci est constituée :

« soit de chocolat fourré ;

soit d'une juxtaposition de parties de chocolat, de chocolat de ménage, de chocolat aux noisettes gianduja, de chocolat de couverture, de chocolat au lait, de chocolat de ménage au lait, de chocolat au lait et aux noisettes gianduja, de chocolat de couverture au lait ou de chocolat blanc et de parties d'autres matières comestibles, pour autant que les parties des produits de chocolat soient au moins partiellement et clairement apparentes et représentent 25 p. 100 au moins du poids total du produit ;

soit d'un mélange de chocolat, de chocolat de ménage, de chocolat de couverture, de chocolat au lait, de chocolat de ménage au lait ou de chocolat de couverture au lait et d'autres matières comestibles à l'exclusion : des farines, amidons et fécules ; des matières grasses autres que le beurre de cacao et les matières grasses provenant du lait, pour autant que les produits de chocolat représentent 25 p. 100 au moins du poids total du produit ».

cioccolatino, syn. de ***pralina.***

croquettes, petites tablettes rondes de chocolat, réunies en rouleau.

drops, gouttes de chocolat (quelque 7 500 dans 1 kg), employées pour la confection de fourrages et pour la décoration de pâtisseries.

filled chocolate, synonyme de *chocolate with... filling* ou de *chocolate with... centre.*

ganache, intérieur de bonbon de chocolat très utilisé *(v. encadré).*

gianduja, intérieur de bonbon de chocolat, qui tire son nom d'un personnage de la Commedia dell'arte, sorte de polichinelle originaire de Turin, dont la popularité s'est étendue à Gênes, Milan et bien d'autres cités italiennes. D'abord surnommé « Giromi » ou « Girolamo » (l'équivalent de « Jérôme »), ce héros, inspiré par la vie du temps, fut débaptisé dans les premières années du XIXᵉ, par souci de respecter Jérôme Bonaparte. Et ainsi fut-il surnommé « Gianduja », de *Gian d'la douja* (« Jean de la chopine »).

De ce paysan rusé qu'était le Gianduja de la comédie au mélange de chocolat et de noisettes tant apprécié par les gourmands s'étend l'univers sans fin de l'inexpliqué !

La préparation du gianduja

Ingrédients (pour 500 g de gianduja) :
300 g de praliné noisette ou amandes ;
150 g de chocolat de couverture lacté ;
50 g de beurre de cacao.

Matériel :
1 bain-marie ;
1 grand moule ;
1 spatule.

Faites chauffer le chocolat au bain-marie et, quand il est liquide, incorporez le praliné et le beurre de cacao. Remuez cette masse jusqu'à ce que la pâte soit bien lisse et homogène.

Coulez-la alors dans un grand moule. Attendez le complet refroidissement pour démouler.

Le gianduja se stocke comme du chocolat de couverture et, comme ce dernier, il doit être fondu au bain-marie, puis tempéré avant son emploi. La température d'utilisation est d'environ 25 °C.

granulés, forme sous laquelle se présente le *chocolat vermicelle,* essentiellement employé pour la décoration en pâtisserie. Sa teneur minimale en matière sèche totale de cacao est de 32 p. 100 et celle en beurre de cacao de 12 p. 100.

Milk chocolate, dénomination utilisée pour désigner le « chocolat au lait », à condition que cette dénomination soit accompagnée de l'indication de la teneur en matière solide provenant

La ganache des palets d'or

(recette de M. J. Jarriges, maître chocolatier-confiseur à Moulins)

Ingrédients : 1 kg de crème fraîche, 1,8 kg de chocolat, 20 g de café en poudre lyophilisé, 100 g de praliné, 100 g de beurre.

Faites bouillir la crème. Hors du feu, ajoutez le café et remuez bien. Puis incorporez le chocolat râpé dans la crème chaude, tout en continuant à remuer pour rendre le mélange parfaitement lisse. Enfin, introduisez le praliné et le beurre.

La qualité loyale et marchande des fèves de cacao

Les fèves de cacao pouvant présenter après traitement un certain nombre de défauts (white spots [petites taches blanches], fèves ardoisées [fermentation incomplète], fèves violettes, [anthocyanes partiellement transformées], fèves surfermentées, fèves moisies, fèves mitées, etc.), des normes françaises (AFNOR) et internationales (établies par la F.A.O.) président aujourd'hui à l'appréciation de la qualité loyale et marchande des fèves de cacao. Celles-ci :

- ne doivent pas présenter d'odeurs et de flaveurs anormales ou étrangères ;
- ne doivent pas présenter de traces d'altération ;
- ne doivent contenir pratiquement aucun corps étranger ;
- doivent être raisonnablement exemptes d'insectes vivants ;
- doivent être raisonnablement exemptes de fèves brisées, brisures et fragments de coques ;
- ne doivent pas excéder une teneur en eau de 7,5 p. 100.

Tous défauts que des contrôles permettent de déceler, effectués par prélèvements au hasard (un sac sur trois au moins ou 300 fèves par tonne au moins).

En fonction de ces normes, différentes classes de qualité ont été instituées :

- ***Good fermented,*** pour une tolérance de 5 p. 100 de fèves ardoisées et de 5 p. 100 de fèves défectueuses ;
- ***Fair fermented,*** pour une tolérance de 10 p. 100 de fèves ardoisées et de 10 p. 100 de fèves défectueuses ;
- ***Fair average quality,*** pour une tolérance de 12 p. 100 de fèves défectueuses et sans plafond pour les fèves ardoisées.

de l'évaporation du lait, fixée pour ce produit par la mention *milk solids : ... p. 100 minimum.*

pralina, dénomination utilisée pour désigner du chocolat, du chocolat de ménage, du chocolat aux noisettes gianduja, ou du chocolat au lait, du chocolat de ménage au lait, du chocolat au lait et aux noisettes gianduja, ou du chocolat blanc de la taille d'une bouchée.

truffe, bonbon de chocolat dans lequel les matières grasses proviennent exclusivement du cacao et du lait.

truffe fantaisie ou ***truffe d'imitation,*** truffe dans la composition de laquelle entrent des graisses végétales ; cet article n'appartient pas à la catégorie des « bonbons de chocolat ».

Une denrée de courte existence

De toutes les « friandises », le bonbon de chocolat est sans nul doute la plus fragile. Aussi est-il recommandé de ne pas le stocker, dans la mesure du possible. À attendre trop longtemps d'être consommé, il perd de sa saveur et change d'apparence, d'autant plus si les conditions de stockage ne tiennent pas compte de ses grands ennemis, qui sont :

- la chaleur (le beurre de cacao monte à la surface) ;
- l'humidité (le sucre monte à la surface et provoque un blanchiment) ;
- et les variations brutales de température (la cristallisation du beurre de cacao s'en trouve altérée).

Ce qui lui convient le mieux : la température ambiante de la maison (18 à 20 °C). Le réfrigérateur n'est à conseiller que pour les chocolats comportant de la crème fraîche ou du beurre. Et dans ce cas la solution idéale consiste à les manger très rapidement pour ne pas avoir à les conserver.

Ci-dessous, *différentes présentations de chocolat.*
Phot. CEDUS-Yéru.

Phot. CEDUS.

En termes de métier...

abaisse, pâte amincie à l'aide d'un rouleau. On appelle *abaisse* ou *croûte* l'extérieur du sucre cuit des bonbons fourrés.

appareil à cuire, récipient équipé d'un système de chauffage, le plus souvent à la vapeur, et dans lequel on opère l'élimination de tout ou partie de l'eau surchauffée soit par cuisson à l'air libre soit par cuisson sous vide. (Syn. *cuiseur.*)

battage, opération consistant à incorporer des bulles d'air à une préparation pour l'aérer.

berlingotière, machine pour couper les berlingots.

beurrage, opération consistant à ajouter à la main un sirop de sucre sursaturé pour engendrer un début de cristallisation.

blanchiment, l'une des phases de la fabrication des fruits confits, au cours de laquelle les fruits sont passés à l'eau bouillante, de façon à dilater leurs cellules.

blanchiment gras, désigne, en chocolaterie, un défaut de fabrication se traduisant par l'apparition, à la surface du produit, d'une couleur blanche et cela en cours de conservation. Les causes peuvent être soit un conchage mal conduit, soit de mauvaises conditions de tempérage, soit un enrobage défectueux, soit une variation brutale de température, etc.

blanchissage, phase de la fabrication des dragées consistant à ajouter au sirop un agent pour obtenir une couleur blanc pur.

branlante, grande bassine plate à deux anses que l'on attachait avec des cordes au plafond et à laquelle on imprimait des mouvements de rotation et de va-et-vient pour faire rouler les noyaux, arrosés de sucre, destinés à devenir des dragées. Les branlantes furent utilisées jusqu'au milieu du XIXe siècle.

brillantage, opération consistant à rendre brillante la surface de certains produits grâce à des agents comme graisses, cires, etc.

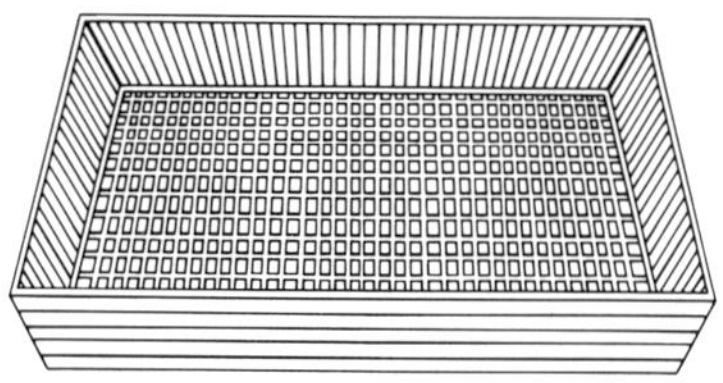

LE CANDISSOIR

Le candissoir, employé pour le candissage des bonbons, est un bac rectangulaire en métal ou en matière plastique de faible profondeur (55 mm env.).

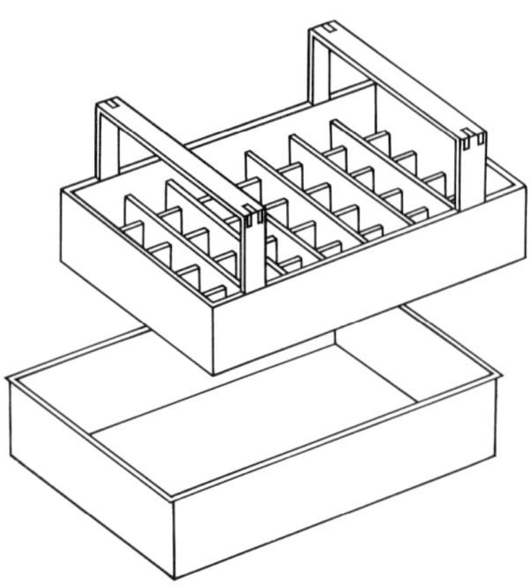

UN DÉCOUPOIR à caramels ou ...
des règles huilées.

broyeuse, machine permettant de concasser et de réduire en particules certains ingrédients ou préparations.

candissage, opération destinée à enrober certaines sucreries (fondants, pâtes d'amandes) d'une protection formée par des cristaux de sucre liés les uns aux autres et à leur assurer ainsi une meilleure conservation, tout en leur conférant un aspect brillant, plus séduisant. À cet effet, les bonbons, démoulés, sont placés dans un *candissoir* et recouverts d'une solution de sucre sursaturée (concentration à 34-35 °C), que l'on a pris soin de refroidir à l'abri des trépidations, sous peine de le voir « masser » ; lorsque la couche de cristaux déposée sur les bonbons est suffisante, ceux-ci sont égouttés et séchés, prêts à la consommation.

candissoir, *v. candissage.*

caramélisation, opération consistant à réduire des sucres à l'état de caramel sous l'effet de la chaleur.

caraméliseur, appareil employé pour la caramélisation, notamment pour la confection des caramels et toffees.

charge, opération consistant à enrober un noyau ou un intérieur solide de sucre cuit. La fabrication des dragées et des pralines se fait par « charges » successives. Dans le cas des dragées, rapport entre le poids d'amandes et le poids total des dragées finies ; par exemple, une dragée de « charge 40 » compte 40 kg d'amandes pour 60 kg de sucre, soit 100 kg de produits finis.

chocolaterie, fabrique de chocolat.

code d'usage, « définition réglementaire » établie par les professionnels de la confiserie et qu'a entérinée le Service de répression des fraudes. Il y a autant de codes d'usage que de catégories de produits.

coffret, récipient en bois destiné à contenir l'amidon utilisé pour le coulage.

conchage, l'une des phases importantes de la fabrication du chocolat, de laquelle dépend en grande partie la qualité du produit.

conche, machine inventée par Rodolphe Lindt, en 1871, et destinée à affiner la pâte de chocolat par un long malaxage.

confisage, procédé de fabrication des fruits confits, consistant à substituer un sirop de sucre au suc du fruit.

confiserie, art et commerce du confiseur. – Magasin du confiseur. – Lieu où l'on confit.

confiseries, sucreries.

confiseur, euse, celui ou celle qui fait ou vend toutes sortes de sucreries (Convention nationale de la confédération de la Confiserie, Quiberon, 1983).

coulage, remplissage des empreintes des moules par une préparation liquide ou pâteuse. Le *coulage à l'amidon* sert à la fabrication des bonbons à la liqueur et des intérieurs liqueur en confiserie de chocolat.
Se dit également d'un article de confiserie qui passe de l'état solide à l'état pâteux ou liquide par suite d'un défaut de fabrication ou d'un stockage dans de mauvaises conditions.

couler, procéder au coulage.

couronne, ensemble mécanique utilisé pour le formage des bonbons de sucre cuit (par pressage de la pâte).

couverture, chocolat dont la teneur en beurre de cacao a été accrue de manière à rendre la pâte plus fluide, et que l'on utilise en confiserie de chocolat pour les moulages, le trempage ou l'enrobage des intérieurs.

crème, désigne, en chocolaterie, le produit blanc et crémeux, fait d'un mélange de sucre et de glucose, que l'on utilise comme intérieur. (Syn. *fondant*).

crèmes, bonbons obtenus par cuisson d'un sirop de sucre et glucose, aromatisé et parfumé.

cribler, passer un produit dans un tamis en fer à grosses mailles *(crible),* pour en retirer l'excédent de sucre.

croûte, v. *abaisse.*

cuiseur, v. *appareil à cuire.*

découpoir, *v. emporte-pièce.*

dépoussiérage, opération consistant à éliminer les dernières traces d'amidon des bonbons grâce à des brosses ou à de l'air pulsé.

dragéification, opération consistant à enrober un noyau d'une couche de sucre en cristaux très fins.

égouttage, phase de la fabrication des fruits confits, au cours de laquelle les fruits sont disposés sur des grilles pour éliminer l'excès de sirop.

emporte-pièce, ustensile en fer et en acier, de formes variées, utilisé pour découper, dans une abaisse, un intérieur destiné à être enrobé ou trempé.

La conche. Phot. Larousse.

L'enrobeuse. Phot. Larousse.

Si l'enrobage d'intérieurs au caramel semble chose facile, il nécessite toutefois un tour de main long à acquérir. Phot. Larousse.

empreinte, marque laissée dans l'amidon étuvé par un moule en plâtre ayant la forme d'un fruit, d'un sujet, d'une fleur, etc.

enrobage, opération consistant à recouvrir un intérieur par de la couverture.

enrobeuse, machine utilisée pour l'enrobage, total ou partiel, des intérieurs, en chocolaterie.

étiquetage, désigne toutes les informations qui doivent être indiquées sur l'emballage. Il est strictement réglementé en France en ce qui concerne les « produits sucrés » (article 28 du décret du 19 décembre 1910, modifié par le décret du 16 novembre 1951 ; décret du 12 octobre 1972, complété par des arrêtés du 16 novembre 1973). Sont obligatoirement mentionnées la dénomination du produit, l'indication du poids (au-dessus de 50 g), la liste des composants et celle des additifs entrant dans cette composition (avec leurs numéros conventionnels).

étuve, chambre ou armoire munie d'un dispositif de chauffage (jusqu'à 100 °C), dans laquelle sont placés les matières premières ou les articles finis pour être soumis au séchage.

façon, terme utilisé dans la confection des fruits confits pour désigner un « bouillon sur le feu ».

filtrer, séparer les particules solides d'un liquide à l'aide d'un filtre.

fondant, v. *crème.*

fondant mère, pâte de fondant telle qu'elle est obtenue à la sortie de la machine à faire le fondant, sans colorant ni arôme.

formage, opération au cours de laquelle les bonbons prennent leur forme.

fouettage, opération consistant à battre vigoureusement une solution d'agent aérateur pour provoquer une « neige », cette neige étant destinée à être incorporée dans une masse pour l'alléger.

fourrage, intérieur des bonbons fourrés.

gélification, formage d'un gel.

givrage, opération consistant à enrober un bonbon d'une enveloppe très fine de sucre pour le préserver des méfaits de l'humidité.

givré, se dit d'un bonbon qui a subi un givrage.

glaçage, ultime phase de la fabrication des pralines.

gommage, l'une des phases de la fabrication des dragées, au cours de laquelle on donne une charge de gomme.

goutte (à la), dénomination donnée à des pastilles obtenues par l'étalement d'une goutte de préparation sur une plaque.

grainage, recristallisation du saccharose d'un bonbon.

grossissage, l'une des phases de la fabrication des dragées.

guitare, ustensile composé d'un bâti et de cadres (interchangeables) munis de fils d'acier, qui permet de découper selon des formes variées (carrés, losanges, etc.) des masses en intérieurs.

intérieur, partie intérieure d'un bonbon ou d'un chocolat qui se trouve masquée par une enveloppe de texture différente.

lissage, opération destinée à donner aux dragées leur aspect de porcelaine, à la surface parfaitement lisse. – Opération consistant à rendre la surface de l'amidon, dans un coffret, totalement plane et lisse.

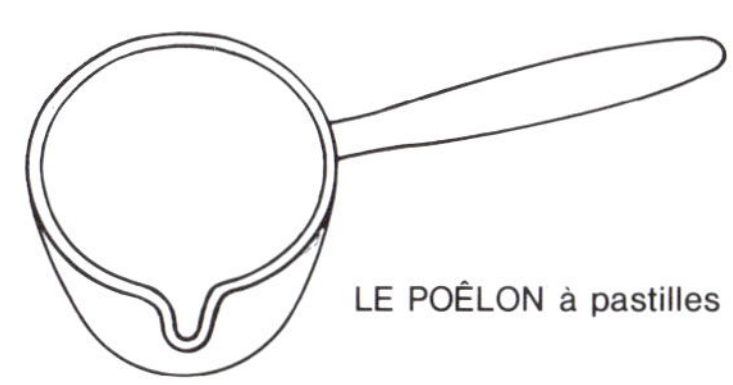

LE POÊLON à pastilles

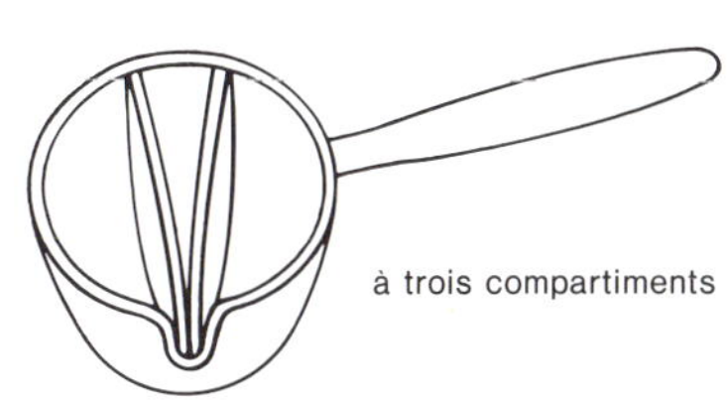

à trois compartiments

massé, se dit d'un bonbon qui a perdu transparence ou croquant par suite d'une absorption d'humidité par le sucre.

mélangeur, machine utilisée pour mélanger les divers ingrédients, au début de la fabrication du chocolat.

mitrailleuse, machine permettant de former les bonbons à grande vitesse.

mucilage, substance qui, au contact de l'eau, prend du volume et provoque une solution visqueuse.

noyau, intérieur d'une dragée ou d'un article de confiserie ; il peut être solide (amande, noisette, etc.) ou liquide (liqueur, etc.).

office, lieu où sont confectionnés les intérieurs, en confiserie comme en chocolaterie, et où s'effectue le coulage dans l'amidon.

perlage, opération consistant à dragéifier un très petit noyau (de céleri, d'anis, de cannelle, etc.) avec un sucre très concentré.

pilulier, machine à former des bonbons en boules.

repousse, apparition de taches sur un produit fini. Par exemple : taches brunâtres surgissant à la surface des dragées (par suite d'un mauvais séchage des amandes).

sablage, première phase de la fabrication des pralines, consistant à enrober les amandes de cristaux de sucre qui leur donneront un aspect granuleux.

sablure, débris de sucre qui se détachent des amandes que l'on crible après chaque charge, lors de leur transformation en pralines.

sirop, liquide résultant de la dissolution du sucre dans l'eau, aromatisée ou non.

sucre conserve, sucre cuit dont on provoque la recristallisation et qui est coulé, avant que celle-ci ne soit terminée, dans des moules appropriés, faits de deux parties et pourvus d'un orifice de remplissage (qui sert de trou d'égouttage dans le cas des bonbons creux) ; démoulés, puis séchés, les articles sont ensuite décorés à la main.

tablage, *v. tempérage.*

tempérage, phase ultime de la fabrication du chocolat, de laquelle dépend l'aspect brillant du produit fini.

timbre, poinçon métallique portant dessins ou lettres gravés et qui est employé pour marquer certains articles de confiserie, notamment les pastilles.

trempage, l'une des phases de la fabrication des bonbons de chocolat, qui s'effectue manuellement.

trempeuse, récipient à bacs en acier, chauffé, permettant le trempage et le moulage des articles de chocolaterie.

tunnel, enceinte à air pulsé froid où sont placés les bonbons pour être refroidis.

turbine, machine mise au point par J.-J. Jacquin au milieu du XIXe siècle pour la fabrication des dragées et qu'utilise encore la confiserie actuelle, mais sous une forme modernisée.

vitrification, opération analogue au givrage pour les bonbons de sucre cuit clair, enrobés d'une préparation translucide.

Certes, la confiserie de ménage ne saurait rivaliser avec la diversité et la quasi-perfection de goût qu'a atteintes la production artisanale spécialisée... Phot. Fouquet.

La confiserie de ménage

La confiserie de sucre

La réalisation des « sucreries » repose, pour la plupart d'entre elles, sur la cuisson du sucre et celle-ci n'est pas aisée à réussir *(v. p. 73)*. Néanmoins, si vous disposez du matériel nécessaire à cette opération (poêlon, thermomètre, pèse-sirop, etc.), l'expérience mérite d'être tentée, d'autant que ne sont indiquées ici que des recettes extrêmement simples, qui ne requièrent aucune expérience de la confiserie.

Outre les instruments servant à la cuisson du sucre, il est indispensable que vous ayez, entre autres : un marbre d'office ; une terrine à fond rond (« cul de poule ») ; une balance ; un verre gradué ; des couteaux à lames plus ou moins longues ; des spatules en métal, pour décoller les bonbons du marbre ; des spatules en bois, de forme arrondie ; un rouleau à pâtisserie ; une grille, pour faire sécher les bonbons ; des aiguilles à glacer, sortes de petites brochettes en métal ; des caissettes en papier sulfurisé plissées *(v. planche p. 120)*. Il est bien évident que votre équipement de cuisine comporte déjà un certain nombre de ces ustensiles, puisque la pâtisserie en fait également usage. Enfin, pour certaines catégories de friandises, quelques autres « outils » s'imposent, qui seront mentionnés avec les recettes concernées.

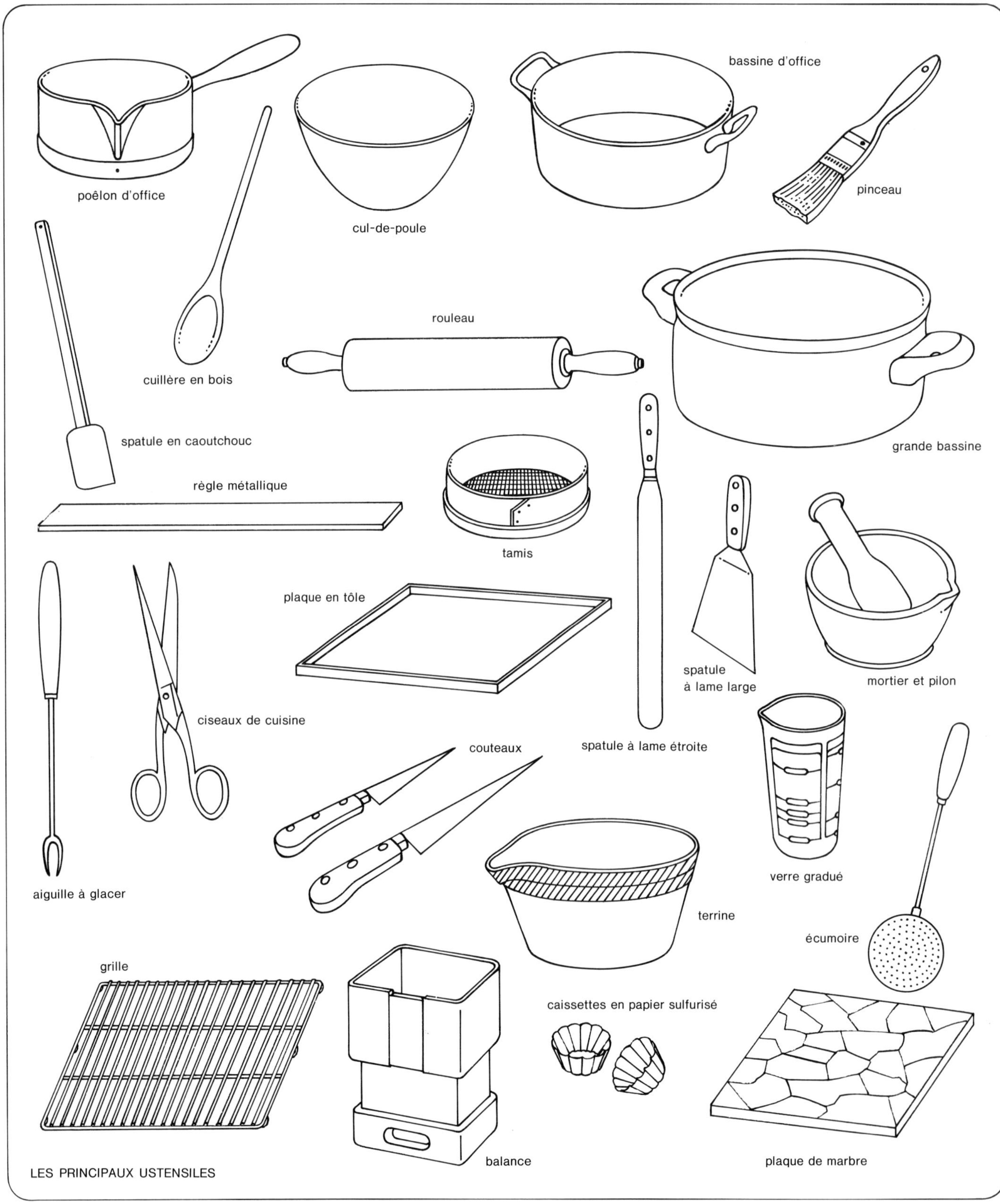
poêlon d'office
cul-de-poule
bassine d'office
pinceau
cuillère en bois
rouleau
grande bassine
spatule en caoutchouc
règle métallique
tamis
plaque en tôle
spatule
à lame large
mortier et pilon
ciseaux de cuisine
couteaux
spatule à lame étroite
aiguille à glacer
verre gradué
terrine
écumoire
grille
caissettes en papier sulfurisé
balance
plaque de marbre
LES PRINCIPAUX USTENSILES

Berlingots

Préparez un sirop de sucre avec le jus d'un citron et faites-le cuire au « petit boulé ». Incorporez alors le parfum que vous avez choisi : jus de framboises, de cerises, de fraises, etc. Versez le mélange sur le marbre et travaillez-le ; quand il est tiédi et forme une pâte malléable, roulez-le avec les mains et étirez-le de manière qu'il donne un bâtonnet de la grosseur du pouce. Roulez ce bâtonnet en torsade et, avec des ciseaux, découpez les berlingots.

Le jus de fruits a donné aux berlingots une couleur pâle, que vous pouvez renforcer avec des colorants alimentaires en vente dans le commerce.

Les berlingots se conservent en un lieu sec.

Bonbons

Ingrédients :
2 tasses à thé de sucre en poudre,
2 cuillerées à soupe d'eau,
2 cuillerées à soupe de beurre.

Mélangez les ingrédients dans une casserole que vous placez sur feu vif. Laissez bouillir, sans remuer, jusqu'à ce que vous obteniez un sirop cassant lorsque vous le plongez dans l'eau froide. Il doit être doré, mais pas foncé. Versez-le alors sur le marbre huilé et découpez-le avec un couteau graissé selon la forme des bonbons désirée.

Bonbons au café

Ingrédients :
250 g de sucre concassé,
100 g de beurre,
1 verre de café très fort,
1 verre de crème fraîche.

Dans une petite poêle, sur feu vif, mettez le sucre et le beurre. Faites cuire pendant 10 min, en remuant à la spatule. Ajoutez le café noir et la crème. Remuez. Laissez bouillir durant 10 min. Quand quelques gouttes du mélange, jetées dans un verre d'eau, durcissent aussitôt, celui-ci est cuit. Huilez la plaque de marbre et versez le contenu. Rayez-le avec un couteau pointu. Quand il est froid, cassez-le en tablettes.

Bonbons de fleurs

Prenez des pétales de fleurs d'oranger ou de roses. Blanchissez-les quelques minutes dans de l'eau bouillante, puis rafraîchissez-les à l'eau froide. Faites cuire du sucre au « grand boulé » et mettez-y les pétales en les semant. Laissez bouillir pendant 5 min avant de les retirer avec une écumoire et de les mettre à égoutter sur un tamis. Replacez le sucre sur le feu et faites-le cuire au « cassé ». Plongez-y à nouveau les pétales pendant environ 15 min. Ôtez alors ceux-ci du sucre avec l'écumoire et placez-les sur le tamis ou sur un papier à l'entrée du four, légèrement chauffé. Attention ! Exposées à trop de chaleur, les fleurs se racornissent !

Remarque : la même recette s'applique aux violettes, mais, dans ce cas précis, il est recommandé de conserver un peu du calice pour que les fleurs tiennent au sucre.

Le travail de la pâte de berlingots au crochet. Phot. Le Succès berckois.

Les pastilles

Cette confiserie traditionnelle est facile à réaliser et ne requiert, comme matériel, qu'un poêlon à bec en cuivre non étamé, un tamis de crin, une petite spatule en bois et un marbre (ou, à défaut, des plaques de fer-blanc ou du papier d'aluminium). La tradition veut que le sucre utilisé soit pilé et passé à travers le tamis. Quant au parfum, il varie selon les goûts. Chose aisée :

- à la menthe : on détrempe la pâte de sucre avec trois gouttes d'essence de menthe et de l'eau claire ;
- à l'eau de roses : on détrempe à l'eau de roses ;
- à l'eau de fleurs d'oranger : *id.*

Pour tous les parfums, il suffit de quelques gouttes d'essence du parfum choisi.

La seule difficulté tient à la répartition régulière des pastilles. Pour la surmonter, il suffit, à mesure que la pâte tombe par le bec du poêlon, de passer rapidement la lame d'un couteau sur le bec, après chaque goutte. Vous pouvez utiliser aussi un petit fil de fer pour couper la pâte sur le bec. Ainsi obtiendrez-vous des gouttes d'égale grosseur !

Le thermomètre à sirop

Le maniement de ce thermomètre, gradué de 100° à 180 °C (ou plus), qui est l'ustensile indispensable pour la cuisson du sucre, nécessite quelques précautions de la part du « confiseur » amateur :

- avant de l'utiliser, vérifier que la graduation est exacte ; pour cela, poser le thermomètre dans une casserole sur feu doux. Lorsque l'eau entre en ébullition, retirer à peine le thermomètre pour qu'il ne touche pas le fond et attendre quelques secondes ; il doit alors indiquer 100 °C ;
- ne jamais plonger le thermomètre dans le sirop bouillant sans l'avoir auparavant mis dans l'eau chaude pour le réchauffer et, ainsi, éviter qu'il n'éclate ;
- pour vérifier le stade de cuisson, ne le plonger qu'aux deux tiers du sirop ; il ne doit pas toucher le fond du poêlon.

La confiseuse au XIX*e siècle.* Phot. CEDUS.

Enfin, si, avant d'avoir employé la totalité de la pâte, celle-ci a durci, ajoutez-lui une goutte d'eau et remettez-la sur le feu pour la faire fondre à nouveau.

Pastilles à l'orange

Râpez le zeste d'une orange sur un bloc de sucre de quelque 400 g. Pilez ce sucre, passez-le au tamis et versez dessus le jus d'un citron avec une « goutte » d'eau. Mélangez bien le tout avec une spatule en bois. Mettez la moitié de ce mélange sucré dans un poêlon à pastilles, sur feu moyen, et remuez jusqu'à ce qu'il devienne liquide. Coulez-le alors sur le marbre huilé, goutte par goutte. Opérez de la même manière pour le reste du mélange.

Pastilles au caramel

Ingrédients :
100 g de sucre en poudre (ou 20 morceaux de sucre),
1 demi-cuillerée à café de vinaigre,
20 g de beurre,
20 g de noix, noisettes, amandes hachées.

Préparez un caramel moyen avec le sucre, le vinaigre et 3 cuillerées à soupe d'eau. Un peu avant que le sucre atteigne le point de cuisson souhaité (il fonce un peu après la cuisson), retirez la casserole du feu. Ajoutez le beurre et remuez jusqu'à ce que la pâte soit tiède. Elle est alors assez claire. Faites couler des gouttes de caramel, rondes et régulières, sur une feuille de papier aluminium huilée et, avant durcissement, saupoudrez les pastilles de fruits secs hachés.

Ces bonbons exigent d'être consommés rapidement. Pour les conserver deux à trois jours, enveloppez-les, un par un, dans des papillotes de Cellophane.

Remarque : la même recette se prête à la confection de sucettes ; il suffit de faire couler des gouttes plus larges, trois ou quatre à la fois. Avant durcissement, alors que le caramel est encore pâteux, modelez-le avec une cuillère à café huilée et placez un bâtonnet pour saisir chaque sucette.

Pastilles au citron

La recette est la même que celle des pastilles à l'orange.

Pastilles au miel

(D. Chaussebourg, Paris)

Ingrédients :
1 kg de sucre en poudre,
1 verre d'eau,
1 verre à liqueur de vinaigre blanc,
100 à 250 g de miel.

Dans une casserole assez grande, faites fondre le sucre avec l'eau et le vinaigre. Lorsque le sucre est à moitié cuit, ajoutez-y le miel (quantité selon le goût). Pour vous rendre compte du degré de cuisson du mélange, plongez-y une lame de couteau, retirez-la, mettez-la dans un verre d'eau froide ; si la goutte qui pend est cassante, la cuisson est terminée. Au contraire, si la pâte adhère, poursuivez celle-ci.

Coulez le mélange sur le marbre huilé, goutte à goutte.

Attention ! Utilisez une casserole assez grande, car le miel monte comme du lait.

Pastilles aux fraises

Même recette que celle des pastilles aux fruits rouges, mais il n'est pas nécessaire d'ajouter de l'eau.

Pastilles aux fruits rouges

Écrasez une poignée de framboises avec une vingtaine de belles groseilles. Ajoutez au jus obtenu le huitième d'eau et assez de sucre pour que le mélange forme une pâte dure. Mettez celle-ci dans un poêlon à pastilles et faites-la fondre doucement sur le feu, en remuant avec une spatule en bois et en veillant à ne pas laisser monter à ébullition. Quand la pâte apparaît un peu liquide, coulez les pastilles sur le marbre à peine huilé en vous aidant, pour les faire tomber une à une, d'un couteau d'office. Les pastilles doivent rester telles pendant 30 min au moins avant que vous ne puissiez les soulever avec un couteau et les poser sur un tamis. Elles y sécheront durant 2 heures.

Remarque : Les proportions peuvent être inversées, soit une poignée de groseilles pour une douzaine de framboises, selon le goût désiré.

Les caramels

Il est facile de faire soi-même de très bons caramels, car cette confiserie ne requiert pas un matériel important. Un poêlon, un marbre et un moule à caramel suffisent. Toutefois, si l'on ne dispose pas du moule, on peut verser la préparation sur le marbre huilé en l'enfermant entre des règles de métal beurrées.

Quelques précautions s'imposent :

- n'utilisez que des produits très frais ; le beurre doit être fin, la crème douce ;
- ayez soin de prendre un poêlon suffisamment grand, car, au cours de la cuisson, le sucre monte ;
- n'attendez pas que le mélange soit complètement refroidi pour le découper en carrés réguliers, à l'aide d'un couteau beurré.

Canougats

Ingrédients :
1 verre de crème,
1 verre de sucre en poudre,
2 barres de chocolat,
1 noix de beurre,
3 cuillerées à soupe de miel.

Dans une casserole, sur feu vif, mettez la crème, le sucre et le chocolat. Lorsque la pâte, bien homogène, est suffisamment ferme, incorporez-y le beurre et le miel. Puis versez la préparation sur le marbre huilé et découpez-la en carrés avant refroidissement.

Des pastilles au caramel aux sucettes de même saveur, seule la présentation diffère.
Phot. CEDUS-Yéru.

Caramels
(Paul Bénier, Lyon-Vaise)

Ingrédients :
250 g de sucre en morceaux,
250 g de crème fraîche,
80 g de glucose ou de miel, un peu d'huile, parfum au choix (1 demi-gousse de vanille ou 50 g de cacao en poudre ou 1 cl d'extrait de café).

Dans une casserole, ou, mieux, dans un poêlon de cuivre, mettez le sucre, la crème fraîche, le glucose (ou le miel) et la vanille (ou le cacao ou le café). Portez à ébullition. Remuez constamment avec une spatule en bois, tout en prenant soin de nettoyer les parois intérieures de la casserole à l'aide d'un pinceau trempé dans de l'eau froide (pour éviter la prise en masse due à la cristallisation du sucre).

Laissez cuire jusqu'au « filet ». Pour vérifier le degré de cuisson : plongez le pouce et l'index dans de l'eau très froide (vous pouvez y mettre un glaçon), puis aussitôt dans le sucre en cuisson ; retirez vivement et écartez les doigts ; le sucre est cuit au filet lorsqu'un fil se forme.

Poursuivez la cuisson jusqu'au « boulé ». Même technique que précédemment, mais une boule doit se former entre le pouce et l'index.

Les pastilles coquelicot

Ingrédients : 10 g de fleurs de coquelicots, 100 g de glucose, 1/4 de litre d'eau, 1 gousse de vanille.

« Faites infuser pendant un quart d'heure les fleurs de coquelicots dans l'eau bouillante et passez-les au tamis fin. Mouillez le sucre avec cette infusion, et cuisez-le au grand cassé sur un bon feu ; colorez avec un peu de carmin rose. Videz sur marbre et règles en fer vaselinées formant un carré, marquez-les tout chaud avec un emporte-pièce à compartiments ; retournez la plaque de sucre cuit pour essuyer soigneusement la vaseline ; séparez-les et mettez-les dans un bocal ou une boîte en fer-blanc renfermant un conservateur. »
(*Le Nouveau Pâtissier confiseur glacier,* Léon Girardin, 1904.)

Formez un cadre (vous pouvez le faire avec des montants d'étagère, par exemple), huilez-en l'intérieur, ainsi que le marbre sur lequel il est placé. Versez dans ce cadre la pâte bouillante, sur une épaisseur d'environ 1 cm.

Laissez refroidir presque complètement. Retirez le cadre. Découpez des carrés de 1,5 ou 2 cm de côté. Enveloppez ces caramels dans une feuille de Cellophane (feuille à pots de confiture coupée en quatre).

Réservez au frais afin que les caramels durcissent.

Caramels au café

Ingrédients :
200 g de sucre en poudre,
200 g de beurre,
200 g de miel,
1 tasse de café très fort.

Faites fondre le sucre dans le café. Puis ajoutez beurre et miel. Laissez cuire sur feu doux pendant une quinzaine de minutes. Pour vérifier la cuisson, plongez une goutte de la préparation dans de l'eau fraîche, elle doit aussitôt se solidifier. Versez alors le mélange sur la plaque de marbre huilée et découpez-le en carrés réguliers alors qu'il est encore tiède.

Caramels au chocolat (I)

Ingrédients :
250 g de chocolat (râpé ou concassé),
250 g de sucre en poudre,
250 g de miel,
250 g de beurre.

Mettez tous les ingrédients dans une casserole sur feu doux. Élevez peu à peu la température de cuisson, tout en remuant le mélange avec une cuillère en bois. La pâte obtenue est cuite lorsqu'un peu de celle-ci, jetée dans de l'eau froide, durcit aussitôt. Dès que la consistance souhaitée est atteinte, versez le contenu de la casserole sur le marbre préalablement huilé et découpez-le aussitôt en damier à l'aide d'un couteau huilé. Laissez refroidir.

Caramels au chocolat (II)

Ingrédients :
250 g de sucre en poudre,
80 g de chocolat en tablettes,
10 cl de lait,
1 pincée de vanille en poudre,
50 g de beurre.

Faites fondre le sucre dans un demi-verre d'eau, puis mettez-le sur le feu. Par ailleurs, faites fondre le chocolat dans le lait, avec de la vanille. Ajoutez alors le beurre. Portez le mélange à ébullition. Puis versez-le dans le sucre fondu et laissez-le sur le feu. L'opération est terminée lorsqu'une goutte de la préparation se solidifie au contact de l'eau fraîche. Versez alors le contenu de la casserole sur le marbre huilé et découpez des carrés réguliers alors que la pâte est encore tiède.

Les caramels zim'zim. Phot. Chocolat Poulain.

Caramels au chocolat (III)

Ingrédients :
175 g de sucre en poudre,
100 g de beurre,
75 cl de crème double,
200 g de chocolat en tablettes.

Faites fondre le chocolat au bain-marie. Mettez aussi au bain-marie, dans une bassine en cuivre non étamé, le beurre, le sucre et la crème. Remuez constamment avec une cuillère en bois. Lorsque le mélange est bien homogène, incorporez-y peu à peu le chocolat. La pâte est à point lorsqu'elle se solidifie au contact de l'eau froide. Versez-la alors sur le marbre huilé et découpez-la, avec un couteau huilé, en petits carrés.

Caramels zim'zim
(chocolat Poulain)

Ingrédients :
250 g de sucre en morceaux,
1 demi-litre d'eau,
15 g de glucose,
200 g de crème fraîche,
250 g de chocolat à pâtisser,
1 cuillerée à soupe de miel,
50 g de beurre.

Faites un sirop léger avec le sucre, l'eau et le glucose. En tournant avec la spatule, ajoutez le chocolat râpé jusqu'à ce qu'il soit bien fondu, puis la crème fraîche, le beurre et le miel. Faites cuire sur feu très doux pendant 45 min environ.

Versez la pâte dans un moule beurré. Quand elle est à moitié froide, découpez les caramels, mais ne démoulez ceux-ci que lorsqu'ils sont parfaitement refroidis.

Toffees à la noisette

Ingrédients :
175 g de sucre en poudre,
50 g de beurre,
40 cl de crème double,
1 pincée de vanille en poudre,
75 g de noisettes pilées.

Dans une casserole en cuivre, faites cuire le sucre, la crème et la vanille mélangés. La cuisson est achevée lorsqu'une goutte de la préparation se caramélise au contact de l'eau fraîche. Ajoutez alors le beurre, par petits morceaux, tout en remuant avec la spatule. Puis incorporez les noisettes, sans cesser de remuer. Versez ensuite sur la plaque de marbre huilée et laissez refroidir avant de découper des carrés réguliers dans la pâte.

Les fondants

La préparation de la pâte de fondant exige tant d'habileté et de précautions qu'il est préférable d'en laisser le soin aux confiseurs et d'acheter les fondants tout faits. Toutefois, vous pouvez confectionner des bonbons fondants simples avec des amandes (ou des noisettes ou des noix fraîches ou des pistaches) que vous broyez aussi finement que possible, et du sucre en poudre. Lorsque vous avez obtenu une pâte bien homogène en mélangeant ces ingrédients et en leur incorporant un parfum de votre choix (fleur d'oranger, vanille, menthe, citron, rhum, kirsch, etc.), prélevez-en des petites portions que vous façonnez en losanges ou en boules. Ou encore utilisez des petits moules de formes diverses. Placez les fondants sur une plaque à cuire et laissez-les sécher pendant 1 heure à l'entrée du four presque éteint.

La pâte d'amandes

Cette préparation, très utilisée en confiserie, se vend toute faite dans le commerce. Elle se sert telle, modelée en sujets divers, ou comme fourrage de fruits secs ou confits. Elle s'étale facilement au rouleau.

La plus grande sucette du monde

Confiserie de sucre cuit accroché à un petit bâton, la sucette est presque centenaire. Imaginée par la maison Pierrot Gourmand, elle a rapidement conquis d'autres confiseurs qui l'ont adaptée aux goûts et aux modes, tout en lui gardant sa forme plutôt allongée et sa consistance assez dure. Il a toutefois fallu attendre 1982 pour voir apparaître la géante de la famille, haute de 2,20 m (1,35 m de hauteur de sucre), épaisse de 6 cm et d'un poids de 12-13 kg. La plus grande sucette du monde, fabriquée par M. René Chaussebourg, à Paris, allie trois couleurs (rouge, jaune et vert) sur le manche à balai qui lui sert de bois porteur. Un record qui laisse rêveur...

La pâte d'amandes, aux mille usages. Phot. CEDUS-Yéru.

Le grillage des amandes

Étalez les amandes dans un plat allant au four. Mettez celui-ci à four chaud. Remuez presque aussitôt, en retournant délicatement les amandes avec une cuillère à long manche. Le grillage est très rapide. On doit obtenir une belle couleur blond moyen. Au sortir du four, répartissez les amandes sur un grand plat en grosse porcelaine et laissez refroidir.

Recette I (facile)
(Marie-Paule Bernardin, Paris)

Ingrédients :
125 g de sucre glace,
125 g d'amandes râpées,
1 cuillerée à café de crème de riz,
3-4 cuillerées à soupe d'eau,
2-3 gouttes de colorant vert ou rouge
ou 1 cuillerée à café d'extrait de café
(dans ce cas, diminuez la quantité d'eau en proportion)
ou 1 cuillerée à café de cacao en poudre.

Dans une terrine, mélangez à sec les amandes râpées, le sucre glace et la crème de riz. Faites une fontaine et mettez au centre 2 cuillerées d'eau. Remuez du bout des doigts pour commencer à former une boule, puis continuez à pétrir, en appuyant assez fortement pour permettre à l'huile de constitution des amandes de lier la pâte progressivement. Ajoutez le reste de l'eau, goutte par goutte.

La pâte obtenue ressemble, comme consistance, à de la pâte à modeler. Divisez-la en autant de morceaux que vous désirez de couleurs. Faites un trou dans le pâton avec le bout du doigt, versez-y le colorant, enfermez-le et pétrissez pour uniformiser la couleur.

Recette II (difficile)
(Marie-Paule Bernardin, Paris)

Ingrédients : 250 g de sucre,
1 demi-verre d'eau,
1 cuillerée à soupe de glucose,
125 g d'amandes râpées,
colorants et parfums
(v. recette précédente).

Les jolis moulages en fondant ne peuvent être réalisés chez soi. Ils relèvent d'une technique très élaborée. Phot. Fouquet.

Dans une casserole, mettez le sucre, l'eau et le glucose. Faites chauffer assez lentement, sans remuer. À ébullition, tout le sucre doit être fondu et le sirop limpide. Au bout de 3-4 min, vérifiez la cuisson « au filet ». Prélevez un peu de sirop entre le pouce et l'index (préalablement trempés dans l'eau froide pour éviter de vous brûler) ; si le sirop forme un filament de 3-4 mm, il est à point. Retirez alors du feu sans précipitation. Versez d'un coup les amandes râpées. Remuez d'abord avec une cuillère en bois, puis à la main dès que le mélange a un peu refroidi. Pétrissez pendant le refroidissement. Parfumez et colorez.

Boules aux fruits

Ingrédients :
300 g de pâte d'amandes,
60 g de fruits confits,
1 blanc d'œuf et demi,
amandes hachées.

Hachez fin les fruits. Mettez la pâte d'amandes dans une terrine, malaxez-la à la main avec un demi-blanc d'œuf. Ajoutez les fruits. Sur un plat, disposez les amandes hachées. Donnez quelques coups de fourchette dans un blanc d'œuf pour le rendre liquide. Mouillez avec un peu de ce blanc d'œuf la paume de la main gauche et les doigts de la main droite. Prenez gros comme une petite noix de la composition. Façonnez-la en boule, puis roulez-la dans les amandes hachées. Placez les boules sur un papier aluminium, étalé sur la plaque du four et laissez-les sécher 1 heure avant de les enfourner.

Boules de neige

Ingrédients :
250 g de pâte d'amandes,
50 g de sucre glace,
1 cuillerée à café d'essence de café,
1 demi-blanc d'œuf,
sucre fin.

Malaxez bien le tout. Prélevez gros comme une petite noix de la préparation. Façonnez en boule, puis roulez dans le sucre fin. Placez les boules sur un papier aluminium étalé sur la plaque du four. Laissez sécher avant de faire cuire.

Calissons
(J.-B. Reboul, *la Cuisinière provençale)*

« Pilez 500 g de sucre avec 500 g d'amandes ; le tout bien fin et passé au tamis, remettez au mortier ; travaillez avec quelques cuillerées de sirop d'abricot ou autre ; desséchez ensuite sur le feu, dans une casserole. Étalez cette pâte sur le marbre sur des feuilles de papier hostie ; nappez avec de la glace royale, découpez de forme ovale et faites cuire au four quelques minutes seulement. »

Pour la glace royale, « mettez dans une petite terrine deux blancs d'œufs et 200 g de sucre en poudre ; travaillez quelques minutes avec une cuiller en bois, vous obtenez ainsi une pâte lisse et coulante. On étend cette pâte en couche mince sur les objets à glacer ».

Pains d'amandes

Ingrédients :
300 g d'amandes,
le zeste de deux oranges (ou citrons),
1 œuf.

Brisez les amandes en petits morceaux. Râpez le zeste des oranges. Mettez le tout dans un mortier et pilez-le jusqu'à ce que vous obteniez une pâte. Ajoutez alors le blanc d'œuf et mélangez bien. Lorsque la pâte est homogène, divisez-la en petits morceaux gros comme une noix, que vous façonnez en pains et dorez avec le jaune d'œuf. Posez ces pains sur la plaque du four beurrée et faites cuire à four doux.

Le nougat

Il ne sera certes pas aussi savoureux que celui que préparent les spécialistes, mais il aura le mérite d'être « fait maison ».

Ingrédients :
500 g d'amandes douces,
500 g de sucre en poudre,
une moitié de citron,
de l'huile d'amandes douces.

Mondez les amandes : mettez-les 5 min dans de l'eau bouillante, égouttez-les, pelez-les, lavez-les, égouttez-les à nouveau. Coupez-les ensuite en filets (5 par amande) et faites-les sécher à four très doux – elles dorent légèrement.

Dans un poêlon de cuivre, faites fondre le sucre sur le feu, et laissez cuire jusqu'à obtention d'un caramel clair. Retirez du feu et jetez-y les amandes chaudes. Mélangez amandes et sucre en tenant au chaud pour que le sucre ne cristallise pas.

Huilez à l'huile d'amandes douces l'intérieur d'un moule très étroit et uni. Étalez une couche très fine de la préparation sur le fond et sur les côtés, en versant à la cuillère et en l'appliquant le long des parois avec la moitié de citron. Il ne doit y avoir aucun vide. Puis, quand le moule est entièrement garni, renversez-le sur une serviette pliée sur un plat pour démouler.

La rapidité est, pour cette recette, le secret de la réussite.

Nougat au miel

Ingrédients :
500 g de miel,
500 g d'amandes douces,
des feuilles de pain azyme,
2 blancs d'œufs.

Mettez le miel dans une casserole en cuivre et faites-le cuire sur feu doux, en tournant sans cesse, jusqu'à ce qu'il soit prêt à caraméliser (40 °C). Réduisez alors le feu et ajoutez les blancs d'œufs montés en neige. Hors du feu, remuez toujours pour que le mélange prenne consistance. Incorporez les amandes, brisées en morceaux. Versez ensuite dans un moule carré, préalablement huilé, au fond duquel vous avez placé une feuille de pain azyme. La couche doit avoir 2 à 3 cm d'épaisseur. Couvrez avec une autre feuille de pain azyme. Laissez refroidir avant de démouler.

Remarque : vous pouvez joindre des pistaches aux amandes et, si vous le souhaitez, incorporer un parfum (vanille, citron, etc.).

Les pâtes de fruits

Pour ce qui est de la fabrication familiale des pâtes de fruits, tous les livres de cuisine un peu développés en donnent des recettes. Le point le plus important, au départ, est de bien choisir les fruits destinés à cette transformation. Puis on commence par préparer une marmelade assez fine que l'on passe, au besoin, et dont on enlève le jus, celui-ci pouvant servir à faire de la gelée. Si l'on veut ajouter de la pectine pour être plus sûr de la gélification, on peut en trouver facilement dans le commerce, mélangée à du sucre, sous différentes marques. On peut également, en préparant la marmelade, mettre avec les fruits un petit sachet contenant des cœurs de pommes et spécialement des pépins écrasés, sachet que l'on retire avant d'écraser la marmelade.

Le sirop de glucose n'est pas indispensable ; au cours de la cuisson, il se forme, en effet, des sucres équivalents au sucre de fruit du glucose. En cas d'insuffisance, les pâtes de fruits risquent seulement de durcir un peu en rejetant de l'humidité à l'extérieur si elles sont conservées trop longtemps.

L'appréciation de la durée de cuisson est plus délicate et demande une certaine habitude, que possède toute ménagère qui fait des confitures.

Pour la coulée, on peut utiliser n'importe quel récipient peu profond, garni de papier blanc pour faciliter le démoulage. Pour celui-ci et pour le découpage, il faut attendre que la pâte de fruit soit bien refroidie à cœur, ce qui demande au moins une demi-journée. Pour améliorer la

Le miel : un ingrédient toujours indispensable

Selon la définition légale, le miel est « la substance sucrée produite à partir du nectar et autres solutions sucrées que les abeilles récoltent sur les végétaux, enrichissent de substances provenant de leur propre corps, transforment dans celui-ci, entreposent dans leurs rayons et font mûrir ». Il est composé de sucre inverti, d'une petite quantité de saccharose, de divers sels, d'éléments aromatiques et d'eau.

Provenant des jardins, des forêts ou des montagnes, variant avec les saisons, les climats, les sols, il sort des alvéoles soit naturellement (« miel de goutte » ou « miel vierge »), soit par centrifugation (« miel jaune »), soit enfin par pressage à chaud (« miel brun »). Pur, naturel, plus ou moins épais – il va du solide au liquide –, le miel porte en lui le parfum des plantes et des fleurs que les abeilles visitent. On pense même qu'il en garde les vertus.

S'il a été, pour nos lointains ancêtres, un de leurs plus riches aliments et si, des siècles durant, il joua le rôle de ce sucre que l'on ne connaissait pas, avant de devenir le « sucre des pauvres » lorsque l'on commença à exploiter canne à sucre et betterave, il est aujourd'hui un ingrédient indispensable en confiserie, où il intervient autant comme composant que comme simple parfum.

Faites la pulpe de pomme vous-même
(Christophe Chambeau-Fouquet, Paris)

Choisissez des pommes de reinette ou de toute autre variété pourvu qu'elles soient parfumées. Épluchez-les, ôtez parties fibreuses et pépins. Faites-les cuire dans un poêlon avec un demi-verre d'eau. Portez à ébullition et laissez-les mijoter sur feu doux durant 5 à 6 min, en remuant avec une spatule en bois. Lorsque la chair est fondante, mettez-les dans un tamis placé sur un récipient. Attendez qu'elles refroidissent, puis écrasez-les en purée. Pesez la pulpe obtenue.

conservation, on peut, après découpage et passage au sucre, étuver légèrement : 40° à 45 °C au maximum pendant quelques heures.

Pâtes à la carotte

Ingrédients :
1 kg de carottes,
4 oranges,
1 citron,
750 g de sucre cristallisé.

Passez à la machine à hacher les carottes épluchées, le zeste des oranges et le citron entier. Mélangez le tout dans une casserole, ajoutez le sucre et couvrez d'eau (2 à 3 verres). Faites cuire à feu doux pendant 2 heures environ, en remuant de temps à autre. Lorsque le mélange prend une couleur brune, retirez-le du feu et laissez-le refroidir. Enfin, formez des boulettes avec la pâte refroidie et roulez-les dans le sucre cristallisé.

Pâtes à la framboise

Ingrédients :
500 g de framboises (très mûres),
500 g de sucre cristallisé.

Écrasez les framboises et versez le jus obtenu dans une casserole en cuivre. Ajoutez le sucre. Mettez sur feu doux et, en remuant fréquemment, faites cuire jusqu'à ce que se forme un sirop très épais – lorsque celui-ci est refroidi, il doit donner une pâte compacte. Laissez refroidir la pâte avant de la découper en carrés que vous roulez dans du sucre cristallisé. Faites sécher les pâtes à l'entrée du four chaud et placez-les dans une boîte en fer.

Les pâtes de coings.
Phot. CEDUS-Darqué.

Remarque : vous pouvez substituer aux framboises d'autres fruits tels que fraises, mûres, cassis, myrtilles, etc.

Pâtes à la tomate verte
(Michaël Azouz, Saint-Loup-sur-Semouse)

Ingrédients :
800 g de pulpe de tomate verte,
75 g de sucre semoule,
25 g de pectine,
750 g de sucre cristallisé,
100 g de glucose,
10 g d'acide citrique.

Dans un chaudron, chauffez la pulpe de tomate jusqu'à la température de 40 °C. Ajoutez alors le sucre semoule et la pectine. Portez le tout à ébullition pendant 1 min. Introduisez le sucre cristallisé et le glucose. Faites cuire le tout jusqu'à la température de 105 °C. Retirez du feu et ajoutez l'acide citrique (dilué avec 10 g d'eau chaude). Remuez vigoureusement. Coulez dans un cadre ou un moule, dans le fond duquel vous aurez disposé une feuille de papier.

Le lendemain, démoulez en passant la lame fine d'un petit couteau. Coupez la pâte de fruits en dés, que vous roulerez dans du sucre semoule.

Pâtes à l'orange et au citron

Ingrédients :
10 oranges,
2 citrons,
1 kg de sucre cristallisé,
50 g de sucre en poudre.

Épluchez oranges et citrons après les avoir bien lavés. Faites blanchir les écorces dans de l'eau bouillante pendant 5 min. Rafraîchissez-les à l'eau froide et découpez-les très finement. Écrasez-les dans un mortier. Pressez les fruits en jus et mouillez la « pâte » d'écorces avec ce jus, en l'introduisant peu à peu.

Faites un sirop avec le sucre cristallisé. Lorsque le sirop nappe bien la cuillère en bois, mêlez-y la préparation de fruits (hors du feu), puis faites épaissir sur feu doux. La cuisson terminée, continuez à remuer jusqu'à ce que la pâte se décolle de la cuillère.

Versez sur le marbre huilé en une couche d'environ 2 cm d'épaisseur. Laissez sécher plusieurs heures avant de découper la pâte en damier. Roulez les carrés obtenus dans du sucre en poudre et laissez encore sécher.

Pâtes de coings

Ingrédients :
1 kg de coings,

ucre cristallisé (même poids que celui de la
ulpe de coings obtenue),
cuillerée à soupe de jus de citron,
uelques gouttes d'huile.

Lavez et essuyez les fruits, coupez-les (sans es éplucher) en quartiers, en conservant cœurs t pépins. Mettez-les dans une casserole, recourez-les juste d'eau froide et portez à ébullition endant une quinzaine de minutes, jusqu'à ce ue les coings soient bien tendres. Égouttez-les. Ôtez peaux, cœurs, pépins, ainsi que les parties rop fermes, voire caillouteuses. Écrasez la pulpe t pesez-la.

Ajoutez à la purée de coings le sucre ristallisé et le jus de citron. Versez ce mélange lans une casserole à fond épais et faites cuire 20 min environ, à feu doux, en remuant avec a spatule.

Lorsque la pâte de fruits, épaissie, se létache de la casserole, coulez-la sur la plaque le marbre huilée, en lui donnant à peu près 2 cm l'épaisseur. Puis laissez-la sécher, au sec et au rais pendant plusieurs jours. Enfin, découpez a pâte en cubes et roulez ceux-ci dans du sucre ristallisé.

Les fruits confits

Leur fabrication est très délicate. En effet, si, par suite d'un sirop trop épais, l'opération qui consiste à remplacer le jus de fruit par du sirop de sucre est trop vite menée, le fruit durcira, en gardant une partie de son jus, et fermentera.

Si, au contraire, le sirop est trop léger, e fruit deviendra marmelade. La macération loit donc s'effectuer le nombre de fois prévues, lans des sirops successifs, de plus en plus épais. Si vous donnez six façons à un fruit qui en demande huit, vous risquez de perdre le fruit ; si vous lui en donnez dix, il sera moins bon.

Par ailleurs, le choix des fruits est essentiel. Ils doivent être frais, pas trop mûrs mais suffisamment colorés (à la fois pour la teinte qui loit être « appétissante » et pour la tenue qu'ils loivent garder au confisage), et ils ne doivent présenter aucune imperfection (traces de coups, aches, piqûres, etc.).

La quantité de sucre employée est liée à la quantité de fruits épluchés et dénoyautés, prêts à être traités : 500 g de sucre en poudre pour 500 g de fruits préparés, à l'exception des marrons et des écorces qui s'accommodent de variations.

Pour cette confiserie, le matériel nécessaire comporte : une casserole, une écumoire, une bassine pour préparer le sirop de sucre où l'on plonge les fruits à chaud, des terrines, où les fruits sont mis à mariner dans le sirop, un couteau de cuisine à lame pointue.

Angélique confite

Découpez en morceaux de quelque 15 cm de long des tiges d'angélique très tendre. Plongez-les dans de l'eau froide, puis retirez-les pour les mettre dans de l'eau frémissante. Ôtez la casserole du feu et laissez reposer pendant 1 heure. Au terme de ce temps, préparez l'angélique en la débarrassant de ses filandres et de la peau du dessous. Puis mettez-la dans la casserole avec de l'eau en quantité suffisante pour la couvrir et faites bouillir. Lorsque l'angélique fléchit sous les doigts, écartez la casserole du feu, ajoutez une poignée de sel – ce qui fait reverdir les tiges –, et laissez ainsi durant 1 heure. Enfin, retirez l'angélique et égouttez-la.

Confectionnez un sirop avec le même poids de sucre que celui d'angélique. Il doit être à 29°. Versez-le bouillant sur l'angélique que vous avez placée dans une terrine. Laissez reposer pendant 24 heures. Renouvelez alors l'opération avec le sirop porté à 32°. Après 24 heures de repos, montez le sirop à 33° et versez-le sur l'angélique. Cette fois-ci, laissez reposer durant 48 heures. Enfin, faites sécher les morceaux confits sur une grille dans un endroit chaud et conservez-les dans une boîte en fer.

Remarque : la même recette s'applique à la rhubarbe.

Marrons glacés (I)

Ingrédients :
1 kg de marrons,
500 g de sucre en poudre,
1 gousse de vanille.

Les marrons glacés sont, sans nul doute, l'une des douceurs dont la confection est inaccessible à l'amateur. Phot. Clément Faugier.

Marrons et châtaignes

On tend trop souvent à confondre marrons et châtaignes, tous deux fruits du châtaignier, dans une même définition et cela quelle que soit leur grosseur. En fait, le marron n'est pas cloisonné alors que la châtaigne est souvent cloisonnée et comporte plusieurs graines dans le même péricarpe. Ces fruits doivent être ramassés dès leur chute naturelle des arbres et ne supportent pas d'être laissés trop longtemps au sol, ce qui les exposerait à diverses infections cryptogamiques.

À défaut de marrons « frais », il est possible d'avoir recours à des marrons en conserve entiers et *au naturel.* Il s'agit là de marrons, épluchés et recouverts soit d'eau pure, soit d'eau additionnée de sel et/ou de sucre. Ils peuvent être aussi conservés *à sec,* conditionnés en bocaux et stérilisés.

Il convient de noter que la crème de marrons et la purée de marrons, présentées en boîtes, sont fabriquées à partir de petites châtaignes.

Épluchez les marrons, que vous avez pris soin de choisir gros et sans défaut, selon la méthode indiquée dans la recette précédente. Faites bouillir 1 l d'eau dans une casserole avec la gousse de vanille. Retirez la gousse, lorsque l'eau bout, versez le sucre et laissez cuire à feu très doux durant 45 min environ, de façon à obtenir un sirop blond. Plongez alors les marrons dans ce sirop et faites-les cuire ainsi, très doucement, pendant une trentaine de minutes. Ceux-ci doivent rester fermes. Ôtez-les, égouttez-les, roulez-les dans du sucre en poudre et mettez-les dans une boîte en fer.

Marrons glacés (II)

Ingrédients :
1 kg de marrons,
1 kg de sucre en poudre,
1 gousse de vanille.

Épluchez les marrons, comme indiqué précédemment. Puis faites-les cuire à l'eau légèrement salée, avec la vanille, durant une trentaine de minutes. Faites un sirop très épais avec le sucre et l'eau de cuisson. Plongez-y les marrons et laissez bouillir 5 min. Versez dans un récipient et attendez le lendemain pour remettre sur le feu sirop et marrons. Laissez cuire 5 min à nouveau. Procédez comme la veille. Et, après un second temps de repos, réitérez l'opération, au terme de laquelle vous retirez les marrons du sirop pour les faire sécher sur une grille à l'entrée du four chaud.

Rhubarbe confite

V. Angélique confite.

Coll. A.P.-R.

Et d'autres sucreries encore...

Bouchées à la fraise
(Suzanne Perzoff, Paris)

Ingrédients (pour 6 bouchées) :
2 cuillerées à soupe de confiture de fraises,
15 cuillerées à soupe de noisettes en poudre,
sucre glace.

Mettez la confiture dans un petit saladier pointu. Écrasez les fraises entre les doigts pour les réduire en purée. Ajoutez la poudre de noisettes et malaxez bien entre les doigts pour rendre le mélange homogène. Formez une grosse boule avec ce mélange et placez-la dans un bol. Couvrez avec une feuille de Cellophane, en rabattant bien autour du bol. Laissez reposer au réfrigérateur jusqu'au lendemain.

Le lendemain, jour de la consommation, mettez du sucre glace dans une passoire-tamis et saupoudrez largement une grande assiette plate avec le sucre en tapotant la passoire. Sortez la boule du réfrigérateur. Divisez-la en six parts. Roulez chacune d'entre elles entre les mains de façon à obtenir des boules, que vous roulez successivement dans le sucre glace. Habillez de papier argent toute la surface d'une assiette plate et disposez dessus les bouchées.

Bouchées à la mandarine
(Suzanne Perzoff, Paris)

Ingrédients (pour 6 bouchées) :
100 g de mandarines confites hachées très fin,
10 cuillerées à soupe d'amandes en poudre,
sucre glace.

Mettez les mandarines hachées dans un petit saladier pointu.

Ajoutez la poudre d'amandes et malaxez bien entre les doigts pour rendre le mélange homogène.

Procédez ensuite comme pour les *bouchées à la fraise* *.

Bouchées aux abricots
(Suzanne Perzoff, Paris)

Ingrédients (pour 6 bouchées) :
1 cuillerée à soupe de confiture d'abricots très épaisse,
9 cuillerées à soupe de noix de coco en poudre,
2 cuillerées à soupe d'amandes effilées grillées,
1 cuillerée à dessert de sucre glace,
1 cuillerée à café de rhum.

Dans un saladier, mettez la confiture, la noix de coco et le rhum. Malaxez bien le tout. Faites six petits tas et roulez-les successivement dans les mains pour en faire six petites boules.

Brisez les amandes entre les doigts, puis étalez-les sur une assiette plate. Roulez chaque boule dans les amandes, en la pressant un peu entre les doigts pour qu'elle attrape parfaitement les amandes. Mettez les boules sur une assiette plate. Placez le sucre glace dans une petite passoire-tamis. Tapotez légèrement le tamis au-dessus des boules, en retournant celles-ci pour qu'elles soient légèrement couvertes de sucre glace. Pour la présentation, disposez les boules sur une assiette plate habillée de papier argent.

Remarque : cette friandise peut être conservée plusieurs jours dans le réfrigérateur ; il suffit d'envelopper chaque petite boule dans du papier argent en lui donnant une forme de papillote.

Cerises au caramel
(Louis Chavanette, Orléans)

Ingrédients :
cerises à l'eau-de-vie avec queues,
500 g de sucre,
100 g de glucose,
20 cl d'eau.

Sur le feu (à gaz), préparez un caramel avec le sucre, le glucose et l'eau. Dès que le caramel a pris la teinte jaune paille, incorporez-y quelques gouttes de colorant alimentaire rouge en vente dans le commerce. Mélangez avec une spatule en bois, puis retirez le poêlon du feu. Trempez les cerises dans ce caramel en les tenant par la queue et en ayant bien eu soin au préalable de les égoutter et de les sécher sur un torchon une à une. Déposez-les ensuite sur une plaque tapissée d'une fine couche de sucre semoule.

Cette friandise exige d'être conservée au sec ; on la présente dans des petites caissettes.

Cerises, prunes et raisins givrés
(Louis Chavanette, Orléans)

Ingrédients :
50 g de gomme arabique,
cerises, prunes et raisins à l'eau-de-vie,
sucre cristal.

Dans un récipient au bain-marie, faites fondre la gomme arabique dans deux fois son poids d'eau. Égouttez les fruits sur un torchon pour éliminer toute humidité. Imprégnez le creux de votre main de gomme fondue et roulez-y les fruits par petites quantités, puis plongez-les dans un récipient contenant du sucre cristal. Déposez ces fruits enrobés de sucre sur un tamis (ou une plaque) et faites-les sécher dans un four à peine tiède.

Ces friandises se présentent dans des petites caissettes.

Dattes fourrées

Ingrédients :
500 g de dattes,
100 g d'amandes douces,
quelques amandes amères,
125 g de sucre glace,
beurre.

Émondez et pilez les amandes. Mélangez-les au sucre. Faites fondre légèrement le beurre, puis ajoutez-le petit à petit au mélange. Travaillez la pâte obtenue pendant une trentaine de minutes pour la rendre bien homogène. Mettez-la ensuite au frais durant 1 heure avant d'en garnir les dattes.

Fudges américains

Ingrédients :
500 g de sucre en poudre,
1 demi-litre de lait,
2 cuillerées à soupe de cacao,
vanille,
une cinquantaine d'amandes effilées.

Versez le sucre dans le lait et mettez la casserole sur le feu. Dès l'ébullition, ajoutez le cacao et remuez en tournant jusqu'à ce que le mélange soit cuit – cela demande environ une demi-heure. La préparation est à point lorsqu'une goutte du mélange, plongée dans un bol d'eau fraîche, durcit aussitôt. Ajoutez alors de la vanille, retirez du feu et battez à l'air en incorporant les amandes. Versez ensuite sur une plaque beurrée et découpez en carrés.

Remarque : vous pouvez remplacer les amandes par des noix hachées.

Fudges anglais
(Chocolat Poulain)

Ingrédients :
200 g de chocolat à pâtisser,
200 g de beurre,
150 g de crème fraîche,
200 g de miel,
100 g d'amandes mondées,
1 cuillerée à café de vanille en poudre.

Hachez les amandes. Dans une casserole à fond épais, sur feu doux, faites fondre le chocolat cassé en morceaux avec le beurre, la crème, le miel et la vanille. Mélangez à la cuillère jusqu'à ce que la crème épaississe. Retirez du feu lorsque le mélange est à point : une goutte de la préparation, jetée sur une assiette, doit durcir et se briser sous les doigts.

Ajoutez alors les amandes hachées et versez sur un marbre huilé ou dans un grand moule carré. Laissez tiédir avant de découper en carrés.

Les dattes : pour les fourrer

Pour la quasi-totalité de la production mondiale, elles proviennent du Proche-Orient et d'Afrique du Nord. La datte de qualité supérieure, rigoureusement sélectionnée et empaquetée, est produite notamment par l'Algérie, la Tunisie, l'Irak et l'Iran. Les dattes ordinaires, quant à elles, sont commercialisées en vrac par leur pays d'origine.

La vente des dattes est aujourd'hui réglementée. Compte tenu des usages, seule la variété ***Deglet nour*** ou ***datte muscade*** peut être vendue sans indication relative à la variété. Les dattes appartenant aux variétés dites « communes » peuvent être vendues sous la désignation de ***dattes communes.***

La recette des bêtises au poêlon (recette de D. Chavy, Cambrai).

Faites dissoudre du sucre dans de l'eau et laissez cuire jusqu'à obtention d'un sirop. Lorsque celui-ci atteint 80 °C, ajoutez une faible proportion de sirop de glucose (20 p. 100). Mélangez doucement jusqu'à ce que la température s'élève à 143 °C (grand cassé). Puis versez le liquide sur un marbre. Repliez-le plusieurs fois (la partie refroidie étant à l'intérieur du pli). Quand la masse a pris la forme d'une pâte molle, étirez-la un peu pour l'asseoir sur un crochet fixé au mur. Tirez le ruban vers vous et ramenez-le vers le crochet. Renouvelez l'opération jusqu'à ce que le sucre blanchisse. Ajoutez alors un parfum, puis le sucre caramélisé (faites cuire le fond de sirop de sucre dans le poêlon jusqu'à ce qu'il brûle et prenne une teinte foncée ; versez-le sur la table sans le battre et apposez-le à la pâte blanche). Enfin, étirez la masse et découpez les bonbons.

Noix aux marrons

Ingrédients :
500 g de marrons,
des cerneaux de noix,
8 cuillerées à soupe de sucre en poudre,
1 cuillerée à entremets de vinaigre,
un peu de lait.

Préparez les marrons : jetez-les dans l'eau bouillante, laissez bouillir pendant quelques minutes, épluchez-les encore chauds. Puis faites-les cuire et confectionnez une purée très sèche avec un peu de lait.

Avec cette purée, soudez les cerneaux de noix, deux par deux.

Avec le sucre, juste recouvert d'eau, et le vinaigre, faites un sirop très épais. Plongez-y les noix et laissez bouillir jusqu'à obtention d'une couleur dorée (sans toutefois que cela devienne du caramel !).

En utilisant une pince, déposez alors les noix aux marrons sur une plaque de marbre huilée et attendez qu'elles refroidissent.

Pralines

Ingrédients :
250 g d'amandes mondées,
30 morceaux de sucre,
1 verre d'eau,
1 pincée de cannelle,
1 pincée de vanille en poudre.

Dans une poêle, mettez le sucre, l'eau, la cannelle et la vanille. Placez sur feu vif. Quand le mélange forme des bulles, jetez-y les amandes. Lorsque celles-ci sont bien garnies de sucre et bien sèches, retirez-les. Laissez-les refroidir sur le marbre huilé ou sur une plaque graissée.

Rochers à la noix de coco

Ingrédients :
125 g de noix de coco en poudre,
5 blancs d'œufs,
sucre en poudre (à volonté).

Battez les blancs (attention, pas en neige). Ajoutez la noix de coco et sucrez selon le goût. Mélangez le tout.

Faites chauffer sur feu doux en ne cessant pas de remuer pour empêcher la pâte d'attacher. La cuisson ne doit pas excéder 2 min. Avec une cuillère à soupe, répartissez la pâte en petits tas que vous posez sur une feuille de papier huilée, elle-même placée sur la plaque du four.

Faites dorer à four doux, sans oublier de les retourner, après quelques minutes, de l'autre côté.

Les bonbons de chocolat

Plus encore que les produits de la confiserie de sucre, les bonbons de chocolat sont le fait des spécialistes et il serait vain de vouloir s'improviser « chocolatier ». Aussi les recettes qui sont données ici ne prétendent-elles pas rivaliser avec les délicates douceurs que l'on peut acheter. Il s'agit de friandises simples, qui ne requièrent aucun talent particulier, sinon celui dicté par la gourmandise, à la seule condition d'avoir à portée de la main un certain nombre d'ustensiles, à savoir un poêlon, un bain-marie, une râpe, une cuillère et une spatule en bois, un marbre, une grille, un jeu de douilles, une bague à tremper (ou, à défaut, des fourchettes), des caissettes en papier plissé. Sans oublier le thermomètre, qui permettra de contrôler la température du chocolat de couverture.

Certes, il est tentant d'acheter de la pâte de fondant ou du praliné tout faits et d'essayer d'enrober ces intérieurs avec un chocolat de couverture (plus de 50 % de beurre de cacao) en vente chez certains confiseurs et qui peut être remplacé par un chocolat fondant. Mais l'opération est délicate et demande une certaine habileté. Néanmoins, quelques-unes des recettes qui suivent y font appel, notamment dans le cas des truffes.

Enfin, les chocolats « maison » présentent l'inconvénient d'une conservation assez difficile. D'où la recommandation de les aromatiser avec un alcool, ce qui prolonge un peu leur durée de vie.

Bonbons au chocolat

Ingrédients :
250 g de chocolat,
250 g d'amandes
(125 g sans la peau, 125 g avec la peau),
250 g de sucre en poudre,
100 g d'écorces de citron ou d'orange.

Râpez le chocolat et les amandes. Coupez très fin le zeste d'orange ou de citron. Mélangez bien le tout. Faites fondre le sucre dans 6 cuillerées d'eau. Laissez bouillir quelques minutes et ajoutez ce sirop bouillant à la préparation. Remuez le tout. Versez dans un moule plat (un couvercle de boîte à gâteaux, par exemple), préalablement beurré. Démoulez au bout de 24 heures et découpez selon la forme que vous souhaitez donner à ces bonbons.

Bûchettes à la pistache
(Louis Chavanette, Orléans)

Ingrédients :
500 g de pâte d'amandes,
1 kg de chocolat de couverture,

200 g d'amandes hachées et grillées,
10 g de pâte de pistaches.

Faites fondre le chocolat de couverture (fondant ou au lait) à l'étuve ou au bain-marie à pas plus de 50 °C. Mélangez la pâte de pistaches à la pâte d'amandes fondante avec une pointe de colorant alimentaire vert. Avec la pâte obtenue réalisez des boudins de la grosseur du petit doigt et longs d'environ 20 cm.

Travaillez la couverture en faisant tomber la température : 27 °C pour celle au lait, 28 °C pour celle au fondant. Faites alors remonter la température entre 30° et 32 °C. Incorporez-y les amandes hachées grillées. À l'aide d'une petite grille (20 cm de long) à bout retourné, retirez les boudins de pâte d'amandes que vous déposez, un à un, dans la couverture pour les enrober. Ayez soin de les égoutter, par tapotement, sur le bord du récipient. Déposez la pâte d'amandes, enrobée de chocolat, sur une plaque garnie d'un papier cristal en faisant décrire un quart de cercle à la grille. Si la couverture est au point, laissez-la durcir quelques minutes. Puis coupez les boudins en biais pour obtenir les bûchettes.

Cerises au chocolat

(Christophe Chambeau-Fouquet, Paris)

Ingrédients (pour 40 bonbons environ) :
40 cerises à l'eau-de-vie,
250 g de fondant,
200 g de chocolat de couverture,
40 caissettes.

Faites égoutter les cerises sur une grille pendant deux à trois heures. Placez alors le fondant dans un bain-marie et faites-le chauffer, en remuant avec la spatule en bois jusqu'à ce qu'il devienne fluide. Plongez-y les cerises en les tenant par la queue, de manière à bien les enrober et déposez-les sur une feuille de papier d'aluminium saupoudrée de sucre glace. Laissez-les sécher ainsi pendant quelques heures.

Cassez le chocolat en petits morceaux que vous mettez à ramollir au bain-marie – sans remuer ! Lorsqu'il est fondu, remuez jusqu'à obtention d'une pâte lisse. Plongez les cerises dans cette pâte et placez-les, au fur et à mesure, dans les caissettes.

Laissez les cerises refroidir durant quatre à cinq jours, au terme desquels le fondant sera devenu liquide au contact de la cerise. Elles sont alors parfaites pour la consommation.

Attention, un enrobage mal réussi ne permet pas de garder les cerises au-delà de deux jours !

Chocolettes

Ingrédients :
3 barres de chocolat,
250 g de sucre en poudre,
3 blancs d'œufs.

Mélangez le sucre avec le chocolat, préalablement ramolli au bain-marie. Puis incorporez les blancs d'œufs. Le mélange doit être homogène. Pour cela, tournez, avec la spatule, toujours dans le même sens pendant environ 15 min.

Ensuite, répartissez la pâte en petits tas sur la plaque du four beurrée et faites cuire à four doux durant une dizaine de minutes.

Croquettes au chocolat

Ingrédients :
250 g de chocolat en tablette,
2 cuillerées à café de sucre en poudre,
1 blanc d'œuf,
1 pincée de cannelle (ou de vanille) en poudre.

Râpez le chocolat. Battez le blanc en neige. Mélangez chocolat, sucre et parfum. Incorporez délicatement le blanc à ce mélange. Avec une cuillère à café, répartissez celui-ci en petits tas de la grosseur d'une noix sur une feuille de papier huilée que vous avez placée sur la plaque du four.

Faites cuire à four tiède. La cuisson est achevée lorsque les croquettes ne s'affaissent pas sous la pression du doigt.

Crottes au chocolat

La recette est la même que celle des fondants *(v. ce mot)*. Mais, lorsque le sucre est coagulé, travaillez-le et aplatissez-le au couteau, avant de le rouler en petites boules de la grosseur d'une noisette.

Laissez celles-ci reposer pendant une douzaine d'heures, puis trempez-les dans une couverture de chocolat.

Délices

Ingrédients :
250 g de chocolat,
125 g de beurre,
2 jaunes d'œufs,
1 cuillerée à soupe de lait,
un peu de sucre.

Faites fondre le chocolat dans le lait. Puis ajoutez le beurre qui fondra à la chaleur du chocolat, les jaunes d'œufs et le sucre (il n'est pas indispensable). Remuez le tout sur le feu jusqu'à l'obtention d'une pâte très lisse.

Laissez reposer une nuit au frais. Le lendemain, formez des petites boules et roulez-les dans du chocolat râpé ou granulé.

La vanille au parfum raffiné

Fruit du vanillier *(Vanilla planifolia),* qui est une plante grimpante et parasite originaire d'Amérique du Sud et cultivée dans les pays tropicaux (la Réunion, île Maurice, Madagascar, Indonésie, Guyane, etc.), elle se présente sous la forme de longues capsules qui, cueillies à peine mûres et soumises à un traitement, deviennent brun foncé et « givrent » (se couvrent de cristaux de vanilline). Les confiseurs l'utilisent soit telle, c'est-à-dire en gousses (on dit aussi « bâtons »), soit en extrait (liquide ou poudre). La plus recherchée est celle du Mexique, qui ne givre pas. Mais la vanille de la Réunion, appelée vanille Bourbon, riche en cristaux de vanilline et de couleur plus foncée que la précédente, est également très estimée.

La vanille est aujourd'hui concurrencée par des substances synthétiques qui en imitent le parfum *(vanilline, éthylvanilline)* et qui sont de forte puissance aromatique.

Fruits masqués
(Chocolat Poulain)

Ingrédients :
300 g d'écorces d'orange confite,
400 g de chocolat à pâtisser,
40 g de beurre.

Découpez les écorces en lamelles de 5 mm de large. Laissez-les sécher sur une grille pendant toute une nuit. Le lendemain, faites fondre le chocolat fractionné au bain-marie, à feu doux. Lorsqu'il est mou, ajoutez le beurre et mélangez avec la spatule en bois. Plongez les écorces dans le chocolat, retirez-les avec une fourchette et laissez-les durcir sur une feuille de papier d'aluminium beurrée.

Remarque : l'orange confite peut être remplacée par de l'ananas, du melon, du citron, de la mandarine, etc.

Les fruits masqués.
Phot. Chocolat Poulain.

Galettes de chocolat à l'orange
(Jean Bertaud, Beauvais)

Ingrédients :
100 g de chocolat à croquer
(lait ou noir, au choix),
50 g d'écorces d'oranges confites,
un peu de cacao en poudre.

Hachez les écorces le plus finement possible. Mélangez-les avec un peu de cacao en poudre pour les hacher plus facilement. Puis faites fondre le chocolat au bain-marie. Une fois fondu, refroidissez-le afin qu'il soit doux à la langue. Incorporez-y rapidement le hachis d'écorces. Sur une feuille de papier d'aluminium, formez des petites galettes, à l'aide d'une cuillère, et enfin poudrez celles-ci de cacao.

Gourmandises d'Ardèche
(Louis Chavanette, Orléans)

Ingrédients :
1 kg de chocolat de couverture,
800 g de sucre glace,
500 g de pâte de marrons,
80 g de beurre fin,
6 cl de rhum.

Travaillez la pâte de marrons avec le beurre, à la main, sur un marbre ou une table de travail, et incorporez-y le rhum. Laissez la préparation raffermir dans le réfrigérateur, puis, en vous aidant du sucre glace, façonnez des petits boudins ou des petites boules de la grosseur désirée. Laissez-les sécher – on les prépare souvent la veille pour le lendemain...

Faites fondre le chocolat de couverture (pas plus de 50 °C) en prenant soin de remuer, puis ramenez la température à 28 °C et remontez-la à 32 °C. Cette opération réalisée, trempez, à la bague ou à la fourchette, les boudins ou boules, un à un, dans le chocolat. En les retirant, égouttez-les sur le bord du récipient et déposez-les dans un autre récipient contenant du sucre glace. Laissez-les durcir quelques minutes sur place avant de les ôter.

Marrons chocolatés

Ingrédients :
1 kg de marrons (beaux et sains),
1 gousse de vanille,
le zeste d'une orange,
le zeste d'un citron,
250 g de sucre en poudre,
du chocolat râpé,
du sucre cristallisé.

Épluchez les marrons : mettez-les dans une casserole, recouvrez-les à peine d'eau, ajoutez une pincée de sel, faites bouillir pendant 10 min (pas plus !), égouttez-les et épluchez-les chauds en faisant très attention de ne pas les casser. Puis faites-les cuire dans de l'eau légèrement salée, avec la vanille et les zestes, durant 30 min environ.

Faites un sirop avec le sucre et de l'eau. Plongez-y les marrons égouttés avant de les rouler dans le chocolat râpé. Enfin, laissez-les refroidir avant de les plonger rapidement dans le sirop et de les rouler dans le sucre cristallisé.

Truffes
(R. Bonnat, Voiron)

Ingrédients
(pour 1 kg de truffes environ) :
500 g de chocolat à cuire,
250 g de crème (pasteurisée, de préférence),
500 g de chocolat fondant noir en tablettes,
250 g de poudre de cacao.

Faites bouillir la crème. Incorporez-y le chocolat à cuire que vous aurez préalablement réduit en petits morceaux pour qu'il fonde mieux. Puis laissez refroidir la masse. Prélevez ensuite de cette masse la quantité désirée et montez celle-ci au mixer en la chauffant de façon à la rendre légère. Enfin, détaillez, sur une feuille de papier ou sur une plaque de bois saupoudrée de cacao en poudre, des boules ou des demi-boules de cette crème chocolat. Mettez à refroidir dans le réfrigérateur.

Pendant le refroidissement, faites fondre au bain-marie du chocolat noir amer en tablettes. Quand ce chocolat est fondu, ramenez-le, par un bain-marie à l'eau froide, à une température se situant entre 28° et 29 °C. Trempez-y alors les petites boules de mousse de chocolat à l'aide d'une fourchette, en veillant à ce qu'elles soient complètement recouvertes. Posez-les ensuite délicatement sur une feuille de papier sur laquelle vous avez eu soin d'étaler un lit assez épais de poudre de cacao non sucré.

Quand le chocolat commence à durcir sur les boules de mousse, roulez-les dans la poudre de cacao pour qu'elles en soient parfaitement enrobées ; au fur et à mesure, posez-les avec précaution sur un plateau et mettez-les dans le réfrigérateur pour qu'elles refroidissent complètement.

N.B. La qualité de la truffe vient tant des cacaos qui servent à la fabrication du chocolat à cuire que de la crème employée.

Truffes agenaises
(Chocolat Poulain)

Ingrédients :
500 g de chocolat à pâtisser,
20 g de beurre,
120 g de cacao non sucré,
40 g de crème fraîche,
120 g de pruneaux,
15 cl de rhum,
2 cuillerées à soupe de lait.

Dénoyautez les pruneaux et coupez-les en petits morceaux. Faites-les macérer dans le rhum pendant au moins 1 heure. Dans une casserole, faites fondre le chocolat au bain-marie, avec le lait. Lorsque la pâte est homogène, ajoutez la crème fraîche, le beurre et les morceaux de pruneaux égouttés. Mélangez bien et laissez reposer, durant toute une nuit, à l'endroit le plus froid du réfrigérateur ou, mieux, dans le freezer.

Le lendemain, formez des petites boules, puis roulez-les dans le cacao. Gardez les truffes au frais.

Le bon choix pour le pruneau

Fruit sec parmi les plus appréciés, le pruneau est, en fait, un « concentré » de prunes, ce qui explique son prix assez élevé : il faut de 3 à 3,5 kg de prunes fraîches pour obtenir 1 kg de pruneaux. Le choix du consommateur se portera sur son aspect, qui ne doit pas être poisseux, mais d'un beau noir, foncé et brillant, sur sa texture, souple, ainsi que sur sa chair, d'une couleur qui peut aller du jaune doré à l'ambre sans être jamais caramélisée.

La préparation, le conditionnement et la vente des pruneaux ont été strictement réglementés par l'arrêté du 28 août 1972. Leur teneur en eau, qui ne peut être supérieure à 35 p. 100, doit être indiquée sur l'étiquetage, à proximité immédiate de la dénomination de vente, soit par l'une des mentions suivantes : ***humidité maximum 26 p. 100*** (teneur égale ou inférieure à 26 p. 100), ***humidité maximum 29 p. 100*** (teneur comprise entre 26 et 29 p. 100 inclusivement), *humidité maximum 35 p. 100* (teneur supérieure à 29 p. 100 et au plus égale à 35 p. 100), soit par la mention précise sous la forme de *humidité... % à l'emballage.*

Quant au calibrage des pruneaux, établi sur la base du nombre minimal et du nombre maximal de fruits contenus dans 500 g (l'écart entre ces deux nombres ne peut dépasser 11 pour les calibres correspondant à plus de 33 fruits et à 5 pour les plus gros calibres), il doit être porté sur l'emballage selon les désignations en vigueur :

- ***géants,*** pour le calibre 33/44 ;
- ***très gros,*** pour le calibre 44/55 ;
- ***gros,*** pour le calibre 55/66 ;
- ***moyens,*** pour le calibre 66/77 ;
- ***pruneaux à cuire,*** pour le calibre 77/88 ;
- ***petits pruneaux à cuire,*** pour le calibre 88/99.

Les quatre premières catégories ont droit à l'appellation *Pruneaux d'Agen* pour les fruits d'origine française. Il est aussi à noter que, dans le cas des pruneaux dénoyautés, le calibre est celui des fruits avant enlèvement du noyau.

Enfin, il convient de préciser que la confiserie utilise, de préférence, les pruneaux de calibre « gros » ou « géant ».

Truffes à l'armagnac
(Louis Chavanette, Orléans)

Ingrédients :
600 g de chocolat,
125 g de crème fraîche,
125 g de lait,
30 g de beurre,
500 g de cacao en poudre,
1 kg de chocolat de couverture fondant,
10 à 15 cl de bon armagnac.

Attention...

Les truffes, dans la préparation desquelles entrent des jaunes d'œufs crus, ne se conservent pas plus de quelques jours !

Les truffes agenaises.
Phot. Chocolat Poulain.

Faites fondre le chocolat au bain-marie, à pas plus de 50 °C. Puis faites bouillir dans une casserole le lait et la crème, que vous mélangez ensuite au chocolat fondu. Incorporez au mélange le beurre et l'armagnac jusqu'à obtention d'une préparation homogène. Laissez refroidir et faites durcir dans le réfrigérateur pendant plusieurs heures. Lorsque l'appareil est à point, travaillez-le avec une spatule en bois pour le faire légèrement blanchir.

Avec une petite cuillère ou une poche à pâtisserie, façonnez des boules de la grosseur désirée. Laissez-les durcir un peu et roulez-les dans le creux de la main.

Entre-temps vous aurez pris la précaution de faire fondre le chocolat de couverture (sans dépasser 50 °C). Dès qu'il est fondu, remuez-le et faites-le refroidir jusqu'à 28 °C. Encore en remuant, faites monter la température à 32 °C.

Lorsque tout est prêt, à l'aide d'une bague à tremper ou d'une fourchette, trempez les boules, une à une, dans la couverture préparée. Retirez-les, égouttez-les en tapotant, puis déposez-les dans le récipient contenant le cacao en poudre. Roulez-les dans ce cacao et laissez-les durcir sur place (quelques petites minutes) avant de les ôter du cacao.

Remarques :

• si la couverture durcit, réchauffez-la légèrement au bain-marie, mais sans dépasser les 33 °C ;

• de cette recette il vous restera de la couverture et de la poudre de cacao ; elles se conservent un certain temps et vous serviront pour de nouvelles friandises ou pour une pâtisserie.

Truffes au chocolat (I)

Ingrédients :
500 g de chocolat,
125 g de beurre,
1 œuf,
1 cuillerée à soupe de crème fraîche,
du chocolat en poudre.

Râpez le chocolat. Mélangez-le au beurre préalablement ramolli. Ajoutez l'œuf, la crème et remuez bien pour obtenir une pâte lisse. Mettez au fond d'une tasse le chocolat en poudre, prenez de la pâte de la grosseur d'une truffe et roulez celle-ci dans la poudre. Renouvelez l'opération jusqu'à épuisement de la pâte.

Truffes au chocolat (II)

Ingrédients :
125 g de chocolat,
25 cl de lait,
2 jaunes d'œufs,
50 g de sucre en poudre,
100 g de beurre,
du cacao en poudre.

Faites fondre le chocolat dans le lait à feu très doux. Mélangez les jaunes d'œufs avec le sucre. Et battez jusqu'à ce que le mélange devienne mousseux. Faites fondre le beurre, sans le cuire et versez-le dans le chocolat fondu, sur feu doux, tout en remuant. Hors du feu, ajoutez le mélange œufs-sucre, sans cesser de remuer avec la spatule. Puis laissez refroidir la préparation dans une assiette creuse. Lorsque celle-ci est froide, formez des petites boulettes que vous roulez dans le cacao en poudre et que vous laissez durcir pendant quelque 24 heures.

Truffes au chocolat (III)

Ingrédients :
250 g de chocolat,
200 g de beurre,

125 g de sucre en poudre,
4 jaunes d'œufs,
2 cuillerées à soupe d'alcool (rhum, whisky, etc.),
1 pincée de cannelle ou de vanille en poudre,
du cacao en poudre.

Faites fondre le chocolat dans l'alcool au bain-marie. Hors du feu, ajoutez le sucre et la cannelle (ou vanille), puis le beurre, préalablement ramolli, et les jaunes d'œufs, un à un. Mélangez bien avec la spatule. Lorsque la pâte travaillée est bien homogène, placez-la au frais et laissez-la reposer durant une douzaine d'heures. Au terme de ce délai, façonnez des petites boules que vous roulez dans le cacao en poudre.

Truffes aux marrons (I)

Ingrédients :
500 g de marrons,
50 g de sucre en poudre,
150 g de chocolat,
150 g de beurre,
1 jaune d'œuf,
lait,
cacao en poudre.

Préparez les marrons : épluchez-les, faites-les cuire, passez-les à la moulinette et confectionnez une purée sèche avec un peu de lait et le sucre.

Faites fondre le chocolat dans une cuillerée à soupe de lait. Ajoutez-y le beurre (50 g). Quand le mélange a tiédi, incorporez-le à la purée de marrons, elle-même tiède, puis introduisez le reste de beurre (100 g) par petits morceaux. Laissez alors la pâte obtenue refroidir avant de lui adjoindre le jaune d'œuf.

Placez la pâte au frais et, lorsqu'elle est devenue ferme, façonnez des petites boules que vous roulerez dans du cacao en poudre.

Truffes aux marrons (II)

Ingrédients :
500 g de marrons,
100 g de sucre en poudre,
100 g de chocolat,
100 g de beurre,
des cerneaux de noix.

Râpez le chocolat. Préparez les marrons comme dans la recette précédente. À la purée obtenue ajoutez le beurre, le sucre et le chocolat. Quand la pâte est bien homogène, roulez-la en boudin dans du papier sulfurisé et laissez-la reposer au frais pendant une douzaine d'heures. Coupez-la ensuite en tranches que vous façonnerez en forme de marrons et que vous garnirez de cerneaux de noix.

Truffes confiseur
(Christophe Chambeau-Fouquet, Paris)

Ingrédients (pour 40 truffes environ) :
900 g de chocolat fondant,
15 cl de crème,
40 g de beurre,
1 pincée de poudre de vanille,
un arôme au choix
(2-3 cl de rhum, 10 cl de concentré de thé,
5 à 10 cl de concentré de café, etc.),
cacao en poudre.

Cassez 400 g de chocolat en petits morceaux et faites-les fondre au bain-marie en veillant à ce que la température ne dépasse pas 30 °C. En conservant le bain-marie, mais feu éteint, incorporez-y la crème (que vous avez fait bouillir), le beurre (fondu) et l'arôme. Remuez avec la spatule en bois jusqu'à obtention d'une crème bien homogène, parfaitement onctueuse. Laissez-la refroidir une heure et demie dans un endroit frais et sec ou toute une nuit dans la cuisine (surtout pas dans le réfrigérateur !). Quand la pâte est devenue consistante, coupez-la au couteau et, avec les morceaux obtenus, façonnez des petites boules à la main, en ayant pris soin de saupoudrer la paume de vos mains avec un peu de sucre glace, pour éviter que le chocolat ne fonde trop.

Faites fondre les 500 g de chocolat restant au bain-marie. Quand la température atteint 35 à 40 °C, faites-la retomber à 25 °C, puis remonter à 27 °C. Le chocolat est alors à point pour l'enrobage. Soit avec une bague à tremper soit avec deux fourchettes, plongez les truffes dans le chocolat et déposez-les ensuite sur un marbre ou sur du papier paraffiné. Enfin, jetez-les avant refroidissement dans la poudre de cacao.

Remarque : ces truffes peuvent être conservées pendant deux à trois semaines à l'abri de la chaleur et de l'humidité. Elles se présentent dans des caissettes de papier gaufré.

Truffes de Chiapa
(Chocolat Poulain)

Ingrédients :
250 g de chocolat à pâtisser,
100 g de beurre,
1 cuillerée à soupe d'alcool (whisky ou rhum),
cacao non sucré.

Faites fondre le chocolat et le beurre au bain-marie jusqu'à obtention d'une pâte bien lisse. Hors du feu, versez l'alcool choisi. Laissez reposer au frais pendant 2 heures au moins (même jusqu'au lendemain, si cela est possible). Avec une cuillère, raclez de petites noix de chocolat que vous travaillerez en boule avec les doigts, très rapidement, avant de les rouler dans le cacao. Laissez les truffes durcir dans le réfrigérateur.

Truffes de Quetzalcóatl
(Chocolat Poulain)

Ingrédients :
150 g de crème de marrons,
100 g de chocolat à pâtisser,
70 g de beurre,
80 g de sucre glace,
1 cuillerée à café de rhum,
4 cuillerées à soupe de cacao non sucré,
3 cuillerées à soupe d'amandes effilées,
3 cuillerées à soupe de noisettes râpées.

Faites fondre le chocolat au bain-marie. Fouettez le beurre mou dans une terrine tiédie jusqu'à ce qu'il soit mousseux. Ajoutez le sucre, mélangez bien. Incorporez la crème de marrons et le rhum. Mélangez de nouveau. Ajoutez le chocolat fondu et travaillez la pâte à la spatule jusqu'à ce que le mélange soit parfaitement homogène. Mettez au frais pendant 1 heure.

Passez les amandes et les noisettes séparément à la moulinette. Ajoutez à chaque mouture deux cuillerées à soupe de cacao. Formez des boulettes avec la pâte réfrigérée. Roulez-en la moitié dans les amandes au cacao et l'autre moitié dans les noisettes au cacao.

Déposez les truffes dans des caissettes de papier et mettez-les au frais.

Les truffes de Chiapa. Phot. Chocolat Poulain.

Les truffes de Quetzalcóatl. Phot. Chocolat Poulain.

Composition florale *en sucre tiré, par Gérard Hée. (0,45 m × 0,45 × 0,80).* Phot. CEDUS.

La confiserie de fête

Quelques décors de fêtes

S'il est impossible de rivaliser avec l'art architectural des maîtres confiseurs, il existe néanmoins des décorations faciles à réaliser à partir de friandises toutes faites et qui donnent à une pièce ou à une table l'air de fête qu'on a souvent peine à leur conférer lorsque l'occasion s'impose. Voici quelques-unes de ces « recettes », qui peuvent être utilisées telles ou en inspirer d'autres, l'imagination jouant un grand rôle dans ce genre de composition.

La coupe de bonbons

Pour un goûter d'enfants, pour un buffet d'été... Choisissez des coupes à pied profondes, soit en verre, en cristal ou toute autre matière transparente, soit en porcelaine de couleurs vives, de forme plutôt originale, et emplissez-les des friandises les plus variées, parfumées à la menthe, telles que berlingots de Carpentras, bêtises de Cambrai, pastilles de Vichy, boules de gomme à la menthe, sucettes à la menthe, papillotes de bonbons acidulés à la menthe,... et

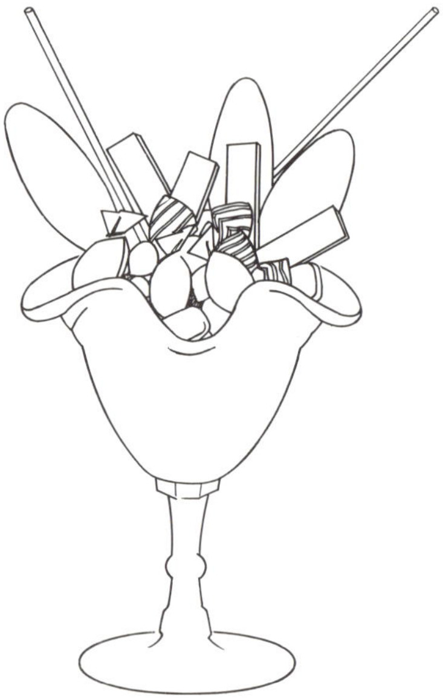

LA COUPE DE BONBONS.

même chewing-gum en dragées et en tablettes. Décorez ces coupes à votre gré : pailles de couleurs, drapeaux en papier, fleurs, rubans, etc.

La même formule peut être exploitée différemment : bonbons d'une même couleur – mais de nature différente – pour harmoniser les coupes avec la nappe ou le service de table, chocolats sous des formes diverses pour un repas raffiné d'hiver, dragées pour la célébration d'un événement heureux (baptême, communion, mariage).

Des guirlandes de fêtes

Pour toutes circonstances... Prenez des « petits-suisses » en nougat et entourez-les d'un papier de couleur. Dans du film plastique alimentaire, découpez de longues bandes d'environ 14 cm de large, en veillant à les laisser lisses et bien à plat. Au centre de chaque bande, disposez les « petits-suisses » à intervalles réguliers (5 cm). Repliez le film plastique autour des « petits-suisses » de

Le bouquet de bonbons.
Phot. CEDUS-Yéru.

manière à former un cylindre. Resserrez le film entre chaque « petit-suisse » en nouant avec du ruban en tissu de la couleur de votre choix.

La couleur des guirlandes peut varier selon l'événement à fêter : bleu ou rose pour un baptême, blanc pour un mariage, argent ou or pour les noces, multicolore pour Noël, etc.

Le bouquet de bonbons

Pour toutes les fêtes...

Matériaux :
papier crépon de différentes couleurs ;
bouchons de liège de 5 à 6 cm de diamètre ;
1 boîte de cure-dents ou de pique-olives ;
ruban adhésif de 12 mm de largeur ;
aiguilles à tricoter creuses n° 7, de couleur verte ;
planche de 2 cm d'épaisseur et 35 cm de diamètre, piquée de 16 clous, pointes en l'air, de 9 cm de longueur ;
sucreries (petites pâtes de fruits, calissons d'Aix-en-Provence, bonbons fourrés aux jolis papiers, chocolats fondants, morceaux de sucre).

Découpez six ou huit pétales à la fois dans plusieurs épaisseurs de papier crépon. Attention ! Le sens des striures du papier doit être pris dans la hauteur des pétales. Modelez chaque pétale en posant les pouces et en tirant légèrement vers l'extérieur une seule fois. En se détendant, le papier garde la forme imprimée. En ce qui concerne les pétales de roses, ils doivent être d'abord enroulés autour d'une aiguille à tricoter avant d'être gaufrés.

Posez la colle en ruban autour de chaque bouchon et appliquez-y les pétales. Renouvelez l'opération deux ou trois fois pour obtenir autant de rangées de pétales.

Courbez légèrement les aiguilles à tricoter après les avoir plongées dans de l'eau très chaude, puis piquez-les solidement dans l'arrière du bouchon.

Piquez des confiseries sur les petits bâtonnets. Les bonbons un peu fermes seront préalablement percés avec une aiguille à tapisser chauffée. Les morceaux de sucre seront en partie enveloppés dans du papier crépon. Piquez les bâtonnets dans les bouchons.

Disposez les fleurs terminées dans un vase lesté de cailloux ou, mieux, sur le pique-fleurs géant que vous avez confectionné avec la planche

LA GUIRLANDE de fête

La Perdrix rouge, *par Pascal Niau (Maison Dalloyau-Gavillon). Cette pièce réunit tous les procédés de travail du sucre : sucre rocher, pastillage, sucre soufflé, sucre tiré, sucre filé et sucre massé.* Phot. CEDUS.

et les clous *(v. matériaux)*. Pour cela, sciez l'embout des aiguilles à tricoter avant de monter la fleur et enfilez les tiges sur les clous du pique-fleurs.

L'iceberg à la menthe

Pour une soirée estivale...

Matériaux :
1 plateau rond en bois
(50 à 55 cm de diamètre) ;
4 kg de pâtes à mâcher blanches ;
1 kg de bonbons à la menthe claire ;
125 g de chewing-gum en dragées ;
125 g de pavés glacials ;
125 g de glace royale
(1 blanc d'œuf et 125 g de sucre glace, que vous mélangez jusqu'à obtention d'une pâte épaisse).

Disposez sur le plateau les pâtes à mâcher, les unes sur les autres, en les collant avec de la glace royale de façon à former l'iceberg. Placez les pavés glacials à la base de celui-ci. Collez les bonbons bleus (menthe claire) autour afin de former la mer. Sur la mer, collez quelques dragées de chewing-gum pour figurer les plaques de glace. Sur l'une de ces plaques de glace, collez quelques pâtes à mâcher les unes sur les autres afin de réaliser un igloo.

Vous pouvez ajouter, pour animer ce décor, quelques miniatures d'animaux polaires en plastique.

L'oiseau de paradis

Pour un goûter d'enfants...

Matériaux :
sucettes de différentes tailles, de couleurs et de formes variées ;
3 sucres d'orge ;
bonbons de plusieurs tailles, enveloppés dans du papier métallisé de toutes les couleurs ;
pastilles de couleur de forme allongée ;
pâte à modeler plastique (1 paquet) ;
boîte en plastique (boîte ayant contenu du fromage blanc ou de la crème fraîche) ;
épingles ;
un ou deux bâtonnets ;
gouache.

Plantez des épingles sur le fond et tout autour de la boîte. Avec la pâte à modeler, faites

L'iceberg à la menthe.
Phot. CEDUS-Yéru.

des rouleaux que vous aplatissez pour les fixer sur les épingles ; recouvrez-en ainsi la boîte renversée. Modelez la tête et le cou de l'oiseau, plantez dans la pâte l'extrémité d'un bâtonnet et piquez le tout à l'avant du corps.

L'oiseau étant formé, plantez les sucettes sur plusieurs rangées du côté de la queue. Piquez des bonbons à l'aide d'épingles dans le corps, en choisissant les mêmes pour simuler les ailes. Plantez les sucres d'orge sur le sommet de la tête. Piquez les pastilles le long du cou et sur la tête.

Terminez en peignant la tête, le bec et les yeux avec la gouache à peine mouillée. Faites sécher l'oiseau près d'une source de chaleur.

La pièce montée de nougat

Pour un anniversaire...

Matériaux
(pour un plateau – un plat à tarte sur pied, par exemple – de 32 cm de diamètre) :
10 plaquettes de nougat blanc de 100 g ;
23 petits-suisses de nougat carré ;
9 saucissons de nougat ;
30 petits rectangles de nougat de couleurs pastel ;
24 nougats en papillotes ;
1 cylindre de carton genre bristol
de 14 cm de diamètre et de 14,5 cm environ de hauteur
(calculez la hauteur sur la longueur des plaquettes de nougat)
– ce cylindre peut être remplacé par un bocal à bords droits de mêmes dimensions ;
un autre cylindre, plus haut et plus étroit, de 9 cm environ de diamètre et de 17 cm environ de hauteur –
ce peut être un pot de confiture renversé ou une bouteille d'eau minérale coupée ;
du feuillage artificiel ou naturel ;
des bougies et des supports de bougies ; du ruban adhésif transparent une face et
double face ;
agrafeuse ;
du film plastique alimentaire
ou du papier Cellophane.

Confectionnez le premier cylindre. Fixez sur le côté extérieur à l'aide de papier adhésif les plaquettes de nougat à intervalles réguliers. Posez les saucissons de nougat avec une légère pente vers l'intérieur entre les plaquettes de nougat (ils n'ont pas besoin d'être collés au support). Composez une couronne de petits rectangles de nougat : posez-les les uns à côté des autres sur un ruban adhésif. Fixez cette

L'oiseau de paradis.
Phot. CEDUS-Yéru.

Urbain Dubois, chef de cuisine des souverains de Prusse fut, au siècle dernier, l'un des grands maîtres des architectures de sucre. Ci-contre, Belvédère rustique, *pièce de petit format exécutée en pastillage couleur de bois, les détails du rocher étant rendus par un biscuit de couleur.* Coll. A.P.-R.

Chalet rustique, à l'italienne, *par Urbain Dubois. Sujet et assise sont entièrement confectionnés en pastillage, de couleur et blanc.* Coll. A.P.-R.

La manière de faire le sucre filé, d'après une gravure du XIXe *siècle.* Phot. CEDUS.

En haut, Composition florale *en sucre tiré, par Gérard Hée, (0,45 m × 0,45 × 0,80).* Phot. CEDUS.

Ci-dessus, *une réalisation simple en dragées.* Phot. CEDUS.

couronne sur le haut du deuxième cylindre et placez celui-ci comme une boîte gigogne à l'intérieur du premier.

Le fait d'employer un pot renversé donne la possibilité d'ajouter les deux derniers étages, l'un fait de petits rectangles de nougat, le dernier d'un petit-suisse. Mais on peut se servir du second cylindre comme d'un bocal à remplir de nougatines et de nougats en papillotes.

Les petits-suisses sont posés sur le bord du plat légèrement en biais, les bougies et le feuillage sur les petits-suisses. Le feston est réalisé à l'aide de bandes de nougat en papillotes agrafées ensemble et collées en guirlandes sur le bord du plat. À chaque raccord, ajoutez un rectangle de nougat en pendentif.

N.B. Employez les nougats dans leur emballage transparent d'origine, qui permet le collage avec du ruban adhésif. Si cela n'est pas possible, remplacez l'emballage par du film plastique alimentaire ou du papier Cellophane.

La Cathédrale d'Orléans, *par Louis Chavanette. La tradition veut que les constructions de sucre cherchent à reproduire les réalisations des grands bâtisseurs.* Phot. Vilette.

Tout en pastillage et en glace royale, le Château fort *vu par Jean Deblieu. (0,26 m × 0,26 × 0,35).* Phot. CEDUS.

En sucre soufflé et sucre filé, un délicat Oiseau exotique, *par Étienne Tholoniat. (0,80 m × 0,50 × 0,50)* Phot. CEDUS.

Accompagnatrice des grands événements de la vie, la dragée se prête à mille compositions, pleines de fraîcheur et de délicatesse.
L'Arbre de mai. Phot. CEDAL.

La couronne de Noël.
Phot. CEDUS-Yéru.

La couronne de Noël

Pour un réveillon réussi...

Matériaux :
branches de sapin ;
fil de fer ;
fil de Nylon ;
4,50 m de ruban de velours ou de satin (2 cm de largeur) ;
60 cm de ruban (3 cm de largeur) ;
1 aiguille ;
1 tube de colle instantanée ;
25 à 30 pièces de chocolat, dorées ou argentées, de diverses tailles ;
une dizaine de sucres d'orge ;
50 g de non-pareilles (petites boules argentées) ;
20 g de fleurs de mimosa en sucre ;
200 g de boules de chocolat
ou de bonbons enveloppés de papier argenté.

Confectionnez une couronne en entrelaçant des branches de sapin sur une armature métallique faite avec le fil de fer. Ou, plus simplement, achetez une couronne toute faite.

Coupez quatre morceaux de ruban, d'une longueur de 60 cm chacun, et trois autres, respectivement de 62 cm, 67 cm et 70 cm de longueur. Suspendez la couronne avec les rubans d'égale longueur en les agrafant ou en les cousant. Ajoutez les trois rubans restants et formez un nœud au sommet avec le ruban le plus large.

Accrochez les pièces de chocolat aux branches de sapin en les attachant à l'aide du fil de Nylon. Collez les non-pareilles et les bonbons sur la couronne et sur les fils. Réunissez plusieurs boules en les enfilant sur une aiguillée de fil et cousez ces grappes à l'extrémité des trois rubans. Terminez en collant des sucres d'orge sur la couronne en guise de bougies.

Le sapin en bonbons.
Phot. CEDUS-Yéru.

Le sapin en bonbons

Pour un Noël original...

Matériaux :
support en contreplaqué (0,8 mm d'épaisseur, 0,60 m de largeur, 0,70 m de longueur) ;
1,5 kg de sucre en morceaux nº 3 ;
750 g de pastilles de menthe blanches transparentes ;
700 g d'« Anis de l'abbaye de Flavigny » ;
300 g de gomme verte ronde ;
200 g de gomme verte en forme de sapin ;
100 g de fraises des bois en sucre ;
100 g de mimosas en sucre ;
100 g de violettes de Toulouse ;
300 g de dragées rondes ;
3 à 4 guimauves fraise ;
16 à 20 bâtons torsadés en réglisse noire ;
125 g de petits cubes de réglisse brune ;
300 g de lentilles de menthe, bleues, roses, blanches ;
400 g de perlage argenté ;
100 g de smarties ;
1 paquet de vermicelles de toutes les couleurs pour décors à gâteaux.

Et pour la glace royale :
1,5 kg de sucre glace ;
6 blancs d'œufs.

Recouvrez le support en contreplaqué de glace royale préparée avec 4 blancs d'œufs et 1 kg de sucre glace, en ajoutant celui-ci, tamisé, aux blancs d'œufs. Travaillez à la spatule. Puis attendez que la glace royale soit bien dure.

Dessinez légèrement, dans la glace royale, la forme du sapin avec la pointe d'un couteau. Collez les bonbons avec la glace royale préparée avec le reste de sucre et de blancs d'œufs. Le sapin est formé avec les gommes vertes, rondes et triangulaires. Les guirlandes se composent des fraises des bois, des mimosas, des violettes, du perlage et des vermicelles. Les boules de Noël correspondent aux smarties et aux guimauves fraise. Les bougies et le tronc de l'arbre sont réalisés avec les torsades de réglisse. La neige est « peinte » avec les dragées rondes, l'« Anis de l'abbaye de Flavigny », les lentilles de menthe (bleues, roses et blanches). Pour l'ombre de la neige, utilisez des lentilles de menthe bleues et des cubes de réglisse brune. Enfin, tapissez le fond de pastilles de menthe transparentes et d'« Anis de l'abbaye de Flavigny » simulant les flocons de neige.

Index des recettes

dessin Jacqueline Pajouhesh
Gilbert Macé
Lucien Mathieu
Pierre Menanteau

iconographie l'auteur
avec la collaboration de
Françoise Guillot

secrétariat de rédaction
et mise en pages Marie-Solange Gossot

correction Bernard Dauphin
Christine Lavergne
Madeleine Soize

fabrication Janine Mille

Photocomposition Maury, Malesherbes
Photogravure Chromoprint, Paris
Imprimerie Jombart, Évreux
Mai 1986 Dépôt légal mai 1986
N° de série Éditeur 13837.
Imprimé en France *(Printed in France)*
506213 A - Décembre 1986.